Portele/Portele

1 x 1 der Personalverrechnung 2023

1 x 1 der Personalverrechnung 2023

Mag. Karl Portele
Steuerberater in Wien

MMag. Martina Portele
Steuerberater-Berufsanwärterin in Wien

6. Auflage

Linde

Zitiervorschlag: *Portele/Portele,* 1 x 1 der Personalverrechnung 2023 (2023) Seite

Bibliografische Information der Deutschen Nationalbibliothek

Die Deutsche Nationalbibliothek verzeichnet diese Publikation in der Deutschen Nationalbibliografie; detaillierte bibliografische Daten sind im Internet über http://dnb.d-nb.de abrufbar.

Hinweis: Aus Gründen der leichteren Lesbarkeit wird auf eine geschlechtsspezifische Differenzierung verzichtet. Entsprechende Begriffe gelten im Sinne der Gleichbehandlung für alle Geschlechter.

ISBN 978-3-7073-4643-5

1210 Wien, Scheydgasse 24, Tel.: 01/24 630
www.lindeverlag.at

Druck: Hans Jentzsch & Co GmbH
1210 Wien, Scheydgasse 31
Dieses Buch wurde in Österreich hergestellt.

Gedruckt nach der Richtlinie des Österreichischen Umweltzeichens „Druckerzeugnisse", Druckerei Hans Jentzsch & Co GmbH, UW-Nr. 790

PRINTED IN AUSTRIA

Vorwort

Die Personalverrechnung mit allen ihren verschiedensten Rechtsbereichen von den *arbeitsrechtlichen Bestimmungen* über die *Sozialversicherung* bis hin zur *Einkommensteuer* stellt an die Einsteiger wie an die Experten hohe Anforderungen. Die jährlichen Änderungen sind dafür mitverantwortlich, dass diese Materie sehr komplex ist.

Hier setzt dieses Buch an: Sie finden die aktuelle Rechtslage mit zahlreichen Beispielen zur täglichen Anwendung mit entsprechenden gesetzes- bzw richtlinienkonformen Lösungen, die einen zusätzlichen *Lernerfolg* ermöglichen. Jedes Kapitel kann für sich bearbeitet werden, sodass Sie direkt in den einzelnen Kapiteln einsteigen können.

Das Buch soll in erster Linie dem Anwender, ob erfahrene *Lohnverrechner* oder *Einsteiger*, einen fundierten Überblick vermitteln. Das primäre Ziel besteht darin, die Bestimmungen aus der *Personalverrechnung* leicht und verständlich darzustellen und den Zugang zu dieser komplexen Materie in mehreren Phasen zu vermitteln. Schnelle Antworten auf wichtige Fragen ist das Ziel des Fachbuches, das für *Praktiker von Praktikern* geschrieben ist. Welche Themen und welche Fragen Sie beantwortet finden, hat mit der Praxisrelevanz, die für uns ein wesentliches Auswahlkriterium war, zu tun. Sie finden daher auch immer wieder in der Praxis vorkommende *Spezialfragen*.

Ein Teil des Buches umfasst die laufende monatliche Abrechnung eines Dienstnehmers sowie die Abrechnung von Sonderzahlungen. Dazu gehören aber auch die Arten der Unterbrechung eines Dienstverhältnisses, beispielsweise durch Bildungskarenz oder Mutterschutz. Darüber hinaus erhalten Sie Informationen über die Anmeldung eines Dienstnehmers sowie die Änderung des Beschäftigungsverhältnisses bis zur Beendigung des Dienstverhältnisses.

Mit 1. Jänner 2023 wurde die *kalte Progression* abgeschafft. Dadurch sind inflationsbedingte Steuererhöhungen Geschichte – die damit verbundenen steuergesetzlichen Änderungen finden Sie ebenfalls in diesem Buch; aber auch die *aktuelle Lohnsteuerwartung*, die *aktuellen Rechtsprechungen* sowie die Rechtsmeinung der *Österreichischen Gesundheitskasse* zu verschiedenen Themen.

Bewusst wurde auch nicht auf die Angabe von Gesetzesstellen und Randziffern der Richtlinien verzichtet, damit dieser Praxisleitfaden ein nützliches Nachschlagewerk für die einschlägigen Berufsfelder ist.

Besonders erfreulich ist, dass unser jährlich erscheinendes Praktikerwerk als Vortragsunterlage in der Ausbildung an den Universitäten und Fachhochschulen sowie in der Ausbildung zum geprüften *Personalverrechner* Verwendung findet.

Das Buch berücksichtigt die Rechtslage zum 15.1.2023.

Über ein Feedback jeder Art freuen wir uns (office@portele.at). Für die Unterstützung bei der Erstellung dieser Auflage möchten wir uns beim Team des Linde Verlags herzlich bedanken, vor allem bei *Mag. Roman Kriszt*.

Wien, Jänner 2023

Mag. Karl Portele
MMag. Martina Portele

Inhaltsverzeichnis

Tabellenverzeichnis

Abkürzungsverzeichnis

Abs	Absatz
ArbVG	Arbeitsverfassungsgesetz
ARG	Arbeitsruhegesetz
AngG	Angestelltengesetz
ASVG	Allgemeines Sozialversicherungsgesetz
AV	Arbeitslosenversicherung
AVRAG	Arbeitsvertragsrechts-Anpassungsgesetz
AVAB	Alleinverdienerabsetzbetrag
AEAB	Alleinerzieherabsetzbetag
AZG	Arbeitszeitgesetz
B-KUVG	Beamten-Kranken- und Unfallversicherungsgesetz
BMSVG	Betriebliches Mitarbeiter- und Selbständigenvorsorgegesetz
BUAK	Bauarbeiter-Urlaubs- und Abfertigungskasse
BV	Betriebsvereinbarung
DAG	Dienstgeberabgabengesetz
DLSG	Dienstleistungsscheckgesetz
DB	Dienstgeberbeitrag zum Familienlastenausgleichsfonds
DV	Dienstvertrag
EStG	Einkommensteuergesetz
FLAG	Familienlastenausgleichsgesetz
GSVG	Gewerblichen Sozialversicherungsgesetz
GIBG	Gleichbehandlungsgesetz
GPLA	Gemeinsame Prüfung aller lohnabhängigen Abgaben
IE	Insolvenzentgeltsicherungszuschlag
KommStG	Kommunalsteuergesetz
KU	Arbeiterkammerumlage
KV	Krankenversicherung
LStR	Lohnsteuerrichtlinien
KV	Kollektivvertrag
OGH	Oberster Gerichtshof
ÖGK	Österreichische Gesundheitskasse
MSchG	Mutterschutzgesetz

NSchG	Nachtschwerarbeitsgesetz
PLAB	Prüfung der lohnabhängigen Abgaben und Beiträge
PV	Pensionsversicherung
SPOC	Single Point of Contact
SV-OG	Sozialversicherungs-Organisationsgesetz
SWK	Steuer- und WirtschaftsKartei (Zeitschrift)
SV-ZG	Sozialversicherungs-Zuordnungsgesetz
SVA	Sozialversicherung der gewerblichen Wirtschaft
SVB	Sozialversicherungsanstalt der Bauern
UV	Unfallversicherung
WF	Wohnbauförderungsbeitrag
WKG	Wirtschaftskammergesetz
VwGH	Verwaltungsgerichtshof

1. Arbeitsrecht (Grundlagen)

1.1. Kollektivvertrag – Betriebsvereinbarung – Einzelvereinbarung

Arbeitsrechtliche Bestimmungen ergeben sich aus dem **Gesetz**, aus dem **Kollektivvertrag**, aus **Betriebsvereinbarungen** und aus **Einzelvereinbarungen**.

Ein **Kollektivvertrag** ist eine überbetriebliche **schriftliche Vereinbarung**, die zwischen kollektivvertragsfähigen Körperschaften der Arbeitnehmer, in der Regel ist es die Gewerkschaft, und den Arbeitgebern, in der Regel sind es die Arbeitgeberverbände, abgeschlossen werden. Diese Vereinbarung gilt für die Arbeitsverhältnisse innerhalb ihres jeweiligen Geltungsbereiches (Branche, Gebiet, Angestellter bzw Arbeiter).[1]

Betriebsvereinbarungen sind schriftliche Vereinbarungen zwischen Betriebsinhaber und Betriebsrat (Betriebsausschuss, Zentralbetriebsrat, Konzernvertretung). Gegenstand von Betriebsvereinbarungen sind Angelegenheiten, in denen durch Gesetz (zB ArbVG oder AZG) oder Kollektivvertrag der Abschluss einer Betriebsvereinbarung zugelassen wird. Existiert in einem Betrieb kein gewählter Betriebsrat, kann auch keine Betriebsvereinbarung abgeschlossen werden. Betriebsvereinbarungen sind ebenso wie Gesetze und Kollektivverträge unmittelbar rechtsverbindlich.

Eine **Einzelvereinbarung** zwischen Arbeitgeber und Arbeitnehmer in derselben Angelegenheit ist neben einer Betriebsvereinbarung nur zulässig, wenn sie den Arbeitnehmer günstiger stellt.

1.2. Beschäftigungsformen

Von der arbeitsrechtlichen Ausgestaltung des Anstellungsvertrages ist es abhängig, welche steuerlichen und sozialversicherungsrechtlichen Bestimmungen zur Anwendung kommen. Je nach **Beschäftigungsverhältnis** wird unterschieden zwischen:

- echtem Dienstverhältnis,
- freiem Dienstverhältnis,
- Werkvertrag.

1 Auf http://www.kollektivvertrag.at finden sich interessante Informationen zum Thema „Kollektivvertrag“.

1.2.1. Echtes Dienstverhältnis

Ein echtes Dienstverhältnis liegt vor, wenn sich jemand befristet oder unbefristet verpflichtet, in **persönlicher** und **wirtschaftlicher Abhängigkeit** eine Arbeitsleistung unter der Leitung eines Dienstgebers zu erbringen.

Wesentliche **Merkmale** eines echten Dienstvertrags sind daher die persönliche und die wirtschaftliche Abhängigkeit.

Die **persönliche Abhängigkeit** ergibt sich daraus, dass die Arbeitsleistung dem Arbeitgeber zugutekommt und in einer von dieser bestimmten Organisationsstruktur (Arbeitsorganisation) entsteht. Sie äußert sich insbesondere in der Weisungsgebundenheit des Arbeitnehmers betreffend den vereinbarten Arbeitsort und Arbeitsablauf sowie in der Bindung an Dienstzeiten.[2] Die persönliche Arbeitspflicht schließt ein bedingungsloses Vertretungsrecht aus.

Unter **wirtschaftlicher Abhängigkeit** wird die Lohnabhängigkeit sowie das fehlende Eigentum an Betriebsmitteln und die fehlende Verfügungsmacht über Produktionsmittel verstanden.

Fehlendes Unternehmerrisiko des Dienstnehmers ist ein weiteres Indiz für ein echtes Dienstverhältnis. Der Dienstnehmer bekommt für seine Tätigkeit ein Entgelt. Dieser Entgeltanspruch steht ihm auch für die Nichtleistungszeit (wie bspw Krankheit und Urlaub) zu. Der wirtschaftliche Erfolg seiner Leistung wird dem Arbeitgeber zugerechnet.

Es müssen nicht sämtliche Merkmale für ein echtes Dienstverhältnis erfüllt sein, entscheidend ist das Überwiegen der Merkmale, wobei dabei nicht deren zahlenmäßiges Überwiegen, sondern die Gewichtung entscheidend ist. Das Fehlen eines Merkmals kann durch ein anderes, besonders stark ausgeprägtes ausgeglichen werden.

1.2.2. Freies Dienstverhältnis

Ein freies Dienstverhältnis liegt vor, wenn eine regelmäßige Arbeitsleistung auf bestimmte oder unbestimmte Zeit geschuldet wird. Für den freien Dienstnehmer besteht grundsätzlich eine persönliche Arbeitsverpflichtung, jedoch ohne in einem **persönlichen Abhängigkeitsverhältnis** zu stehen.

Das Fehlen eines **persönlichen Abhängigkeitsverhältnisses** ergibt sich insbesondere durch

- den vertraglich vereinbarten **Ausschluss einer persönlichen Weisungsbindung** hinsichtlich Arbeitszeit, Arbeitsort und Verhalten bei der Arbeit,
- die **fehlenden Kontrollbefugnisse** des Auftraggebers,

2 VwGH 15.4.1998, 95/09/0174.

- die **fehlende Einbindung** bzw **Eingliederung** in den Betrieb des Auftraggebers
- und die Möglichkeit, sich nach Belieben jederzeit **vertreten** zu lassen,

Dieses **Vertretungsrecht** muss ein freies, generelles Vertretungsrecht sein. Kein generelles Vertretungsrecht liegt vor, wenn eine wechselseitige Vertretung mehrerer beim selben Vertragspartner beschäftigter Personen besteht.[3] Auch eine Vertretung im Fall einer Verhinderung oder während einer Krankheit oder Urlaub ist kein generelles Vertretungsrecht.

Der freie Dienstnehmer hat bei der Ausübung seiner Tätigkeit einen größeren Spielraum gegenüber den Weisungen des Dienstgebers.

Die **arbeitsrechtlichen Ansprüche** des freien Dienstnehmers richten sich im Wesentlichen nach der mit dem Arbeitgeber geschlossenen Vereinbarung.

Da beim freien Dienstvertrag die **persönliche Abhängigkeit** sehr gering ausgeprägt ist, gelten folgende Schutzbestimmungen nicht automatisch, außer sie sind Bestandteil des Dienstvertrages:

- keine Anwendung der Kollektivverträge,
- keine Arbeitszeitgrenzen gem AZG,
- kein Überstundenzuschlag gem AZG bzw Kollektivvertrag,
- kein Anspruch auf Fortzahlung im Krankheitsfall bzw Freizeitunfall gem Entgeltfortzahlungsgesetz bzw Angestelltengesetz,
- kein Anspruch auf bezahlten Urlaub gem Urlaubsgesetz,
- kein Mindestlohn
- und keine Sonderzahlungen.

Jedoch sind bei Kündigung freier Dienstnehmer die gesetzlichen Kündigungsfristen einzuhalten und es besteht ein Anspruch auf Kündigungsentschädigung.[4]

Freie Dienstnehmer sind auch in die betriebliche Mitarbeitervorsorge einzubeziehen.

1.2.3. Werkvertragsverhältnis

Der Werkvertragsnehmer verpflichtet sich zur **Herstellung eines Werkes** oder zu dessen **Fertigstellung.**[5]

Ein Werk ist eine individualisierte, konkrete, gewährleistungstaugliche Leistung. Der gewährleistungsfähige Erfolg ist wesentlich für die Einstufung als Werkvertrag. Man spricht auch von einem Erfolg, der geschuldet wird, wofür der Werkvertragsnehmer haftet.

Bei einem Dienstverhältnis wird hingegen die **Arbeitsleistung** geschuldet.

---

3 VwGH 16.11.2011, 2008/08/0152.
4 OGH 20.8.2008, 9 ObA 17/08b.
5 § 1151 ABGB.

Der Werkvertragsnehmer arbeitet auf sein eigenes wirtschaftliches Risiko, in der Regel mit eigenen Betriebsmitteln. Der Werkvertragsnehmer hat keine persönliche Arbeitspflicht, er kann sich bei der Erbringung der Leistung auch Gehilfen bedienen. Er hat auch verschiedene Vertragspartner, denen er eine Leistung erbringt.

Für die korrekte Entrichtung der Sozialversicherung und der Steuern ist der Werkvertragsnehmer zuständig.

1.2.4. Abgrenzung: echtes Dienstverhältnis – freies Dienstverhältnis – Werkvertrag

In der Rechtsprechung wird die **persönliche Abhängigkeit** als wesentliches Kriterium des **echten Dienstverhältnisses** gesehen. Je stärker die **Weisungsgebundenheit**, desto eher liegt ein echtes Dienstverhältnis vor. Besteht in Bezug auf die **Arbeitsausführung** und die **Zeitvorgaben** kein oder nur ein sehr geringer Gestaltungsspielraum, spricht das ebenfalls für ein echtes Dienstverhältnis. Ist eine Eingliederung in den **betrieblichen Organismus** des Arbeitsgebers gegeben und besteht **kein Unternehmerrisiko**, spricht das eher für ein Dienstverhältnis. Bei einfachen manuellen Tätigkeiten ist eher von einem echten Dienstverhältnis auszugehen. Je höher die Qualifikation, desto eher geht die Rechtsprechung von einer unternehmerischen Tätigkeit aus.[6] Eine Gewerbeberechtigung ändert nichts am Vorliegen eines echten Dienstverhältnisses. Eine Gewerbeberechtigung führt somit nicht automatisch zu einem Werkvertrag.

Bei einem **freien Dienstvertrag** stellt der Arbeitnehmer seine Arbeitskraft auf Zeit zur Verfügung. Der freie Dienstnehmer verwendet dabei überwiegend Betriebsmittel des Auftraggebers. Seine **persönliche Unabhängigkeit** zeigt sich in der **fehlenden Weisungsbindung** hinsichtlich Arbeitszeit, Arbeitsort und Verhalten bei der Arbeit, in **fehlenden Kontrollbefugnissen** des Auftraggebers sowie in der **fehlenden Einbindung** bzw **Eingliederung** in den Betrieb des Auftraggebers. Das Recht auf **jederzeitige Vertretung** durch eine beliebige, fachlich qualifizierte Person ist ein wesentliches Merkmal für die persönliche Unabhängigkeit des freien Dienstnehmers.

Beispiel zu einem freien Dienstvertrag

Ein EDV-Techniker erbringt laufend Programmierarbeiten überwiegend im Betrieb des Auftraggebers. Dabei hat er eine freie Zeiteinteilung. Regelmäßig arbeitet er von zu Hause. Er kann sich durch Personen seiner Wahl vertreten lassen.

Lösung

Es liegt ein freies Dienstverhältnis vor.

---

6 VwGH 2.12.2013, 2013/08/0191.

Dabei ist bei der Prüfung nicht die Bezeichnung des Vertragsverhältnisses, sondern immer die Umstände des konkreten Einzelfalls entscheidend. Obwohl der Vertrag die Vermutung der Richtigkeit hat, ist die wesentliche Frage, wie das Vertragsverhältnis „gelebt“ wird. Es kann daher sein, dass die tatsächlichen Verhältnisse von der vertraglichen Vereinbarung abweichen.

1.2.5. Teilzeitbeschäftigte

Eine Teilzeitbeschäftigung liegt vor, wenn die durch Kollektivverträge oder Betriebsvereinbarungen festgelegte **wöchentliche Normalarbeitszeit** von bspw **40 Stunden, 38,5 Stunden** oder **38 Stunden** unterschritten wird. Teilzeitbeschäftigten steht eine kollektivvertraglich oder vertraglich vereinbarte Entlohnung zu.

Geringfügig Beschäftigte sind Teilzeitbeschäftigte.

1.2.6. Fallweise Beschäftigte

Unter fallweise beschäftigten Personen sind Personen zu verstehen, die in **unregelmäßiger Folge, zu vorher nicht festgelegten Terminen, tageweise** beim selben Dienstgeber beschäftigt werden. Der Einsatz erfolgt an nicht vorher festgelegten Terminen. Die Beschäftigung muss für eine **kürzere Zeit als eine Woche** vereinbart werden.[7]

Liegen die Voraussetzungen für eine fallweise Beschäftigung vor, ist nach Ansicht der Sozialversicherung jede Beschäftigung als eigenständiges Dienstverhältnis anzusehen.

1.3. Arbeitszeit

1.3.1. Normalarbeitszeit

Unter Arbeitszeit versteht man die Zeit vom Beginn bis zum Ende der Arbeit mit Ausnahme der **Ruhepausen**. Die Tagesarbeitszeit ist die Arbeitszeit innerhalb eines Tages (0:00 bis 24:00 Uhr). Die Wochenarbeitszeit ist die Arbeitszeit in einer Kalenderwoche (Montag bis Sonntag). Die **Normalarbeitszeit** ist die Zeit, in der tatsächlich gearbeitet werden kann.

Die gesetzliche **wöchentliche Normalarbeitszeit** beträgt **40 Stunden** und die **tägliche Normalarbeitszeit 8 Stunden**.

In vielen Branchen wurde durch Kollektivverträge oder Betriebsvereinbarungen die **wöchentliche Normalarbeitszeit** auf **38,5 Stunden** bzw **38 Stunden** verkürzt.

7 § 471b ASVG.

Durch **Arbeitszeitflexibilisierung** darf die tägliche und wöchentliche Normalarbeitszeit verlängert werden. So sehen viele Kollektivverträge eine Verlängerung der täglichen Normalarbeitszeit auf 10 Stunden und auch der wöchentlichen Normalarbeitszeit auf 50 Stunden vor. Jedoch muss diese Verlängerung der täglichen Arbeitszeit innerhalb eines bestimmten Durchrechnungszeitraums ausgeglichen werden.

1.3.2. Mehrarbeit

Mehrarbeit ist die **Differenz** zwischen einer durch Kollektivvertrag oder Betriebsvereinbarung **verkürzten Arbeitszeit** (zB auf 38,5 Stunden) und der **gesetzlichen Normalarbeitszeit** von 40 Stunden. Diese Mehrarbeit von 1,5 Stunden gilt bis zur Erreichung der 40-Stunden-Woche als Normalarbeitszeit. Dafür steht, sofern durch Kollektivvertrag oder Betriebsvereinbarung nichts Gegenteiliges vereinbart wurde, **kein Überstundenzuschlag** zu.

Praxistipp

Mehrarbeit wird für jede Woche abgerechnet. Werden die Mehrstunden in einer Woche nicht aufgebracht, können die nicht aufgebrauchten Stunden nicht in die nächste Woche mitgenommen werden.

Bei **Teilzeitbeschäftigten** wird die Arbeitszeit, die über die vereinbarte wöchentliche Arbeitszeit hinausgeht (zB 30 Stunden), aber noch innerhalb der gesetzlichen Normalarbeitszeit von 40 Stunden liegt, als Mehrarbeit bezeichnet. Das AZG sieht vor, dass **Mehrstunden** von Teilzeitbeschäftigten mit einem gesetzlichen **Zuschlag von 25 %** des auf die Arbeitsstunde entfallenden Normallohnes entlohnt werden müssen.[8]

Mehrarbeitsstunden bei Teilzeitbeschäftigten sind **nicht zuschlagspflichtig**, wenn[9]

- sie innerhalb des **Kalendervierteljahres** oder eines anderen festgelegten Zeitraumes von drei Monaten, in dem sie angefallen sind, durch Zeitausgleich im Verhältnis 1:1 **ausgeglichen** werden,
- bei **gleitender Arbeitszeit** die vereinbarte Arbeitszeit innerhalb der Gleitzeitperiode im Durchschnitt nicht überschritten wird,[10]
- der **Kollektivvertrag** für Vollzeitbeschäftigte eine kürzere wöchentliche Normalarbeitszeit als 40 Stunden vorsieht und für die Differenz zwischen kollektivvertraglicher und gesetzlicher Normalarbeitszeit **kein** oder ein **geringerer Zuschlag als 25 %** festgesetzt wird.[11]

---

8 § 19d Abs 3a AZG.
9 § 19d Abs 3b AZG.
10 § 6 Abs 1a AZG.
11 § 19d Abs 3c AZG.

Praxistipp

Enthält der Kollektivvertrag keine gesonderte Regelung über die Durchrechnung bei Teilzeitmitarbeitern, kann das im Kollektivvertrag geregelte Durchrechnungsmodell nicht automatisch für Teilzeitmitarbeiter angewendet werden. Es fällt somit ein Mehrarbeitszuschlag für Teilzeitmitarbeiter an, wenn die Mehrarbeit nicht innerhalb eines 3-Monatszeitraums (Quartal) ausgeglichen werden kann.

Wird ein teilzeitbeschäftigter Arbeitnehmer an einem 8-Stunden-Tag für eine Tätigkeit herangezogen, sind die Stunden bis zur Erreichung der Normalarbeitszeit von 8 Stunden Mehrstunden.

Wenn der teilzeitbeschäftigte Arbeitnehmer 9 Stunden an diesem Tag zur Arbeit herangezogen wird, besteht für die **eine Stunde** grundsätzlich Anspruch auf Überstundenentlohnung.

Beispiel zu Mehrstunden

In einem Kollektivvertrag ist eine wöchentliche Arbeitszeit von 38,5 Stunden vorgesehen. Der Mitarbeiter ist teilzeitbeschäftigt und arbeitet 30 Stunden. Gebührt dem Mitarbeiter ein Zuschlag für Mehrarbeitsstunden?

Lösung

Wenn der Kollektivvertrag für den Vollzeitbeschäftigten für die Mehrarbeit von 1,5 Stunden keinen Zuschlag verrechnet, sind auch für den Teilzeitbeschäftigten die 1,5 Stunden zuschlagsfrei zu verrechnen. Darüber hinaus ist ihm ein Zuschlag von 25 % zu verrechnen, außer der Kollektivvertrag sieht eine gegenteilige Regelung vor.

1.3.3. Überstundenarbeit

Überstundenarbeit liegt vor, wenn die **tägliche Normalarbeitszeit** von 8 Stunden oder die **wöchentliche Normalarbeitszeit** von 40 Stunden überschritten wird. Der Arbeitgeber und der Arbeitnehmer können vereinbaren, wie Überstunden abgegolten werden sollen. Möglich ist dies mit Geld, mit einem Zeitausgleich oder mit einer Kombination aus beidem.

Überstunden müssen angeordnet werden.[12] Arbeitnehmer dürfen zur Überstundenarbeit nur dann herangezogen werden, wenn ein höherer Arbeitsbedarf vorliegt.

Praxistipp

Eine eigenständige Umverteilung der Arbeitszeit ohne Anordnung des Dienstgebers ist keine Überstunde.

Wurde zwischen Arbeitnehmer und Arbeitgeber nichts vereinbart und sieht der Kollektivvertrag keine Regelung vor, sind die Überstunden in **Geld** abzugelten.[13]

12 § 4b Abs 5 AZG.
13 § 10 Abs 2 AZG.

1.3.3.1. Verpflichtung zur Überstundenarbeit aufgrund der Dienstnehmer-Treuepflicht

Aus den gesetzlichen Regelungen ergibt sich **keinerlei allgemeine Verpflichtung** des Dienstnehmers zur Leistung von Überstunden. Der Dienstnehmer ist daher grundsätzlich nicht verpflichtet, Überstunden zu leisten. Lediglich aufgrund der **Dienstnehmer-Treuepflicht** ist er zur Überstundenleistung verpflichtet, wenn ein Betriebsnotstand vorliegt. Der Begriff des „**Betriebsnotstandes**" wird sehr eng interpretiert. Auf diese **Dienstnehmer-Treuepflicht** kann sich der Dienstgeber nicht berufen, wenn sich die Überstundenarbeit durch normale betriebsorganisatorische Maßnahmen vermeiden lässt. Geeignete Maßnahmen wären bswp die rechtzeitige Neueinstellung von Dienstnehmern, die Stundenerhöhung von Teilzeitbeschäftigten oder der vermehrte Einsatz von Leiharbeitern.

Erwartet der Arbeitgeber einen erhöhten Arbeitsbedarf, muss er geeignete Maßnahmen treffen und kann sich nicht automatisch auf die Treuepflicht der Dienstnehmer verlassen und sie zur Leistung von Überstunden heranziehen.

Der Dienstnehmer darf zu Überstundenarbeit nicht herangezogen werden, selbst wenn eine **Dienstnehmer-Treuepflicht** des Arbeitnehmers besteht, wenn **berücksichtigungswürdige Interessen** des Dienstnehmers der Überstundenarbeit entgegenstehen.[14]

Im Einzelfall erfolgt eine **Interessenabwägung,** bei der die Interessen des Dienstgebers jenen des Dienstnehmers gegenübergestellt werden.

Interessen des Dienstgebers an der Leistung von Überstunden sind zB die zeitliche Dringlichkeit des Auftrages, die Vermeidung von wirtschaftlichen Nachteilen, der kurzfristige Ausfall von Dienstnehmern.

Berücksichtigungswürdige Interessen des Dienstnehmers sind zB familiäre Ereignisse, wie Geburtstagsfeier, Hochzeit, oder die Fortbildung des Dienstnehmers, Betreuungspflichten von Kindern oder pflegebedürftigen Familienangehörigen, die Teilnahme des Dienstnehmers an Weiterbildungsmaßnahmen.

1.3.3.2. Verpflichtung zur Überstundenarbeit aufgrund von KV, BV oder DV

Eine Verpflichtung zur Leistung von Überstunden kann sich jedoch aufgrund von **Kollektivvertrag**, **Betriebsvereinbarung** oder **Dienstvertrag** ergeben. Diese müssen jedoch

- rechtzeitig angeordnet sein,
- gesetzlich zulässig sein und
- es dürfen keine berücksichtigungswürdigen Interessen des Arbeitnehmers entgegenstehen.

---

14 § 6 Abs 2 AZG.

Der Dienstnehmer darf zu Überstundenarbeit nicht herangezogen werden, selbst wenn eine grundsätzliche Verpflichtung des Arbeitnehmers aufgrund von Kollektivvertrag, Betriebsvereinbarung oder Dienstvertrag besteht, wenn **berücksichtigungswürdige Interessen** des Dienstnehmers der Überstundenarbeit entgegenstehen.[15]

Im Einzelfall erfolgt eine **Interessenabwägung**, bei der die Interessen des Dienstgebers jenen des Dienstnehmers gegenübergestellt werden.

Interessen des Dienstgebers an der Leistung von Überstunden sind zB die zeitliche Dringlichkeit des Auftrages, die Vermeidung von wirtschaftlichen Nachteilen, der kurzfristige Ausfall von Dienstnehmern.

Berücksichtigungswürdige Interessen des Dienstnehmers sind zB familiäre Ereignisse, wie Geburtstagsfeier, Hochzeit, oder die Fortbildung des Dienstnehmers, Betreuungspflichten von Kindern oder pflegebedürftigen Familienangehörigen, die Teilnahme des Dienstnehmers an Weiterbildungsmaßnahmen.

Praxistipp

Auch bei einer Verpflichtung zur Leistung von Überstundenarbeit, können besondere Interessen des Arbeitnehmers der Überstundenarbeit entgegenstehen. Es ist eine Interessenabwägung notwendig.

1.3.3.3. Höchstgrenzen der Arbeitszeit

Die gesetzliche **wöchentliche Normalarbeitszeit** ist unverändert **40 Stunden** bzw die **tägliche Normalarbeitszeit** liegt unverändert bei **acht Stunden**. Auch die in vielen Branchen geltende verkürzte **wöchentliche Normalarbeitszeit** auf **38,5 Stunden** bzw **38 Stunden** gilt unverändert.

Mit 1.9.2018 wurde die zulässige (**Höchst-**)**Tagesarbeitszeit** von zehn Stunden auf **zwölf Stunden** und die zulässige (**Höchst-**)**Wochenarbeitszeit** von 50 Stunden auf **60 Stunden** erhöht. Diese Höchstgrenzen der Arbeitszeit dürfen auch beim Zusammentreffen einer anderen Verteilung der wöchentlichen Normalarbeitszeit mit der Arbeitszeitverlängerung nicht überschritten werden.[16]

Sind sich Dienstnehmer und Dienstgeber einig, zwölf Stunden pro Tag zu arbeiten ist das seit 1.9.2018 **möglich**.

Der Dienstgeber muss darauf achten, dass nicht mehr als **20 Überstunden** pro **Woche** geleistet werden. Im **17 Wochen-Zeitraum** dürfen maximal **48 Stunden**

15 § 6 Abs 2 AZG.
16 § 9 Abs 1 AZG.

pro Woche geleistet werden.[17] Der Kollektivvertrag kann eine Verlängerung des Durchrechnungszeitraums bis auf 52 Wochen zulassen.[18] Fehlzeiten, wie Krankenstände, Urlaube und Feiertage, werden **neutral** behandelt und reduzieren den Wochendurchschnitt nicht.

Praxistipp

Bereits vor dem 1.9.2018 gab es den Zwölf-Stunden Tag, aber nur mit Betriebsvereinbarung oder Einzelvereinbarung und arbeitsmedizinischer Unbedenklichkeitsbescheinigung. Zusätzlich konnte bereits vor dem 1.9.2018 bei vorübergehendem besonderem Arbeitsbedarf bis zu zwölf Stunden pro Tag gearbeitet werden.

1.3.3.4. Besonderheiten ab der zehnten Stunde pro Tag bzw ab der 50. Stunde pro Woche – „Sonderüberstunden"

1.3.3.4.1. Grundloses Ablehnungsrecht[19]

Wird die Tagesarbeitszeit von zehn Stunden oder die Wochenarbeitszeit von 50 Stunden überschritten, hat der Arbeitnehmer für die Leistung dieser Überstunden ein **grundloses Ablehnungsrecht.**

Lehnt der Arbeitnehmer diese Überstundenleistung ab, darf er nicht benachteiligt werden, insbesondere hinsichtlich

- des Entgelts,
- der Aufstiegsmöglichkeiten und
- der Versetzung.

Werden Dienstnehmer, weil sie die Leistung von Überstunden abgelehnt haben, gekündigt, kann die Kündigung innerhalb einer Frist von **zwei Wochen** bei Gericht **angefochten** werden. Eine Entlassung ist jedenfalls ungerechtfertigt und anfechtbar.

Beispiel zum grundlosen Ablehnungsrecht

Ein Unternehmer muss einen Auftrag bis Freitag 18 Uhr abschließen, daher arbeiten alle Mitarbeiter von Montag bis Donnerstag elf Stunden pro Tag. Alle Mitarbeiter haben im Dienstvertrag eine Klausel unterschrieben, zu der sie zur Leistung von Überstunden verpflichtet sind.

Lösung

Nach dem die Mitarbeiter am Freitag sechs Stunden gearbeitet haben, ist die 50. Wochenstunde erreicht. Eine eventuelle grundlose Ablehnung von Mitarbeitern, eine Arbeitsleistung zu erbringen, ist möglich und durch das AZG gedeckt.[20]

17 § 7 Abs 1 AZG.
18 § 9 Abs 4 AZG.
19 § 7 Abs 6 AZG.
20 § 7 Abs 6 AZG.

1.3.3.4.2. Vergütungswahlrecht[21]

Leistet der Dienstnehmer Überstunden und wird dadurch die Tagesarbeitszeit von zehn Stunden und die Wochenarbeitszeit von 50 Stunden überschritten, können die Dienstnehmer selbst entscheiden, ob die **Abgeltung in Geld** oder in **Zeitausgleich** erfolgt. Dieses Wahlrecht ist möglichst frühzeitig, spätestens jedoch am Ende des jeweiligen Abrechnungszeitraums auszuüben, wobei das in der Regel der nächstfolgende Monat sein wird.

Beispiel zum Vergütungswahlrecht

Beim Dienstnehmer werden Überstunden grundsätzlich durch **Zeitausgleich** abgegolten. Der Dienstnehmer erbringt im Jänner 2021 vom Dienstgeber angeordnete Überstunden aufgrund derer die Tagesarbeitszeit von zehn Stunden und die Wochenarbeitszeit von 50 Stunden überschritten wird.

Die Überstunden werden um einen Monat zeitverschoben (Jänner-Überstunden mit dem Februar-Bezug) am 25.2.2023 abgerechnet.

a) Der Dienstnehmer fordert am 20.2.2023, dass die Jänner-Sonderüberstunden entgegen der grundsätzlich vereinbarten Zeitausgleichgestaltung **ausbezahlt** werden sollen.
b) Der Dienstnehmer fordert am 5.3.2023, dass die Jänner-Sonderüberstunden entgegen der grundsätzlich vereinbarten Zeitausgleichgestaltung **ausbezahlt** werden sollen.
c) Der Dienstnehmer übt sein Wahlrecht nicht aus.[22]

Lösung

Zu a) Die Abrechnung und die **Auszahlung** erfolgt mit der Februarabrechnung.

Zu b) Das Wahlrecht wurde zu spät ausgeübt. Der Dienstgeber kann, muss die Überstunden aber nicht auszahlen. Der Dienstgeber kann mangels rechtzeitiger Wahl auch für diese Sonderüberstundenabgeltung die generelle Überstundenabgeltungsvereinbarung in Form eines **Zeitausgleichs** wählen.

Zu c) Das Wahlrecht wurde nicht ausgeübt. Der Dienstgeber kann mangels Wahl auch für diese Sonderüberstundenabgeltung die generelle Überstundenabgeltungsvereinbarung in Form eines **Zeitausgleichs** wählen.

1.3.3.4.3. Ausnahmen von den neuen Höchstarbeitsgrenzen

Bei zahlreichen Berufsgruppen gibt es betreffend der Höchstarbeitszeit Einschränkungen. So gibt es in zahlreichen Kollektivverträgen Bestimmungen über die Deckelung der Höchstgrenze der Arbeitszeit.

1.3.4. Gleitende Arbeitszeit

Eine gleitende Arbeitszeit liegt vor, wenn der Arbeitnehmer innerhalb eines vereinbarten zeitlichen Rahmens **Beginn** und **Ende** seiner täglichen Normalarbeitszeit **selbst bestimmen** darf. Sie bedarf keiner kollektivvertraglichen Vereinbarung.[23]

21 § 10 Abs 4 AZG.
22 *Schrenk*, PVP 2018, 207.
23 § 4b Abs 1 AZG.

Die gleitende Arbeitszeit ist in Betrieben **mit einem Betriebsrat** durch **Betriebsvereinbarung** festzulegen. In Betrieben, in denen **kein Betriebsrat** besteht, muss mit dem einzelnen Arbeitnehmer eine **schriftliche Gleitzeitvereinbarung** getroffen werden. Schriftlichkeit ist absolutes Formerfordernis einer Gleitzeitvereinbarung. Der mündliche Abschluss einer Gleitzeitvereinbarung ist rechtsunwirksam und kann zu Überstundennachforderungen führen.[24]

Der **Sinn einer Gleitzeitvereinbarung** liegt darin, dass der Dienstgeber dem Dienstnehmer, auch wenn dieser in einer Woche mehr als 40 Stunden arbeitet, keine Überstundenzuschläge zahlen muss. Erst am Ende der Gleitzeitperiode wird überprüft, wie viele Stunden der Dienstnehmer im Durchschnitt wöchentlich geleistet hat. Nur jene Stunden, die durchschnittlich über 40 Stunden pro Woche hinausgehen und nicht in die nächste Gleitzeitperiode übertragen werden können, sind als **Überstunden** zu bewerten.

Eine Gleitzeitvereinbarung dient zwar dazu, die Zahl der Überstunden durch Umverteilung der Arbeitszeit zu minimieren, doch schließt das Vorhandensein einer Gleitzeitvereinbarung Überstunden nicht aus.

1.3.4.1. Zwingende Punkte einer Gleitzeitvereinbarung

Eine **Gleitzeitvereinbarung** hat zwingend **folgende Punkte** enthalten:

- **Dauer** der **Gleitzeitperiode**: Die Gleitzeitperiode ist jener Durchrechnungszeitraum, in dem Zeitguthaben sowie Zeitschulden aufgebaut und abgebaut werden können. Am Ende der Gleitzeitperiode ergeben sich entweder Zeitguthaben oder Zeitschulden. Dieser **Zeitsaldo** kann in die nächste Gleitzeitperiode übertragen oder als Zeitguthaben (in Form von Überstunden) ausgezahlt werden.
- **Gleitzeitrahmen**: Der **Gleitzeitrahmen** ist der tägliche Zeitraum, innerhalb dessen der Arbeitnehmer seine Arbeitszeit grundsätzlich frei beginnen und beenden kann. Das ist die Zeitspanne zwischen dem frühestmöglichen Arbeitsbeginn und dem spätestmöglichen Arbeitsende eines Tages (zB 8.00–18.00 Uhr). Werden Arbeitsleistungen außerhalb dieses Gleitrahmens erforderlich, handelt es sich dabei um Überstundenarbeit. Auch die Vereinbarung einer Kernzeit, in der die Beschäftigten anwesend sein müssen, ist üblich, aber nicht zwingend erforderlich.
- Höchstausmaß allfälliger **Übertragungsmöglichkeiten** von Zeitguthaben und Zeitschulden in die nächste Gleitzeitperiode. Durch die Formulierung „allfälliger” muss eine Übertragung als solche nicht vorgesehen sein.

24 § 4b Abs 2 AZG.

Beispiel zur Übertragungsmöglichkeit von Zeitguthaben und Zeitschulden

Die Gleitzeitperiode beträgt drei Monate (13 Wochen). Die wöchentliche Normalarbeitszeit beträgt 40 Stunden. Die Übertragungsmöglichkeit von Zeitguthaben in die nächste Gleitzeitperiode beträgt 39 Stunden. Wie hoch kann die wöchentliche Arbeitszeit sein?

Lösung

Die wöchentliche Arbeitszeit kann im Durchschnitt 43 Stunden betragen (39 [Stunden] : 13 [Wochen] = drei Stunden/Woche zusätzlich).

- **Dauer** und **Lage** der fiktiven **Normalarbeitszeit**: Die fiktive Normalarbeitszeit dient der Bewertung aller Abwesenheiten (Krankheit, Urlaub etc), für die Entgeltfortzahlung gebührt, und legt fest, wie viel Normalarbeitszeit als erbracht gilt.

Beispiel zur Lage der fiktiven Normalarbeitszeit bei einer Gleitzeitvereinbarung

Bei einem Dienstverhältnis ist fiktive Normalarbeitszeit Montag bis Freitag von 8.00 bis 16.30 Uhr. Dem Dienstnehmer steht täglich eine halbstündige Pause zu. Der Dienstnehmer hat eine Dienstverhinderung aus einem wichtigen persönlichen Grund von 7.00 bis 10.00 Uhr (zB Arzttermin). Wie ist bei einer Gleitzeitvereinbarung vorzugehen?

Lösung

Die Zeit von 7.00 Uhr bis zum Beginn der fiktiven Normalarbeitszeit um 8.00 Uhr ist Freizeit des Arbeitnehmers.

Die Zeit von 8.00 bis 10.00 Uhr ist als anrechenbare Arbeitszeit auf dem Gleitzeitkonto zu verbuchen.

1.3.4.2. Gleitzeitvereinbarungen aus der Zeit vor dem 1.9.2018 – Kleine Gleitzeitvereinbarung

Gleitzeitvereinbarungen aus der Zeit vor Inkrafttreten der Arbeitszeitreform 2018 bleiben aufrecht.[25]

Die **tägliche Normalarbeitszeit** beträgt bei der kleinen Gleitzeitvereinbarung grundsätzlich **zehn Stunden**.[26]

Eine Änderung der alten Gleitzeitvereinbarung ist nur möglich, wenn der Betriebsrat zustimmt, dass die Betriebsvereinbarung geändert wird, in Betrieben ohne Betriebsrat muss der Dienstnehmer zustimmen.

Regelungen in Kollektivverträgen und Betriebsvereinbarungen, die günstige Bestimmungen vorsehen, werden durch die Arbeitszeitreform nicht geändert.

25 § 32c Abs 10 AZG.
26 § 4b Abs 4 Satz 1 AZG.

Praxistipp

Eine Gleitzeitvereinbarung sieht einen Gleitzeitrahmen von 7:00 bis 18:00 Uhr vor. Bei einer halbstündigen Ruhepause ist eine maximale Arbeitszeit, die von der Gleitzeitvereinbarung umfasst ist, von 10,5 Stunden möglich. Zwölf Stunden sind nicht möglich, da bei 10,5 Stunden eine Grenze eingezogen wurde.

1.3.4.3. Gleitzeitvereinbarungen aus der Zeit nach dem 31.8.2018 – Große Gleitzeitvereinbarung

Bei der großen Gleitzeitvereinbarung darf der Dienstnehmer maximal zwölf Stunden am Tag und maximal 60 Stunden pro Woche arbeiten, wenn dies die Gleitzeitvereinbarung vorsieht.

Diese Verlängerung der täglichen Normalarbeitszeit auf bis zu **zwölf Stunden** ist zulässig, wenn die Gleitzeitvereinbarung vorsieht, dass

- ein **Zeitguthaben ganztägig verbraucht** werden kann und
- ein **Verbrauch in Zusammenhang** mit einer **wöchentlichen Ruhezeit** nicht ausgeschlossen ist.[27]

Durch diese Regelung soll der **ganztätige Verbrauch** von Zeitguthaben nicht ausgeschlossen werden (Inanspruchnahme von Gleittagen).

Weites soll nicht ausgeschlossen sein, dass der **Verbrauch des Zeitguthabens an einem Freitag** oder **Montag** erfolgen kann und dadurch die Wochenenden verlängert werden. Der Verbrauch an einem dieser Tage ist ausreichend.[28]

Werden diese Änderungen in der Gleitzeitvereinbarung nicht umgesetzt, kann von der Erweiterungsoption auf zwölf Stunden nicht Gebrauch gemacht werden.

Mit Personen, die das 18. Lebensjahr noch nicht vollendet haben, können Gleitzeitvereinbarungen nicht abgeschlossen werden. Sie unterliegen nicht dem AZG, sondern dem KJBG.

Praxistipp

Wurde die Erweiterungsoption auf zwölf Stunden **ohne Berücksichtigung der gesetzlichen Voraussetzung** geschlossen, ist diese Vereinbarung ungültig. Nach der Regel der **Teilnichtigkeit** betrifft dies nur die konkrete Bestimmung.[29]

---

27 § 4b Abs 4 Satz 2 AZG.

28 *Schrenk*, PVP 2018, 209.

29 *Gerhartl*, SWK 2018, 1164.

1.3.4.4. Überstunden und Gleitzeit

Am Ende einer Gleitzeitperiode bestehende **Zeitguthaben**, die nach der Gleitzeitvereinbarung in die nächste Gleitzeitperiode **übertragen werden können**, sowie am Ende eines Durchrechnungszeitraumes bestehende Zeitguthaben, die in den nächsten Durchrechnungszeitraum übertragen werden können, gelten **nicht** als **Überstunde**. Der Kollektivvertrag kann eine mehrmalige Übertragung von Zeitguthaben und Zeitschulden in die nächsten Durchrechnungsperioden zulassen.

Überstunden fallen einerseits dann an, wenn die Arbeitsleistung außerhalb des vereinbarten Gleitzeitrahmens erbracht wird.

Ordnet der Dienstgeber Stunden an, die **über** die **tägliche Normalarbeitszeit** von acht Stunden oder die **wöchentliche Normalarbeitszeit** von 40 Stunden hinausgehen, gelten diese als Überstunden.

Folgende **Möglichkeiten** sind dabei zu unterscheiden:

- Eine **zusätzlich angeordnete Arbeitsleistung** wird **außerhalb des Gleitzeitrahmens** erbracht: Diese außerhalb des Gleitzeitrahmens erbrachte Arbeitsleistung, ist unstrittig als **Überstunde** anzusehen.

  Beispiel zu Überstunden und Gleitzeit

  Die Gleitzeitvereinbarung sieht einen Gleitzeitrahmen von 7:00 bis 17:00 Uhr vor. Der Arbeitgeber ordnet die Erbringung von Arbeitsleistung von 17:00 bis 18:00 Uhr an. Wie ist die Arbeitsleistung zu erfassen?

  Lösung

  Es handelt sich dabei um eine Arbeitsleistung, die nicht im Rahmen der Gleitzeitvereinbarung erbracht wird. Wird dabei die tägliche Normalarbeitszeit von acht Stunden überschritten, liegen Überstunden vor. Hat der Arbeitnehmer, wenn es von der Gleitzeitvereinbarung gedeckt ist, erst um 15:00 Uhr mit der Arbeit begonnen, ist die Arbeitsleistung keine Überstunde, außer es gibt eine günstigere Regelung (zB durch eine Einzelvereinbarung).[30]

- Eine **zusätzlich angeordnete Arbeitsleistung** wird **innerhalb des Gleitzeitrahmens** erbracht: In diesem Fall gibt der Arbeitgeber durch die Anordnung zu verstehen, dass der Arbeitnehmer seine Möglichkeit, die Arbeitszeit im Rahmen seiner Gleitzeitvereinbarung beliebig zu beenden, nicht ausüben kann. Diese zusätzlich erbrachte Arbeitsleistung gilt als Überstunde, wenn sie angeordnet wurde.[31]

Offene Zeitguthaben sind am Ende des Arbeitsverhältnisses mit einem Zuschlag von 50 % abzugelten, außer der Kollektivvertrag sieht etwas anderes vor.

30 *Gerhartl*, SWK 2018, 1165.
31 *Gerhartl*, SWK 2018, 1166.

1.3.5. Durchrechnungsmodell

Bei Durchrechnungsmodellen wird vereinbart, dass innerhalb eines bestimmten Zeitraumes die Arbeitszeit schwanken kann, am Ende der Durchrechnungsperiode soll sich jedoch ein Ausgleich der Plus- und Minusstunden ergeben. Ergeben sich am Ende der Durchrechnungsperiode nicht ausgeglichenen Plusstunden, sind die entsprechenden Stunden als Überstunden auszubezahlen.

Bei einem **Durchrechnungsmodell** sind folgende Punkte zu vereinbaren:

- **Durchrechnungszeitraum** des Durchrechnungsmodells;
- maximale durch das Durchrechnungsmodell erweiterte **Tagesnormalarbeitszeit;**
- maximale durch das Durchrechnungsmodell erweiterte **Wochennormalarbeitszeit.**

Beispiel zu Überstunden und Durchrechnungsmodell

Das Durchrechnungsmodell sieht vor, dass innerhalb eines Durchrechnungszeitraums von 26 Wochen die Normalarbeitszeit bis auf 45 Stunden ausgeweitet werden kann. Die tägliche Normalarbeitszeit kann innerhalb des Durchrechnungszeitraums auf 9 Stunden ausgedehnt werden. Wann müssen trotz Durchrechnungsmodell Überstunden bezahlt werden?

Lösung

Wenn die wöchentliche Arbeitszeit von 45 Stunden oder die tägliche Arbeitszeit von 9 Stunden überschritten werden, müssen bereits innerhalb der Durchrechnungsperiode Überstunden ausbezahlt werden.

Sind am Ende des Durchrechnungsmodells noch Plusstunden vorhanden, müssen diese grundsätzlich ausbezahlt werden, außer sie können in den nächsten Durchrechnungszeitraum übertragen werden.[32]

Der Kollektivvertrag kann zulassen, dass in einzelnen Wochen eines Durchrechnungszeitraumes von bis zu einem Jahr die Normalarbeitszeit

- bei einem Durchrechnungszeitraum von bis zu acht Wochen auf höchstens **50 Stunden,**
- bei einem längeren Durchrechnungszeitraum auf höchstens **48 Stunden** ausgedehnt wird,

wenn sie innerhalb dieses Zeitraumes im Durchschnitt 40 Stunden bzw die durch Kollektivvertrag festgelegte Normalarbeitszeit nicht überschreitet. Der Kollektivvertrag kann einen längeren Durchrechnungszeitraum unter der Bedingung zulassen, dass der zur Erreichung der durchschnittlichen Normalarbeitszeit erforderliche Zeitausgleich jedenfalls in mehrwöchigen zusammenhängenden Zeiträumen verbraucht wird. Die **tägliche Normalarbeitszeit** darf **neun Stunden** nicht überschreiten.[33]

32 § 6 Abs 1a AZG.
33 § 4 Abs 6 AZG,

1.4. Ausnahmen vom Arbeitszeitgesetz und Arbeitsruhegesetz

Kinder und Jugendliche fallen nicht unter das Arbeitszeitgesetz, sondern unter das Kinder- und Jugendlichen-Beschäftigungsgesetz. Darunter fallen **Kinder** mit sämtlichen Arbeiten jeder Art und **Jugendliche** bis zur Vollendung des 18. Lebensjahres, sofern sie in einem Dienstverhältnis, einem Lehr- oder sonstigen Ausbildungsverhältnis stehen.[34] **Kinder** im Sinne dieses Bundesgesetzes sind Minderjährige bis zur Vollendung des 15. Lebensjahres oder bis zur späteren Beendigung der Schulpflicht.[35] **Jugendliche** im Sinne dieses Bundesgesetzes sind Personen bis zur Vollendung des 18. Lebensjahres, die nicht als Kinder gelten.[36]

Auch für **werdende Mütter** gibt es Sonderregelungen. Diese dürfen maximal neun Stunden am Tag und maximal 40 Stunden in der Woche arbeiten.[37]

Das Arbeitszeitgesetz und das Arbeitsruhegesetz gelten nicht für **nahe Angehörige des Arbeitgebers** und **leitende Angestellte**.

Sollten Kollektivverträge und Betriebsvereinbarungen günstigere Regelungen als das Gesetz enthalten, bleiben diese aufrecht.

Für Personen, auf die das Arbeitszeitgesetz und das Arbeitsruhegesetz nicht anzuwenden ist, gelten im Wesentlichen folgende Bestimmungen des Gesetzes **nicht**:[38]

- Höchstarbeitszeitgrenzen,
- Abgeltung von Überstunden, außer der Kollektivvertrag sieht eine besondere Regelung vor,
- Arbeitszeitmodelle,
- Verpflichtung zur Führung von Zeitaufzeichnungen,
- Ersatzruheregelungen,
- „grundloses Ablehnungsrecht" bei Überschreiten der Tagesarbeitszeit von zehn Stunden bzw der Wochenarbeitszeit von 50 Stunden.[39]

Personen, die nicht dem Arbeitszeitgesetz und dem Arbeitsruhegesetz unterliegen, sind vom Kollektivvertrag nicht ausgenommen. Die Ansprüche aus dem Kollektivvertrag gelten entsprechend der einschlägigen Regelung.

In beiden Fällen (nahe Angehörige und leitende Angestellte) ist ein besonders hohes Maß an **Zeitautonomie** des Arbeitnehmers notwendig.

34 § 1 Abs 1 KJBG.
35 § 2 Abs 1 KJBG.
36 § 3 KJBG.
37 § 8 MSchG.
38 *Schrenk*, PVP 2018, 211.
39 § 7 Abs 6 AZG.

Praxistipp

Personen mit hoher Zeitautonomie sind nicht verpflichtet, zu festgelegten Zeiten am Arbeitsplatz anwesend zu sein. Sie können ihre Arbeitszeiteinteilung (somit Beginn und Ende der Arbeitszeit, aber auch Dauer der Arbeitszeit) selbst bestimmen.

Damit die **Zeitautonomie** auch tatsächlich gelebt wird, sollte sie ausdrücklich **schriftlich** vereinbart werden (durch eine Zusatzvereinbarung zum Dienstvertrag).

Praxistipp

Ein freiwilliger, auch schriftlicher Verzicht auf das Messen der Arbeitszeit reicht für die Ausnahme von der Anwendung des Arbeitszeitgesetzes nicht, es ist notwendig, dass die **tatsächliche Zeitautonomie** vereinbart wird.

Das **Führen von Zeitaufzeichnungen** könnte in Fällen, in denen die Zeitautonomie nicht eindeutig vorliegt, dazu führen, dass die „Ausnahme von Arbeitszeitgesetz" nicht gilt. Liegt hingegen die Zeitautonomie eindeutig vor, sollte das Führen von Zeitaufzeichnungen kein Problem darstellen.

Jedoch kann es sinnvoll sein, Zeitaufzeichnungen für eine eventuelle **Deckungsprüfung** zu führen. Bei einer Deckungsprüfung wird die Überstundenpauschale jenem fiktiven Bezug gegenübergestellt, den der Dienstnehmer erhalten hätte, wenn die tatsächlich geleisteten Überstunden am Ende des Beobachtungszeitraums einzeln abgerechnet worden wären. Überschreitet dieser Gegenwert den Betrag der Überstundenpauschale, so ist dem Arbeitnehmer die Differenz nachzuzahlen. Sinnvollerweise wird darauf hingewiesen, dass das Führen dieser Zeitaufzeichnungen nur zur Deckungsprüfung dient. Auch für eine eventuelle **Prüfung der lohnabhängigen Abgaben und Beiträge** ist das Führen von Zeitaufzeichnungen sinnvoll, damit keine grundlose, für den Dienstnehmer ungünstige Schätzung in Frage kommt.

Damit die Ausnahme vom Arbeitszeitgesetz gilt, muss ein **echtes Dienstverhältnis** vorliegen.

Ein hohes Ausmaß an Zeitautonomie kann zu einem **freien Dienstverhältnis** führen.

1.4.1. Ausnahme vom Arbeitszeitgesetz und Arbeitsruhegesetz für leitende Angestellte

Das **Arbeitszeitgesetz** gilt weiters **nicht** für:

- leitende Angestellte oder sonstige Arbeitnehmer, denen maßgebliche selbständige Entscheidungsbefugnis übertragen ist und deren gesamte Arbeitszeit auf Grund der besonderen Merkmale der Tätigkeit

a) **nicht gemessen** oder im **Voraus festgelegt** wird oder
b) von diesen Arbeitnehmern hinsichtlich **Lage** und **Dauer selbst festgelegt** werden kann.[40]

Leitende Angestellte oder **sonstige Arbeitnehmer**, denen **maßgebliche selbständige Entscheidungsbefugnisse** übertragen wurden, leiten wesentliche Teilbereiche eines Betriebes eigenverantwortlich.

Begründet wird die Ausnahme vom Arbeitszeitgesetz damit, dass der Aufgabenbereich eine Bindung an Arbeitszeiten nicht zulässt. Welche Dienstnehmer unter diese Voraussetzung fallen, ist sehr unterschiedlich und wird vom Arbeitsinspektor oft anders als vom Dienstgeber gesehen.[41]

1.4.2. Ausnahme vom Arbeitszeitgesetz und Arbeitsruhegesetz für nahe Angehörige des Arbeitgebers

Das **Arbeitszeitgesetz** gilt **nicht** für:

- nahe Angehörige des Arbeitgebers (Eltern, volljährige Kinder, im gemeinsamen Haushalt lebende Ehegatten, eingetragene Partner oder Lebensgefährten, wenn seit mindestens drei Jahren ein gemeinsamer Haushalt besteht), deren gesamte Arbeitszeit auf Grund der besonderen Merkmale der Tätigkeit
  a) **nicht gemessen** oder im **Voraus festgelegt** wird oder
  b) von diesen Arbeitnehmern hinsichtlich **Lage** und **Dauer selbst festgelegt** werden kann.[42]

Auch die **Mitarbeit eines Ehegatten** im Betrieb des anderen stellt in der Regel kein **echtes Dienstverhältnis** dar, sondern es handelt sich um eine familienhafte Mitarbeit im Rahmen der ehelichen Beistandspflicht. Die Abgeltung für die Mitarbeit stellt kein Entgelt dar, sondern basiert auf einem familienrechtlichen Anspruch.[43]

Nahe **Angehörige** mit **Zeitautonomie** sind:

- Eltern,
- volljährige Kinder,
- im gemeinsamen Haushalt lebende Ehegatten,
- eingetragene Partner,
- Lebensgefährten, wenn seit mindestens drei Jahren ein gemeinsamer Haushalt besteht.

---

40 § 1 Abs 1 Z 8 AZG.
41 *Schrenk*, PVP 2018, 210.
42 § 1 Abs 1 Z 7 AZG.
43 § 98 ABGB.

Nahe Angehörige, die nicht dem Arbeitszeitgesetz unterliegen, sind vor allem Dienstnehmer, die bei Einzelunternehmern beschäftigt sind. Auf Dienstnehmer bei einer juristischen Person (AG, GmbH, Verein) ist diese Nahe-Angehörigen-Bestimmung nicht anzuwenden. Ob für Dienstnehmer bei Personengesellschaften die Bestimmung anzuwenden ist, wird rechtlich nicht einheitlich beantwortet.

Beispiel zur Zeitautonomie

Ein Arzt beschäftigt seine Frau als Ordinationshilfe. Es gelten fixe Ordinationszeiten.

Lösung

Da es fixe Ordinationszeiten gibt, gibt es keine Ausnahme vom Arbeitszeitgesetz. Dass die Ordinationshilfe ihre Arbeit selbständig ohne Leitung erledigt, ist nicht entscheidend.

1.5. Ruhepausen

Beträgt die Gesamtdauer der **Tagesarbeitszeit** mehr als **sechs Stunden**, so ist die Arbeitszeit durch eine Ruhepause von mindestens einer halben Stunde zu unterbrechen. Wenn es im Interesse der Arbeitnehmer des Betriebes gelegen oder aus betrieblichen Gründen notwendig ist, können anstelle einer halbstündigen Ruhepause zwei Ruhepausen von je einer Viertelstunde oder drei Ruhepausen von je zehn Minuten gewährt werden.[44]

1.6. Ruhezeit

1.6.1. Tägliche Ruhezeit

Nach Beendigung der Tagesarbeitszeit ist den Arbeitnehmern eine ununterbrochene Ruhezeit von **mindestens elf Stunden** zu gewähren.[45]

Der Kollektivvertrag kann die ununterbrochene Ruhezeit auf **mindestens acht Stunden** verkürzen. Solche Verkürzungen der Ruhezeit sind innerhalb der nächsten zehn Kalendertage durch entsprechende Verlängerung einer anderen täglichen oder wöchentlichen Ruhezeit auszugleichen. Eine Verkürzung auf **weniger als zehn Stunden** ist nur zulässig, wenn der Kollektivvertrag weitere Maßnahmen zur Sicherstellung der Erholung der Arbeitnehmer vorsieht.[46]

1.6.2. Wochenendruhe

Der Arbeitnehmer hat in jeder Kalenderwoche Anspruch auf eine ununterbrochene Ruhezeit von **36 Stunden**, in die der Sonntag zu fallen hat (**Wochenendruhe**). Wäh-

44 § 11 AZG.
45 § 12 Abs 1 AZG.
46 § 12 Abs 2 AZG.

rend dieser Zeit darf der Arbeitnehmer nur beschäftigt werden, wenn dies auf Grund der gesetzlichen oder kollektivvertraglichen Regelung zulässig ist.[47]

Die Wochenendruhe hat für alle Arbeitnehmer spätestens Samstag um 13 Uhr, für Arbeitnehmer, die mit unbedingt notwendigen Abschluss-, Reinigungs-, Instandhaltungs- oder Instandsetzungsarbeiten beschäftigt sind, spätestens Samstag um 15 Uhr zu beginnen.[48]

Das Arbeitsruhegesetz sieht zahlreiche Ausnahmen von der Wochenendruhe vor.

Beispiele für eine Beschäftigung während der Wochenendruhe sind folgende:

- Reinigung, Instandhaltung oder Instandsetzung, soweit sich solche Arbeiten während des regelmäßigen Arbeitsablaufes nicht ohne Unterbrechung oder erhebliche Störung ausführen lassen und infolge ihres Umfanges nicht bis spätestens Samstag 15 Uhr abgeschlossen werden können; der Bewachung oder Wartung von Betriebsanlagen einschließlich Bergbauanlagen oder Wartung von Tieren; Arbeiten, die dem Brandschutz dienen;[49]
- eine Reisebewegung ist während der Wochenend- und Feiertagsruhe zulässig, wenn diese zur Erreichung des Reiseziels notwendig oder im Interesse des Arbeitnehmers gelegen ist;[50]
- zur Abwendung einer unmittelbaren Gefahr für die Sicherheit des Lebens oder die Gesundheit von Menschen oder bei Notstand sofort vorzunehmen sind;[51]
- Ausnahmen durch Verordnung für bestimmte Tätigkeiten, z.B. im Hinblick auf die während der Wochenend- oder Feiertagsruhe hervortretenden Freizeit- und Erholungsbedürfnisse und Erfordernisse des Fremdenverkehrs notwendig;[52]
- Ausnahmen durch Kollektivvertrag.[53]

1.6.3. Wochenruhe

Der Arbeitnehmer, der nach der für ihn geltenden Arbeitszeiteinteilung während der Zeit der Wochenendruhe beschäftigt wird, hat in jeder Kalenderwoche an Stelle der Wochenendruhe Anspruch auf eine ununterbrochene Ruhezeit von 36 Stunden (**Wochenruhe**). Die Wochenruhe hat einen ganzen Wochentag einzuschließen.[54]

---

47 § 3 Abs 1 ARG.
48 § 3 Abs 2 ARG.
49 § 10 ARG.
50 § 10a ARG.
51 § 11 Abs 1 ARG.
52 § 12 Abs 1 ARG.
53 § 12a Abs 1 ARG.
54 § 4 ARG.

1.6.4. Ersatzruhe

Der Arbeitnehmer, der während seiner wöchentlichen Ruhezeit[55] beschäftigt wird, hat in der **folgenden Arbeitswoche** Anspruch auf Ersatzruhe, die auf seine Wochenarbeitszeit anzurechnen ist. Die Ersatzruhe ist im Ausmaß der während der wöchentlichen Ruhezeit geleisteten Arbeit zu gewähren, die innerhalb von 36 Stunden **vor** dem Arbeitsbeginn in der nächsten Arbeitswoche erbracht wurde.[56] Die Ersatzruhe hat somit unmittelbar **vor** dem Beginn der folgenden wöchentlichen Ruhezeit zu liegen, soweit nichts anderes vereinbart wurde.

Beispiel zur Ersatzruhe

Ein Arbeitnehmer hat Anspruch auf Wochenendruhe. Er arbeitet zusätzlich zur Normalarbeitszeit ausnahmsweise am Samstag von 18:00 bis 22:00 und am Sonntag von 11:00 bis 16:00. Am Montag beginnt er um 9:00 zu arbeiten.

Lösung

Rechnet man ab Montag 9:00 36 Stunden zurück, ergibt dies Samstag 21:00. Der Arbeitnehmer hat Anspruch auf insgesamt sechs Stunden Ersatzruhe.

1.6.5. Feiertagsruhe

Der Arbeitnehmer hat an Feiertagen Anspruch auf eine ununterbrochene Ruhezeit von mindestens 24 Stunden, die frühestens um 0 Uhr und spätestens um 6 Uhr des Feiertages beginnen muss.[57]

Feiertage im Sinne dieses Bundesgesetzes sind: 1. Jänner (Neujahr), 6. Jänner (Heilige Drei Könige), Ostermontag, 1. Mai (Staatsfeiertag), Christi Himmelfahrt, Pfingstmontag, Fronleichnam, 15. August (Mariä Himmelfahrt), 26. Oktober (Nationalfeiertag), 1. November (Allerheiligen), 8. Dezember (Mariä Empfängnis), 25. Dezember (Weihnachten), 26. Dezember (Stephanstag).[58]

1.7. Ausnahme von der Ruhezeitregelung

Das Arbeitsruhegesetz, das Arbeitszeitgesetz, weitere Gesetze und Kollektivverträge sehen Ausnahmen von der täglichen Ruhezeit, sowie von der Wochenend- und Feiertagsruhe vor.

1.7.1. Ausnahme von der Wochenend- und Feiertagsruhe

Bei **vorübergehend auftretendem besonderem Arbeitsbedarf** können durch Betriebsvereinbarungen Ausnahmen von der Wochenend- und Feiertagsruhe an vier Wochenenden oder Feiertagen pro Arbeitnehmer und Jahr zugelassen wer-

55 § 2 Abs 1 Z 3 ARG.
56 § 6 Abs 1 ARG.
57 § 7 Abs 1 ARG.
58 § 7 Abs 2 ARG.

den. Eine Ausnahme von der Wochenendruhe kann nicht an vier aufeinander folgenden Wochenenden erfolgen.[59]

Voraussetzung ist ein **vorübergehend auftretender besonderer Arbeitsbedarf**, damit gilt die Ausnahme für eine normale Verkaufstätigkeit an einem Wochenende nach dem Öffnungszeitengesetz nicht.[60]

In Betrieben mit einem Betriebsrat muss eine **Betriebsvereinbarung** abgeschlossen werden, in Betrieben ohne Betriebsrat ist die Regelung durch eine **schriftliche Einzelvereinbarung** zu treffen. In diesem Fall steht es den Arbeitnehmern frei, ohne Angabe von Gründen die Arbeit abzulehnen; es gilt ein grundloses Ablehnungsrecht.[61]

Lehnt der Arbeitnehmer diese Überstundenleistung ab, darf er nicht benachteiligt werden, insbesondere hinsichtlich:

- des Entgelts,
- der Aufstiegsmöglichkeiten und
- der Versetzung.

Werden Dienstnehmer, weil sie die Leistung von Überstunden abgelehnt haben, gekündigt, können sie diese innerhalb einer Frist von **zwei Wochen** bei Gericht **anfechten**. Eine Entlassung ist jedenfalls ungerechtfertigt und anfechtbar.

Im Falle einer Wochenendarbeit steht dem Arbeitnehmer Ersatzruhe zu.

Die Möglichkeit, an einem Wochenende zu arbeiten, gilt nicht für vier aufeinander folgende Wochenenden. Erlaubt es jedoch, an vier aufeinander folgenden Feiertagen zu arbeiten (Ostermontag, Pfingstmontag, 1. Mai).

Praxistipp

Wird vereinbart, am Samstag von 8:00 bis 12:00 und Sonntag von 8:00 bis 12:00 zu arbeiten, ist ein Wochenende verbraucht.

Wird nur an einem Samstag von 8:00 bis 12:00 gearbeitet, ist ebenfalls ein Wochenende verbraucht, da das Wochenende nicht aliquotiert wird (dazu auch anderslautende Meinung).

1.7.2. Ruhezeitregelung im Gastgewerbe

Seit 1.9.2018 kann im Gastgewerbe für alle Arbeitnehmer in Küche und Service bei geteilten Diensten die **tägliche Ruhezeit** auf mindestens **acht Stunden** verkürzt werden. Diese Regelung gilt auch für teilzeitbeschäftigte Dienstnehmer.

59 § 12b Abs 1 ARG.
60 § 12b Abs 2 ARG.
61 § 12b Abs 3 ARG.

Ein geteilter Dienst liegt vor, wenn die Tagesarbeitszeit durch eine **Ruhepause** auf **mindestens drei Stunden** unterbrochen wird.

Solche Verkürzungen sind innerhalb von vier Wochen, in Saisonbetrieben nach Möglichkeit während der Saison, spätestens jedoch im Anschluss an die Saison durch Verlängerung einer anderen täglichen Ruhezeit auszugleichen.[62]

Praxistipp

Eine Verkürzung der täglichen Ruhezeit kann **nicht** durch die Verlängerung der wöchentlichen Ruhezeit von 36 Stunden ausgeglichen werden.

1.8. All-In-Vereinbarung

Durch den Abschluss einer All-In-Vereinbarung im Dienstvertrag sollen mit einer **überkollektivvertraglichen monatlichen Entlohnung** sämtliche Überstunden und Mehrstunden pauschal abgegolten werden.

Das **All-In-Entgelt** erfasst grundsätzlich alle laufenden Bezüge, die bei der Erbringung sämtlicher Arbeitsleistungen im zulässigen Ausmaß anfallen. Dazu können neben dem Grundgehalt bzw Grundlohn für die Normalarbeitszeit auch das Grundgehalt bzw der Grundlohn für Mehr- und Überstundenarbeit kommen.

Bei entsprechender Vereinbarung sind auch die Sonn- und Feiertagsarbeit samt entsprechenden Zuschlägen sowie das Entgelt für Reisezeiten, Ruf- und Arbeitsbereitschaften im All-In-Entgelt umfasst. Das gilt auch für Aufwandsentschädigungen, wie Tages-, Nächtigungs- oder Kilometergelder, die bei entsprechender Vereinbarung Bestandteil des All-In-Entgeltes werden.

Für seit 1.1.2016 neu abgeschlossene All-In Vereinbarungen gilt die gesetzliche Verpflichtung, dass der Dienstgeber die betragsmäßige Höhe des Grundgehaltes bzw Grundlohnes im Dienstvertrag auszuweisen hat.[63] Das Entgelt für die Normalarbeitszeit muss für den Dienstnehmer aus dem Dienstvertrag ersichtlich sein.

Eine All-In-Vereinbarung ist nach Ansicht der Rechtsprechung so lange zulässig, als der Dienstnehmer durch diese Vereinbarung nicht schlechter gestellt wird als bei einer allfälligen Einzelabrechnung der Mehrleistungen. Dazu hat der Dienstgeber nach Ablauf eines angemessenen Beobachtungszeitraumes eine entsprechende **Deckungsprüfung** durchzuführen. Dabei stellt der Dienstgeber das kollektivvertraglich und gesetzlich gesicherte Mindestentgelt des Dienstnehmers dem vereinbarten pauschalen All-In-Entgelt gegenüber.

62 § 12b Abs 2a AZG.
63 § 2g AVRAG.

Das Ergebnis dieser sogenannten Deckungsprüfung gibt letztendlich Auskunft über die Rechtswirksamkeit der All-In-Vereinbarung. Kommt der Dienstgeber im Zuge der Deckungsprüfung zu dem Ergebnis, dass das tatsächlich gewährte All-In-Entgelt mindestens so hoch bzw höher ist als das ermittelte Mindestentgelt, so ist die Entlohnung rechtlich korrekt erfolgt.

Ist das All-In-Entgelt hingegen niedriger, hat der Dienstnehmer einen Anspruch auf Nachzahlung des Differenzbetrages.

1.9. Neue Höchstarbeitszeit und All-In-Vereinbarung

Seit 1.9.2018 ist es möglich, die Tagesarbeitszeit bis zwölf Stunden und die Wochenarbeitszeit bis zu 60 Stunden auszuweiten. Dabei besteht bei der Überschreitung der Tagesarbeitszeit von zehn Stunden oder der Wochenarbeitszeit von 50 Stunden die gesetzliche Regelung, dass der Arbeitnehmer für die Leistung dieser Überstunden ein **grundloses Ablehnungsrecht** hat.

Im Einzelfall ist zu klären, ob die tägliche Überstunde ab der zehnten Stunde bzw die wöchentliche Überstunde ab der 51. Stunde von der All-In-Vereinbarung erfasst ist. Bei einer Vereinbarung, bei der „alle gesetzlich zulässigen Mehr- und Überstundenleistungen" abgegolten sind, ist der Zeitpunkt des Vertragsabschlusses entscheidend.

Ist der Vertragsabschluss vor dem 1.9.2018, bezieht sich der Vertrag auf die alte Rechtslage und die elfte und zwölfte Überstunde bzw die Stunden ab der 50. Stunde sind von der Vereinbarung nicht umfasst.

1.10. Rufbereitschaft

Rufbereitschaft liegt, wenn ein Dienstnehmer für den Dienstgeber erreichbar ist und zum Arbeitseinsatz bereit ist. Den Aufenthaltsort kann der Dienstnehmer in der Regel frei wählen und in der Bereitschaftszeit kann der Dienstnehmer über seine Zeit frei verfügen. Der Dienstnehmer verpflichtet sich, innerhalb relativ kurzer Zeit seine Arbeit an einem bestimmten Ort aufzunehmen.

Rufbereitschaft ist eine gesonderte Leistung des Dienstnehmers und ist daher ortüblich und angemessen zu entlohnen.[64]

Eine Rufbereitschaft außerhalb der Arbeitszeit darf nur an **zehn Tagen** pro **Monat** vereinbart werden; wobei ein Tag 24 Stunden umfasst. Der Kollektivvertrag kann zulassen, dass Rufbereitschaft innerhalb eines Zeitraumes von drei Monaten an 30 Tagen vereinbart werden kann.[65]

64 *Löscher*, PVP 2019, 163.
65 § 20a Abs 1 AZG.

Die gesetzlichen Grenzen für die Rufbereitschaft sind folgende: Leistet der Arbeitnehmer während der Rufbereitschaft Arbeiten, kann

- die **Tagesarbeitszeit** bis auf **zwölf Stunden** ausgedehnt werden, wenn innerhalb von zwei Wochen ein entsprechender Ausgleich erfolgt, und
- die **tägliche Ruhezeit unterbrochen** werden, wenn innerhalb von **zwei Wochen** eine andere tägliche Ruhezeit um **vier Stunden** verlängert wird. Ein Teil der Ruhezeit muss mindestens acht Stunden betragen.

Jedoch darf innerhalb der **wöchentlichen Ruhezeiten** Rufbereitschaft nur **2× pro Monat** vereinbart werden[66]

Auch wenn der Dienstnehmer während der Rufbereitschaft zu einem Einsatz gerufen wird, ist die tägliche höchstzulässige Arbeitszeit 12 Stunden zu beachten. Die Ermittlung der höchstzulässigen Arbeitszeit erfolgt folgendermaßen:

- Sind zwischen dem **Arbeitsende** und dem **Rufarbeitseinsatz maximal 8 Stunden** vergangen, dann ist die Rufarbeitseinsatzzeit grundsätzlich der **Arbeitszeit vor** der **Rufbereitschaft** zuzurechnen.
- Sind zwischen dem **Arbeitsende** und dem **Rufarbeitseinsatz mehr als 8 Stunden** vergangen, dann ist die Rufarbeitseinsatzzeit grundsätzlich der **Arbeitszeit nach** der **Rufbereitschaft** zuzurechnen.[67]

Werden bei Rufarbeitseinsätze Überstunden geleistet sind die Zuschläge für Sonntags-, Feiertags- und Nachtarbeit bis EUR 360 monatlich steuerfrei.[68] Die **Steuerfreiheit** der Zuschläge für die Nachtarbeit **steht auch dann zu**, wenn die Blockarbeitszeit von **drei Stunden nicht** erreicht wird.[69]

Beispiel zum Rufarbeitseinsatz

Mit dem Dienstnehmer ist eine tägliche Normalarbeitszeit von 8 Stunden vereinbart. Der Dienstnehmer arbeitet folgendermaßen:

Montag 7:00 bis 15:30 im Büro, davon 1/2 Stunde Mittagspause; Montag 15:30 bis Dienstag 7:00 Rufbereitschaft; Montag 20.00 bis 23:30 Einsatz bei einem Kunden; Dienstag 7:00 Arbeitsbeginn.

Lösung

Es handelt sich um einen Tag Rufbereitschaft, da von 24 Stunden ausgegangen wird. Der Rufarbeitseinsatz wird der täglichen Arbeitszeit vor der Rufbereitschaft zugerechnet, da nicht mehr als 8 Stunden vergangen sind, und umfasst 11,5 Stunden (8 Stunden und 3,5 Stunden). Die 3,5 Stunden sind zuschlagspflichtige Überstunden. Die höchstzulässige Arbeitszeit wird nicht überschritten. Auch die tägliche Ruhezeit wurde eingehalten, aber unterbrochen. Daher muss eine andere tägliche Ruhezeit innerhalb von 2 Wochen um 4 Stunden verlängert werden und beträgt dann 15 Stunden (11 Stunden und 4 Stunden).[70]

66 § 6a ARG.
67 *Löscher*, PVP 2019, 166.
68 § 68 Abs 1 EStG.
69 LStR Rz 1159.
70 *Löscher/Popp*, PVP 2021, 188.

1.11. Arbeitsbereitschaft

Unter Arbeitsbereitschaft versteht man Arbeitszeit, in der die Arbeitnehmer keine Arbeitsleistung erbringen, sich aber an einem vom Arbeitgeber bestimmten Ort zur jederzeitigen Aufnahme der Arbeit bereithalten müssen. Der Dienstnehmer kann unmittelbar vor Ort seine Arbeit aufnehmen, weshalb er arbeitsbereit ist. Arbeitsbereitschaft ist echte Arbeitszeit, aufgrund der geringen Inanspruchnahme des Dienstnehmers gelten jedoch folgende Sonderbestimmungen:[71]

Fällt in die Arbeitszeit des Arbeitnehmers regelmäßig und in erheblichem Umfang Arbeitsbereitschaft, kann für Arbeitnehmer die tägliche Normalarbeitszeit bis auf **zwölf Stunden** und die wöchentliche Normalarbeitszeit bis auf **60 Stunden** verlängert werden.

Voraussetzung für die Arbeitsbereitschaft ist, dass der **Kollektivvertrag** oder die **Betriebsvereinbarung** dies zulässt.

Eine **Betriebsvereinbarung** ist nur zulässig, wenn

- der Kollektivvertrag die Betriebsvereinbarung dazu ermächtigt, oder
- für die betroffenen Arbeitnehmer kein Kollektivvertrag wirksam ist.

Weiters kann das **Arbeitsinspektorat** für Betriebe, in denen **kein Betriebsrat** errichtet und **kein Kollektivvertrag** wirksam ist, Arbeitsbereitschaft zulassen.[72]

Praxistipp

Rufbereitschaft ist **Arbeitszeit** und somit als Arbeitsbereitschaft zu werten, wenn dem Dienstnehmer während der Rufbereitschaft **Einschränkungen** auferlegt werden, die geeignet sind, seine freie Zeit objektiv erheblich zu beeinträchtigen.

Rufbereitschaft ist **keine Arbeitszeit**, wenn der Grad der Einschränkung so gering ist, dass der Dienstnehmer seine freie Zeit beliebig gestalten und während dieses Zeitraums seinen eigenen Interessen nachgehen kann. Das liegt vor allem dann vor, wenn der Dienstnehmer über seine freie Zeit nach Belieben (zB Kontakt pflegen, Sport, Familie) verfügen kann.

Aufgrund der aktuellen EuGH-Entscheidung[73] ist für die Abgrenzung zwischen Arbeitsbereitschaft und Rufbereitschaft entscheidend, wie weit die freie Zeit während der Rufbereitschaft **eingeschränkt** wird.[74]

Jedoch können nur Einschränkungen berücksichtigt werden, die den Dienstnehmer durch Rechtsvorschriften oder durch den **Dienstgeber selbst auferlegt** werden. Einschränkungen, die sich aufgrund der **natürlichen Gegebenheiten** (schwierige Erreichbarkeit des Wohnortes) ergeben, haben hingegen keinen Einfluss.

71 *Löscher*, PVP 2019, 166.
72 § 5 Abs 3 AZG.
73 EuGH 9.3.2021, C-580r/19 und 377/19.
74 *Schrenk*, PVP 2018, 207.

Zusammenfassung

Werden die sozialen und familiären Kontakte eingeschränkt und ist es dem Dienstnehmer unmöglich, den Arbeitsplatz zu verlassen, weil der Dienstnehmer sofort dem Dienstgeber zur Verfügung stehen muss, wird die Rufbereitschaft als **Arbeitsbereitschaft** gewertet.

Werden die sozialen und familiären Kontakte eingeschränkt und ist es dem Dienstnehmer unmöglich, den Arbeitsplatz zu verlassen, weil der Arbeitsplatz abgelegen und aufgrund der natürlichen Gegebenheiten schwer erreichbar ist, ist diese Einschränkung unbeachtlich und die **Rufbereitschaft** ist keine Arbeitszeit.

Die Frage, ob eine **sinnvolle Freizeitgestaltung** möglich ist, spielt laut EuGH **keine** Rolle mehr, entscheidend ist, dass der Dienstnehmer über **die freie Zeit nach Belieben** verfügen kann.

2. Sozialversicherung (Grundlagen)

2.1. Sozialversicherungspflicht

Jede aktive Erwerbstätigkeit löst eine Sozialversicherungspflicht aus.

Eine **Vollversicherung** umfasst die **Krankenversicherung** (KV), die **Unfallversicherung** (UV), die **Pensionsversicherung** (PV) und die **Arbeitslosenversicherung** (AV).

Eine **Teilversicherung** ist eine Versicherungspflicht nur in einem oder in zwei Versicherungszweigen. Geringfügig Beschäftigte sind nur unfallversichert.

An die Österreichische Gesundheitskasse sind auch die **Arbeiterkammerumlage** (KU), der **Wohnbauförderungsbeitrag** (WF), der **Insolvenzentgeltsicherungszuschlag** (IE) sowie der **Beitrag nach dem BMSVG**, der an betriebliche Vorsorgekasse weitergeleitet wird, zu entrichten.

2.2. Sozialversicherungspflichtige Beschäftigungsformen

2.2.1. Echter Dienstnehmer in der Sozialversicherung

Echter Dienstnehmer nach dem ASVG ist, wer in einem Verhältnis **persönlicher** und **wirtschaftlicher Abhängigkeit** gegen Entgelt beschäftigt wird; hierzu gehören auch Personen, bei deren Beschäftigung die Merkmale persönlicher und wirtschaftlicher Abhängigkeit gegenüber den Merkmalen selbständiger Ausübung der Erwerbstätigkeit überwiegen. Als echte **Dienstnehmer** gelten auch Personen, die mit Dienstleistungsscheck nach dem DLSG entlohnt werden.

Als echter Dienstnehmer gilt jedenfalls auch, wer lohnsteuerpflichtig ist.[75]

Die **Kriterien** des sozialversicherungsrechtlichen echten Dienstverhältnisses sind:

- persönliche Abhängigkeit,
- wirtschaftliche Abhängigkeit,
- Beschäftigung gegen Entgelt.

Im **Rahmen dieser Wesensmerkmale** sprechen folgende – allenfalls zu gewichtende – Indizien für das Vorliegen eines Dienstverhältnisses:[76]

- persönliche Arbeitsverpflichtung,
  Eine persönliche Arbeitsverpflichtung liegt nicht vor, wenn dem Beschäftigten eine **generelle Vertretungsbefugnis** eingeräumt wurde oder wenn dem Beschäftigten die Möglichkeit eingeräumt wurde, **übernommene Dienste jederzeit sanktionslos abzulehnen**.

---

75 § 47 Abs 1 iVm Abs 2 EStG.
76 *Müller*, SWK-Spezial Lohnverrechnung 2017, Tz 21.

- Eine **generelle Vertretungsbefugnis** liegt dann vor, wenn der Beschäftigte berechtigt ist, jederzeit nach Gutdüngen irgendeinen geeigneten Vertreter zur Erfüllung der von ihm übernommenen Arbeitspflicht heranzuziehen oder ohne weitere Verständigung eine Hilfskraft beizuziehen. Eine Vertretung bei Krankheit oder Urlaub ist keine generelle Vertretungsbefugnis.
- Ein **sanktionsloses Ablehnungsrecht** bereits übernommener Dienste bedeutet, dass der Beschäftigte nicht jederzeit für Dienstleistungen zur Verfügung steht. Eine Ablehnung von einzelnen Leistungen berührt die persönliche Arbeitspflicht nicht.[77] Zwischen der Ablehnung von einzelnen Leistungen und dem generellen sanktionslosen Ablehnungsrecht ist ein wesentlicher Unterschied.

- Weisungsgebundenheit des Arbeitnehmers,
- Überwachung durch den Arbeitgeber,
- Vorgabe von arbeitsbezogenem Verhalten (Arbeitsort, Arbeitszeit, Arbeitskleidung usw),
- Bereitstellung der Betriebsmittel durch den Arbeitgeber,
- Risiko des Erfolgs oder Misserfolgs der Tätigkeit beim Arbeitgeber.

2.2.2. Freie Dienstnehmer in der Sozialversicherung

Bezüglich des freien Dienstnehmers ist bei der Sozialversicherung zu unterscheiden:

2.2.2.1. Dienstnehmerähnlicher freier Dienstnehmer

Den Dienstnehmern stehen Personen gleich, die sich aufgrund **freier Dienstverträge** auf bestimmte oder unbestimmte Zeit zur Erbringung von Dienstleistungen verpflichten.[78]

Voraussetzungen für die Qualifikation als freier Dienstnehmer sind folgende dienstnehmerähnliche Elemente:

- **Entgelt** für die Tätigkeit,
- im **Wesentlichen persönlich** erbrachte Dienstleistung, aber **ohne persönliche Abhängigkeit**,
- keine Verwendung wesentlicher eigener Betriebsmittel,
- die Verpflichtung erfolgt aufgrund eines Dauerschuldverhältnisses (auf bestimmte oder unbestimmte Zeit).

Eine ASVG-Versicherung für freie Dienstnehmer besteht **nicht**, wenn ein **vorrangiger Versicherungsschutz** nach einem anderen Sozialversicherungsgesetz besteht. Daher sind folgende Tätigkeiten von der ASVG-Versicherung ausgenommen:[79]

77 DGService Juni 2017, Selbständig oder unselbständig? – Kriterien eines Dienstverhältnisses, 12 ff.
78 § 4 Abs 4 ASVG.
79 § 4 Abs 4 Z 2 lit a bis d ASVG.

- Tätigkeiten, die aufgrund einer Gewerbeberechtigung nach dem GSVG als **alte Selbständigkeit** versichert sind,[80]
- Tätigkeiten, die nach dem BSVG versichert sind,[81]
- Tätigkeiten, die nach dem FSVG versichert sind,[82]
- Tätigkeiten, die nach dem B-KUVG versichert sind,[83]
- selbständige Tätigkeiten, die die Zugehörigkeit zu einer der Kammern der freien Berufe begründen,
- Tätigkeiten als Kunstschaffender, insbesondere als Künstler im Sinne des § 2 Abs 1 Künstler-Sozialversicherungsfondsgesetz.

2.2.2.2. Freie Dienstnehmer als Selbständige nach dem GSVG

Sind die freien Dienstnehmer nicht nach dem ASVG pflichtversichert, sind sie nach dem GSVG als Selbständige pflichtversichert.

Wird die Tätigkeit aufgrund einer **Gewerbeberechtigung**, die eine Pflichtmitgliedschaft bei der Wirtschaftskammer vorsieht, erbracht, sind sie als **alte Selbständige** nach dem GSVG pflichtversichert.

Wird keine Gewerbeberechtigung, die eine Pflichtversicherung bei der Wirtschaftskammer vorsieht, benötigt, um eine Tätigkeit auszuüben, besteht eine Versicherungspflicht für den neuen Selbständigen nur dann, wenn die jährliche Versicherungsgrenze von EUR 6.010,92 (Wert für 2023) überschritten wird.

2.2.3. Hierarchie des Sozialversicherungssystems

Bei der Prüfung, welches Sozialversicherungssystem zur Anwendung kommt, ist Schritt für Schritt vorzugehen:

1. Schritt: Prüfung, ob ein **echtes Dienstverhältnis** vorliegt? Wenn nicht, dann Punkt 2.

2. Schritt: Prüfung: Besteht auf Grund der Tätigkeit bereits eine Versicherungspflicht als **Mitglied der Wirtschaftskammer**[84] oder aufgrund der Tätigkeit eine Pflichtversicherung nach dem **Bauern-Sozialversicherungsgesetz**[85] oder eine Versicherungspflicht nach dem **Freiberuflichen-Sozialversicherungsgesetz**[86]?. Wenn nicht, dann Punkt 3.

80 § 2 Abs 1 Z 1 bis 4 GSVG.
81 § 2 Abs 1 BSVG.
82 § 2 Abs 1 und 2 FSVG.
83 § 19 Abs 1 Z 1 lit f B-KUVG.
84 § 2 Abs 1 Z 1 bis 3 GSVG.
85 § 2 Abs 1 BSVG.
86 § 2 Abs 1 und 2 FSVG.

3. Schritt: Prüfung: Besteht ein **freies Dienstverhältnis**? Wenn nicht, dann Punkt 4.

4. Schritt: Prüfung: Besteht eine Versicherungspflicht als **Neuer Selbständiger**? Wenn nicht, dann keine Versicherungspflicht.

2.2.4. Geringfügig Beschäftigte

Ein Beschäftigungsverhältnis gilt als geringfügig, wenn daraus im Kalendermonat kein höheres Entgelt als EUR 500,91 (Geringfügigkeitsgrenze für 2023) gezahlt wird.[87]

Diese Geringfügigkeitsgrenze gilt nicht für Hausbesorger, die unter die Geringfügigkeitsgrenze fallen, und nicht für Lehrlinge.

Geringfügig Beschäftigte sind bei der Krankenkasse anzumelden und der Dienstgeber hat die Unfallversicherung zu zahlen. Kranken-, pensions- und arbeitslosenversichert sind geringfügig Beschäftigte nicht.

Eine Urlaubsersatzleistung ist nicht für die Beurteilung der Geringfügigkeit heranzuziehen.

2.2.4.1. Monatliche Geringfügigkeitsgrenze

Für die Beurteilung, ob ein Beschäftigter geringfügig oder vollversichert ist, ist die monatliche Geringfügigkeitsgrenze (EUR 500,91 Geringfügigkeitsgrenze für 2023) maßgeblich.[88]

Dabei ist zu unterscheiden,

- ob das Dienstverhältnis **unbefristet** bzw für **mindestens einen Monat** (somit auch für genau einen Monat) abgeschlossen wurde oder
- ob das Dienstverhältnis für einen **kürzeren Zeitraum als einen Monat (Naturalmonat)** abgeschlossen wurde.

Der **wesentliche Unterschied** besteht darin, dass bei **unbefristeten** bzw für **mindestens einen Monat** abgeschlossenen Dienstverhältnissen, die während des Monats beginnen, eine **Hochrechnung** auf den Kalendermonat durchzuführen ist. Bei für einen **kürzeren Zeitraum als einen Monat** (kurze Befristung) abgeschlossenen Dienstverhältnissen wird das laufende Entgelt **nicht hochgerechnet**.

Nach der **Länge eines Dienstverhältnisses ist zu unterscheiden**:

87 § 5 Abs 2 ASVG.
88 Mit 1.1.2017 entfiel die tägliche Geringfügigkeitsgrenze.

Beispiel 1 zur Dauer einer geringfügigen Beschäftigung

Das Dienstverhältnis dauert von 1.6. bis 30.6.

Lösung

Das Dienstverhältnis dauert genau einen Monat, ist somit **nicht kürzer** als ein Monat.

Beispiel 2 zur Dauer einer geringfügigen Beschäftigung

Das Dienstverhältnis dauert von 2.6. bis 30.6.

Lösung

Das Dienstverhältnis ist **kürzer** als ein Monat.

Beispiel 3 zur Dauer einer geringfügigen Beschäftigung

Das Dienstverhältnis dauert von 5.6. bis 5.7.

Lösung

Das Dienstverhältnis ist **nicht kürzer** als ein Monat.

Beispiel 4 zur Dauer einer geringfügigen Beschäftigung

Das Dienstverhältnis dauert von 5.6. bis 4.7.

Lösung

Das Dienstverhältnis dauert genau einen Monat, ist somit **nicht kürzer** als ein Monat.

Beispiel 5 zur Dauer einer geringfügigen Beschäftigung

Das Dienstverhältnis dauert von 5.6. bis 3.7.

Lösung

Das Dienstverhältnis ist **kürzer** als ein Monat.

2.2.4.1.1. Unbefristete und mindestens für einen Monat abgeschlossene Beschäftigungsverhältnisse

Die Beurteilung, ob eine **geringfügige Beschäftigung** vorliegt, wird anhand der monatlichen Geringfügigkeitsgrenze vorgenommen. Beginnt oder endet das Dienstverhältnis jedoch während eines Kalendermonats (Rumpfkalendermonat), kann das erzielte Entgelt in diesem Monat nicht allein deshalb als geringfügig angesehen werden, nur weil in diesem Monat die monatliche Geringfügigkeitsgrenze unterschritten ist. In diesem Fall muss das monatliche Entgelt **hochgerechnet** werden, außer es erfolgt

- **keine Aliquotierung des Entgelts**, oder
- das **laufende Entgelt für den Kalendermonat** ist bekannt.

Beispiel zu geringfügiger Beschäftigung, die für einen Monat abgeschlossen wurde

Der Arbeiter tritt am 7.3. ein und vereinbart eine Beschäftigung auf bestimmte Zeit bis 6.4. (entspricht einem Monat). Der tatsächliche Lohn beträgt im März EUR 430 und im April EUR 110. Es ist kein Monatslohn bekannt.

Lösung

Da das Beschäftigungsverhältnis für einen Monat abgeschlossen wird, muss auf die Kalendermonatswerte **hochgerechnet** werden. Die hochgerechneten Werte sind:

- für März: EUR 430 : 25 (Tage) × 30 (Tage) = EUR 516
- für April: EUR 110 : 6 (Tage) × 30 (Tage) = EUR 550

Die Hochrechnung ergibt im März und April einen hochgerechneten Wert von mehr als EUR 500,91 (Geringfügigkeitsgrenze für 2023). Daher liegt Vollversicherung vor.

Beispiel zu geringfügiger Beschäftigung ohne Aliquotierung

Ein Arbeiter tritt am 20.6. ein und schließt ein Dienstverhältnis auf unbestimmte Zeit. Die Arbeit wird zwischen dem 20. und 28. eines jeden Monats ausgeübt. Der Lohn beträgt EUR 420.

Lösung

In diesem Fall erfolgt **keine Hochrechnung**, obwohl im Juni ein Rumpfkalendermonat vorliegt, da **keine Aliquotierung des Entgelts** vorliegt. Der Arbeiter ist geringfügig beschäftigt.

Beispiel zu geringfügiger Beschäftigung, die unbefristet abgeschlossen wurde

Das ursprünglich abgeschlossene unbefristete Dienstverhältnis der Arbeiterin beginnt am 4.11. und endet am 15.11. während der Probezeit. Das vereinbarte Entgelt für ein Kalendermonat beträgt EUR 823.

Lösung

Für die Beurteilung, ob die Geringfügigkeitsgrenze überschritten wird oder nicht, ist das **vereinbarte Entgelt** und **nicht** das **tatsächlich bezahlte Entgelt** heranzuziehen.

Entscheidend ist das vereinbarte Entgelt von EUR 823 : 30 (Tage) × 26 (Tage) = EUR 713,27 und nicht das tatsächliche Entgelt von EUR 823 : 30 (Tage) × 11 (Tage) = EUR 301,77.

Das vereinbarte Entgelt hat ursprünglich zu einer Vollversicherung geführt und unterschreitet die Geringfügigkeitsgrenze nur durch Verkürzung der Einsatzzeit. Es liegt trotzdem Vollversicherung vor, da für ein auf unbestimmte Zeit oder länger als ein Monat abgeschlossenes Dienstverhältnis das Entgelt heranzuziehen ist, das für das ganze Kalendermonat gebührt.[89]

2.2.4.1.2. Für einen kürzeren Zeitraum als einen Monat abgeschlossene befristete Beschäftigungsverhältnisse (kurze Befristung)

Ist das Beschäftigungsverhältnis für einen kürzeren Zeitraum als einen Kalendermonat abgeschlossen, ist für die Beurteilung, ob eine Beschäftigung geringfügig oder vollversichert ist, das Entgelt **nicht hochzurechnen.** Das gilt auch, wenn diese Befristung über einen Kalendermonat hinausgeht, aber kürzer als ein Naturalmonat ist.

Hat ein Dienstnehmer während eines Kalendermonats bei ein und demselben Dienstgeber mehrere Beschäftigungen, so wird für jedes einzelne Beschäftigungsverhältnis anhand der monatlichen Geringfügigkeitsgrenze gesondert beurteilt, ob die Geringfügigkeit vorliegt oder nicht.

89 DGService September 2019: mBGM Tipps gegen häufig auftretende Fehler.

Beispiel zu geringfügiger Beschäftigung mit kurzer Befristung

Das Dienstverhältnis der Arbeiterin beginnt am 23.11. und endet am 10.12. Der tatsächliche Lohn im November beträgt EUR 380 und im Dezember EUR 410.

Lösung

Der tatsächliche Lohn im November und im Dezember ist mit der monatlichen Geringfügigkeitsgrenze zu vergleichen. Es erfolgt keine Hochrechnung auf den Kalendermonat. Sowohl im November als auch im Dezember liegt eine geringfügige Beschäftigung vor.

Beispiel zu geringfügiger Beschäftigung mit kurzer Befristung

Das Dienstverhältnis der Arbeiterin beginnt am 18.11. und endet am 10.12. Das Dienstverhältnis wird bis 20.12 verlängert.

Lösung

Wenn bereits für den November eine mBGM für kürzer als ein Monat vereinbarte Beschäftigung übermittelt worden, ist diese mBGM zu stornieren und eine mBGM für den Regelfall zu übermitteln.[90]

2.2.4.2. Unfallversicherung bis zur täglichen Höchstbeitragsgrundlage

Geringfügig Beschäftigte unterliegen nur der Unfallversicherung in Höhe von 1,1 %.[91]

Bei **geringfügig Beschäftigten** mit einer **kurzen Befristung** sind die **monatliche Geringfügigkeitsgrenze** (EUR 500,91 für 2023) und die **tägliche Höchstbeitragsgrundlage** (EUR 195 für 2023) gleichzeitig zu beachten.

Der Teil des Einkommens, der über der **Höchstbeitragsgrundlage** liegt, bleibt sozialversicherungsbeitragsfrei.

Dies kommt nur bei **kurzfristiger Befristung** und bei **fallweisen Beschäftigungen** vor.

Obwohl eine geringfügige Beschäftigung vorliegt, kann die tägliche Höchstbeitragsgrundlage überschritten werden. Der **Unfallversicherungsbeitrag** wird jedoch maximal von der **täglichen Höchstbeitragsgrundlage** entrichtet.

Beispiel zur Berechnung des Unfallversicherungsbeitrags

Ein Arbeiter tritt am 20.6. ein und schließt ein Dienstverhältnis auf bestimmte Zeit bis 21.6. ab. Der Lohn beträgt für die zwei Tage EUR 420.

Lösung

Es kommt zu keiner Hochrechnung. Es liegt aufgrund des monatlichen Entgelts unter EUR 500,91 (Wert für 2023) eine geringfügige Beschäftigung vor.

Der Unfallversicherungsbeitrag wird maximal von der täglichen Höchstbeitragsgrundlage in Höhe von EUR 195 (Wert für 2023) entrichtet.

EUR 195 × 2 Tage = EUR 390 × 1,1 % Unfallversicherung = EUR 4,29

90 DGService September 2019: mBGM Tipps gegen häufig auftretende Fehler.
91 SV-OG.

2.2.4.3. Dienstgeberabgabe für geringfügig Beschäftigte

Dienstgeber müssen, wenn die monatliche Entgeltsumme an alle von ihnen geringfügig Beschäftigten den 1,5-fachen Betrag der monatlichen Geringfügigkeitsgrenze (EUR 751,37 für 2023) übersteigt, neben dem Unfallversicherungsbeitrag auch eine Dienstgeberabgabe in Höhe von 16,4 % entrichten.[92]

Mit der Unfallversicherung von 1,1 % sind es insgesamt 17,5 %.

Praxistipp

Zur Beurteilung, ob der Grenzbetrag von EUR 751,37 (Wert für 2023) überschritten wird, sind die **Sonderzahlungen nicht einzubeziehen**, sondern nur der laufende Bezug der geringfügig Beschäftigten.

Grundlage für die Bemessung der Dienstgeberabgabe ist die Summe der Entgelte (einschließlich der **Sonderzahlungen**[93]), die der Dienstgeber jeweils in einem Kalendermonat zu zahlen hat.[94]

Wurde der **Dienstgeberabgabe-Grenzbetrag** überschritten, dann ist die Dienstgeberabgabe auch von jenen Entgelten zu entrichten, die über der Höchstbeitragsgrundlage liegen.

Der Unfallversicherungsbeitrag wird maximal von der Höchstbeitragsgrundlage entrichtet.

Beispiel 1 zur Dienstgeberabgabe bei geringfügig Beschäftigten

Im **Mai** werden zwei geringfügig Beschäftigte mit einem laufenden Entgelt von EUR 280 bzw EUR 310 für jeweils **zwei Arbeitstage** angestellt.

Im **Juni** werden drei geringfügig Beschäftigte mit einem laufenden Entgelt von EUR 180, EUR 270 bzw EUR 290 für jeweils drei Arbeitstage angestellt.

Lösung

Im **Mai** ist die Summe der allgemeinen Beitragsgrundlage der geringfügig Beschäftigten EUR 590. Diese Summe überschreitet den Dienstgeberabgabe-Grenzbetrag nicht. Da die tägliche Höchstbeitragsgrundlage nicht überschritten ist, ist nur der Unfallversicherungsbeitrag in Höhe von 1,1 % von der Bemessungsgrundlage zu entrichten.

EUR 590 × 1,1 % = EUR 6,49

Im **Juni** ist die Summe der allgemeinen Beitragsgrundlage der geringfügig Beschäftigten EUR 740. Diese Summe überschreitet den Dienstgeberabgabe-Grenzbetrag. Daher ist nicht nur der Unfallversicherungsbeitrag in Höhe von 1,1 % bis zur täglichen Höchstbeitragsgrundlage zu entrichten, sondern auch die Dienstgeberabgabe in Höhe von 16,4 % von der Summe der Entgelte (einschließlich der Sonderzahlungen) zu entrichten:

EUR 740 × 17,5 % = EUR 129,50

---

92 § 1 Abs 1 DAG.
93 § 49 ASVG.
94 § 1 Abs 3 DAG.

Beispiel 2 zur Dienstgeberabgabe bei geringfügig Beschäftigten

Im **Mai** wird der geringfügig Beschäftigte A für **zwei Arbeitstage** mit einem laufenden Entgelt von EUR 420 und der geringfügig Beschäftigte B für **drei Arbeitstage** mit einem laufenden Entgelt von EUR 450 angestellt.

Lösung

Die **Dienstgeberabgabe** ist von der Summe der Entgelte zu entrichten, auch wenn die tägliche Höchstbeitragsgrundlage überschritten wird. Der **Unfallversicherungsbeitrag** wird maximal von der täglichen Höchstbeitragsgrundlage entrichtet.

Für **Dienstnehmer A** beträgt die Beitragsgrundlage für die Unfallversicherung EUR 390. Das ergibt sich aus der täglichen Höchstbeitragsgrundlage von EUR 195 (Wert für 2023) × 2 (Tage).

Für **Dienstnehmer B** beträgt die Beitragsgrundlage für die Unfallversicherung EUR 450. Dieser Betrag ist unter der täglichen Höchstbeitragsgrundlage. Dieser ergäbe sich aus der täglichen Höchstbeitragsgrundlage von EUR 195 (Wert für 2023) × 3 (Tage) = EUR 585.

Die Summe der **Beitragsgrundlage für die Unfallversicherung** beträgt somit EUR 820 (EUR 370 + EUR 450).

- Die **Unfallversicherung für Mai** errechnet sich wie folgt: EUR 820 × 1,1 % = EUR 9,02.

Die Summe der allgemeinen Beitragsgrundlage beträgt EUR 870 und liegt daher über dem **Dienstgeberabgabe-Grenzbetrag** von EUR 751,37 (Wert für 2023).

- Die **Dienstgeberabgabe für Mai** errechnet sich wie folgt: EUR 870 × 16,4 % = EUR 142,68.

2.2.4.4. Beitragsnachzahlung bei geringfügig Beschäftigten

Übt ein **geringfügig Beschäftigter** zusätzlich **ein anderes geringfügiges Beschäftigungsverhältnis** aus, liegt ein **geringfügiges Dienstverhältnis aus Arbeitnehmersicht** nur dann vor, wenn insgesamt das Entgelt im Kalendermonat nicht über der monatlichen Geringfügigkeitsgrenze (EUR 500,91 für 2023) liegt und keines der Beschäftigungsverhältnisse ein vollversichertes Beschäftigungsverhältnis ist.

Wird während eines Kalendermonats durch mehrere Beschäftigungsverhältnisse der Wert der monatlichen Geringfügigkeitsgrenze überschritten, so werden Beschäftigungen, die als geringfügig abgerechnet werden, vom Krankenversicherungsträger direkt beim Versicherten **nachversichert** und im **Nachhinein der Vollversicherung** unterworfen.

Die **Nachversicherung** und die **Einbeziehung in die Vollversicherung** wirken sich nicht auf den einzelnen Arbeitgeber aus, sondern nur auf den einzelnen Dienstnehmer, der einmal im Jahr, in der Regel im Oktober des Folgejahres, eine Sozialversicherungsnachbelastung direkt von der Gesundheitskasse übermittelt bekommt.

Die Nachversicherung erfolgt von den bislang geringfügig abgerechneten Entgelten bis zur Höchstbeitragsgrundlage. Die Höhe der Vorschreibung umfasst einen **Dienstnehmeranteil** von **14,12 %** aus der **Krankenversicherung** und **Pensionsversicherung** und aus der **Arbeiterkammerumlage** von **0,5 %**.

Die Nachversicherung betrifft nicht die Arbeitslosenversicherung, dadurch werden auch keine Arbeitslosengeldansprüche erworben.

Zu keiner Nachversicherung kommt es, wenn:

- der geringfügig Beschäftigte nach dem **ASVG** auch selbständig tätig und daher nach dem **GSVG** vollversichert ist, weil die Beschäftigungen nach unterschiedlichen Sozialversicherungssystemen versichert sind.
- der Pensionsbezieher oder Arbeitslosengeldbezieher parallel dazu eine geringfügige Beschäftigung ausübt, da die Leistungsbezüge aus einer Pension und aus Arbeitslosenversicherung keine Entgelte aus einer Beschäftigung sind.

Beispiel zur Beitragsnachzahlung bei geringfügig Beschäftigten

Ein Dienstnehmer ist von 3.11. bis 10.11. und von 13.11. bis 20.11. um jeweils EUR 310 beschäftigt.

Lösung

Beide Beschäftigungen des Dienstnehmers sind befristet und kurzfristig. Es erfolgt keine Zusammenrechnung beim Dienstgeber. Die Gesundheitskasse führt eine **Nachversicherung** in die Krankenversicherung und Pensionsversicherung durch. Die Nachversicherung betrifft nicht die Arbeitslosenversicherung. Die **Beitragsnachzahlung** bemisst sich wie folgt:

EUR 620 (EUR 310 × 2) × 14,62 % = EUR 90,64

2.2.4.5. Optionsrecht des geringfügig Beschäftigten

Der geringfügig Beschäftigte zahlt weder **Kranken**- noch **Pensionsversicherung**.

Praxistipp

Er hat jedoch die Möglichkeit, sich in die Krankenversicherung und in die Pensionsversicherung **hineinoptieren** zu können.[95]

Der monatliche Beitrag beträgt EUR 70,72 (Wert für 2023).[96]

2.2.5. Fallweise Beschäftigte

Fallweise beschäftigte Personen sind in **unregelmäßiger Folge tageweise** beim selben Dienstgeber beschäftigt.

Bei der fallweisen Beschäftigung ist jeder Tag ein eigenständiges Dienstverhältnis. Eine Zusammenrechnung hat nicht zu erfolgen.

95 § 19a ASVG.
96 § 77 Abs 2a ASVG.

Voraussetzung ist zusätzlich, dass die Beschäftigung für einen Zeitraum, **der kürzer als eine Woche dauert**, vereinbart wird.

Auch fallweise beschäftigte Personen sind elektronisch vor Arbeitsbeginn zur Pflichtversicherung zu melden. Die Anmeldung fallweise Beschäftigter ist dabei für jeden Beschäftigungstag zu erstatten und wirkt wie eine Vor-Ort-Anmeldung.

Für fallweise Beschäftigte bestehen bei der An- und Abmeldung Erleichterungen.

Eine elektronische Nachmeldung der einzelnen Beschäftigungstage binnen sieben Tagen nach dem Beginn der Pflichtversicherung ist bei einer fallweisen Beschäftigung, anders als bei einer durchlaufenden Beschäftigung, nicht notwendig. Die kombinierte An- und Abmeldung für fallweise beschäftigte Personen ist als **mBGM für fallweise Beschäftigte** zu erstatten.[97]

Grundsätzlich ist auf der Anmeldung fallweise Beschäftigung eine gültige Versicherungsnummer anzugeben. Ist noch keine Versicherungsnummer bekannt, ist diese zeitgleich mit der Anmeldung fallweiser Beschäftigung mittels der Meldung „**Versicherungsnummer Anforderung**" zu beantragen. Dem Ersteller der Meldung wird die Versicherungsnummer in weiterer Folge über das SV-Clearingsystem bekannt gegeben.

Nach erfolgter Anmeldung ist dem Dienstgeber unverzüglich eine Abschrift der Anmeldung auszuhändigen. Anderenfalls liegt eine Ordnungswidrigkeit vor, die von der Bezirksverwaltungsbehörde mit einer Verwaltungsstrafe geahndet werden kann.

Erfolgt die Anmeldung fallweise Beschäftigter zu Unrecht, ist diese mittels „**Storno Anmeldung fallweise Beschäftigter**" zu stornieren. Eine Richtigstellung der Meldung wie bei der normalen Anmeldung ist nicht möglich.

Wird der Dienstnehmer regelmäßig bspw jeden Freitag oder jeden 10. des Monats beschäftigt, liegt keine fallweise Beschäftigung vor. Auch wenn die Beschäftigung zusammenhängend eine Woche oder länger dauert, liegt keine fallweise Beschäftigung, sondern ein durchlaufendes Versicherungsverhältnis vor.

Praxistipp

Bei der fallweisen Beschäftigung gilt jeder einzelne Tag als eigenständiges Beschäftigungsverhältnis.[98] Eine Zusammenrechnung hat nicht zu erfolgen.[99] Dabei ist auf die tägliche Höchstbeitragsgrundlage (EUR 195 für 2023) in der Unfallversicherung zu achten.

97 DGService 10/2018, Monatliche Beitragsgrundlagenmeldung, 21 ff.
98 DGService September 2016: Ab 2017: Keine tägliche Geringfügigkeitsgrenze mehr, 4 ff.
99 Gilt seit 1.1.2017.

2.2.6. Sozialversicherungs-Zuordnungsgesetz

Die Frage, ob eine Tätigkeit als selbständig oder unselbständig zu beurteilen ist, ist in der Praxis oft nicht einfach zu beantworten. Im Rahmen einer GPLA werden Werkverträge oder freie Dienstverträge in echte Dienstverträge umgewandelt – mit der Folge von hohen Nachzahlungen.

Durch das Sozialversicherungszuordnungsgesetz[100] wurde eine Erleichterung geschaffen.[101] Die Frage, ob die Tätigkeit im Rahmen einer selbständigen oder unselbständigen Tätigkeit erbracht wird, wird mittels **Bescheides** für Alt- und Neufälle gelöst.

An dieses Feststellungsergebnis sind Versicherungsträger wie Gesundheitskasse, Sozialversicherungsanstalt der gewerblichen Wirtschaft und der Bauernsozialversicherung und das Finanzamt gebunden. Eine Neuzuordnung kann nur bei falschen Angaben oder bei einer maßgeblichen Änderung des Sachverhaltes vorgenommen werden.

Im Sozialversicherungszuordnungsgesetz werden folgende **Verfahren** unterschieden:

- **Vorabprüfung bei Neuanmeldung:** Neue Selbständige und bestimmte Gewerbetreibende erhalten bei der Neuanmeldung ihrer selbständigen Tätigkeit einen Fragebogen, der die Grundlage für die Versicherungsüberprüfung ist.[102]
- **Neuzuordnungsverfahren:** Auf Antrag des Versicherten bzw aufgrund einer GPLA kann es zu einer Überprüfung der Versicherungszuordnung und zu einer Neuzuordnung der Versicherungszuständigkeit kommen.[103]

Kommt es zu einer rückwirkenden Neuzuordnung, weil die versicherte Person von einer Versicherung bei der SVA oder SVB zu einer Versicherung bei der Gesundheitskasse wechselt, ist eine beitragsrechtliche **Rückabwicklung** vorzunehmen. Alle aufgrund der Neuzuordnung zu Unrecht an die SVA/SVB geleisteten Beiträge sind an die Gesundheitskasse zu überweisen; dabei sind die bereits bezahlten Beträge anzurechnen.

2.3. Sozialversicherungsbeiträge

Die Beiträge zur Sozialversicherung (Kranken-, Pensions-, Unfall- und Arbeitslosenversicherung), die sowohl Dienstgeber als auch Arbeitnehmer entrichten müssen, orientieren sich an den verschiedenen Beitragsgruppen. Welche Beitragsgruppe für den Arbeitnehmer anzuwenden ist, hängt unter anderem davon ab, wel-

100 BGBl I 2017/125.
101 Gilt ab 1.7.2017
102 § 412d ASVG.
103 § 412b ASVG.

che **Beschäftigungsform** vorliegt, ein echtes Dienstverhältnis, ein freies Dienstverhältnis oder eine geringfügige Beschäftigung.

2.3.1. Sozialversicherungsbeiträge für echte Dienstnehmer

Für einen echten Dienstnehmer sind die in der folgenden Tabelle angegebenen Sozialversicherungsbeiträge zu bezahlen.

Monatliche Beitragsgrundlage bis EUR 5.850 (für 2023)	Arbeitnehmer-anteil in %	Arbeitgeber-anteil in %	Gesamt-betrag
Arbeitslosenversicherung	3,00	3,00	6,00
Krankenversicherung	3,87	3,78	7,65
Pensionsversicherung	10,25	12,55	22,80
Unfallversicherung		1,10	1,10
Zwischensumme	**17,12**	**20,43**	**37,55**
Insolvenzentgeltsicherungs-zuschlag		0,10	0,10
Arbeiterkammerumlage	0,50		0,50
Wohnbauförderungsbeitrag	0,50	0,50	1,00
Gesamt	**18,12**	**21,03**	**39,15**

Tab 1: Sozialversicherungsbeiträge laufender Bezug für echte Dienstnehmer

Auf Grund des Teuerungs-Entlastungspaketes wurde mit 1.1.2023 der Unfallversicherungsbeitrag von 1,20 % auf 1,10 % gesenkt.[104]

Unterliegt eine Beschäftigung dem Bauarbeiter-Schlechtwetterentschädigungsgesetz, fällt zusätzlich noch ein **Schlechtwetterentschädigungsbeitrag** in Höhe von 0,70 % Arbeitnehmeranteil und 0,70 % Arbeitgeberanteil an (Werte für 2023), jedoch maximal von der Höchstbeitragsgrundlage und ist an die Gesundheitskasse zu leisten.

Die Gesundheitskasse leitet diesen Betrag an die Bauarbeiter-Urlaubs- und Abfertigungskasse (BUAK) weiter, die daraus die Leistungen an Schlechtwetterentschädigung bestreitet.

Ebenfalls unter bestimmten Voraussetzungen ist der **Nachtschwerarbeitsbeitrag** in Höhe von 3,8 % (Wert für 2023) der Beitragsgrundlage (gilt auch für Sonderzahlungen) zu entrichten, der zur Gänze ein Arbeitgeberanteil ist. Unter Nachtarbeit im Sinne des Nachtschwerarbeitsgesetzes (NSchG) versteht man eine Ar-

104 BGBl I 2022/93.

beitsleistung von mindestens sechs Stunden zwischen 22:00 und 6:00 Uhr. Im NSchG sind Schutzmaßnahmen für Nachtschwerarbeitnehmer verankert, die eine Verhinderung, Beseitigung oder Milderung der mit diesen Arbeiten verbundenen Erschwernisse bewirken sollen.

2.3.2. Sozialversicherungsbeiträge für freie Dienstnehmer

Freie Dienstnehmer zahlen neben der Krankenversicherung und der Pensionsversicherung auch die Arbeitslosenversicherung von 6 % (3% Arbeitnehmeranteil und 3% Arbeitgeberanteil), den Insolvenzentgeltsicherungszuschlag von 0,10 % und bei Arbeitnehmern, die Mitglieder bei der Arbeiterkammer sind, die Arbeiterkammerumlage von 0,5 %.

Für freie Dienstnehmer umfassen die Sozialversicherungsbeiträge insgesamt 38,15 %, davon zahlen 17,62 % der freie Dienstnehmer und 20,53 % der Dienstgeber.

Monatliche Beitragsgrundlage bis EUR 6.825, wenn keine Sonderzahlungen vereinbart bzw EUR 5.850, wenn Sonderzahlungen vereinbart (für 2023)	Arbeitnehmeranteil in %	Arbeitgeberanteil in %	Gesamtbetrag
Arbeitslosenversicherung	3,00	3,00	6,00
Krankenversicherung	3,87	3,78	7,65
Pensionsversicherung	10,25	12,55	22,80
Unfallversicherung		1,10	1,10
Zwischensumme	**17,12**	**20,43**	**37,55**
Insolvenzentgeltsicherungszuschlag		0,10	0,10
Arbeiterkammerumlage	0,50		0,50
Wohnbauförderungsbeitrag			0,00
Gesamt	**17,62**	**20,53**	**38,15**

Tab 2: Sozialversicherungsbeiträge für freie Dienstnehmer

Auf Grund des Teuerungs-Entlastungspaketes wurde mit 1.1.2023 der Unfallversicherungsbeitrag von 1,20 % auf 1,10 % gesenkt.[105]

105 BGBl I 2022/93.

2.3.3. Reduktion bzw Entfall des Dienstnehmerbeitrags zur Arbeitslosenversicherung für Personen mit geringem Einkommen

Der Arbeitnehmeranteil der Arbeitslosenversicherung entfällt bzw reduziert sich bei geringem Entgelt. Der Arbeitgeberanteil beträgt auch bei geringem Entgelt des Dienstnehmers unverändert 3 %.

Der Arbeitslosenversicherungsbeitrag des **Dienstnehmers** entfällt bzw sinkt in folgenden Fällen (Werte für 2023):[106]

Monatliche Beitragsgrundlage in EUR	Dienstnehmeranteil in %
bis 1.885	0
1.885,01 bis 2.056	1
2.056,01 bis 2.228	2
über 2.228	3

Tab 3: Arbeitslosenversicherungsbeiträge für Niedrigverdiener

Der **Arbeitslosenversicherungsbeitrag des Dienstgebers** beträgt unverändert 3 % der Beitragsgrundlage.

2.4. Differenzvorschreibung

Werden mehrere verschiedene unselbständige Erwerbstätigkeiten oder unselbständige und selbständige Erwerbstätigkeiten in einem Jahr ausgeübt, sind für jede Erwerbstätigkeit unabhängig von der anderen vorerst einmal Sozialversicherungsbeiträge zu zahlen.

Wird jedoch die Höchstbeitragsgrundlage überschritten, ist der Dienstnehmer berechtigt, den diesen übersteigenden Betrag **zurückzufordern**. Die monatliche Höchstbeitragsgrundlage beträgt bei echten Dienstnehmern EUR 5.850 (Wert für 2023) und bei freien Dienstnehmern ohne Sonderzahlungen EUR 6.825 (Wert für 2023).

Treffen eine unselbständige Tätigkeit, die ASVG-pflichtig ist, und eine selbständige Tätigkeit, die GSVG-pflichtig ist, zusammen und erreicht das unselbständige beitragspflichtige Entgelt nach dem ASVG alleine nicht die Höchstbeitragsgrundlage, jedoch gemeinsam mit dem selbständigen beitragspflichtigen Entgelt nach dem GSVG, nimmt die Sozialversicherungsanstalt der Gewerblichen Wirtschaft eine **Differenzvorschreibung** vor.

106 § 2a AMPFG.

3. Österreichische Gesundheitskasse

Mit 1.1.2020 wurden die neun Gebietskrankenkassen in die Österreichische Gesundheitskasse (ÖGK) übergeführt. Damit sollen künftig die Dienstgeber die wesentlichen Informationen aus einer Hand erhalten.

4. Die monatliche Beitragsgrundlagenmeldung

Mit der monatlichen Beitragsgrundlagenmeldung (mBGM) wurde das Melde- und Abrechnungssystem grundlegend geändert (optimiert).[107] Beitragsgruppen, jährliche Beitragsgrundlagennachweise sowie Beitragsgrundlagenabgleich gehören der Vergangenheit an. Die Wartung des Versicherungsverlaufes wird überwiegend mit der mBGM durchgeführt.

Die **monatliche Beitragsnachweisung** sowie der **Lohnzettel SV** wurden durch die mBGM zur Gänze ersetzt. Die für die Lohnverrechnung erforderlichen Daten werden in nur **einem Meldeprozess** den Krankenversicherungsträgern bekannt gegeben.

Differenzen beim Abgleich zwischen der **monatlichen Beitragsgrundlagenmeldung** und dem **Jahreslohnzettel SV** gehören mit der Einführung der mBGM der Vergangenheit an.

Die vom Meldepflichtigen gemeldeten Versicherungszeiten, die vorgenommenen Beitragsabrechnungen sowie die Jahresbeitragsgrundlagen wurden laufend miteinander abgeglichen. In der Praxis kam es immer wieder zu Differenzen, die geklärt werden mussten – was oft erst Jahre später möglich war und beim Dienstgeber und bei der Krankenversicherung hohe Kosten verursachte.

Unverändert ist, dass die **Anmeldung** vor Dienstantritt notwendig ist.

Mit der mBGM wird für jeden Versicherten die Beitragsgrundlage bekannt gegeben. Dadurch ist ein Wechsel von der Vollversicherung auf eine geringfügige Beschäftigung nachvollziehbar und eine **Änderungsmeldung** wie vor der Einführung der mBGM gehört der Vergangenheit an.

4.1. Die monatliche Beitragsgrundlagenmeldung im Detail

Mit der mBGM handelt es sich um eine **versicherungsbezogene Meldung**, die pro abzurechnendem Beitragszeitraum seit 1.1.2019 zu erstatten ist. Über die mBGM werden nicht nur die **Meldungen**, sondern auch die **Abrechnungen** gegenüber der Sozialversicherung erstattet.[108]

Die neue Meldung hat mehrere Funktionen. **Einerseits** wird mit der ersten mbGM nach erstatteter (reduzierten) Anmeldung die gesetzliche Anmeldeverpflichtung abschließend erfüllt. **Andererseits** werden die notwendigen Daten für die Pflichtversicherung, die individuelle Beitragsgrundlage sowie die entsprechenden Sozialversicherungsbeiträge gemeldet.

107 Seit 1.1.2019.
108 DGService 10/2018, Monatliche Beitragsgrundlagenmeldung, 33 f.

Anhand der gewonnenen Informationen ist es dem Krankenversicherungsträger möglich, Änderungen der Versicherungsverläufe automatisch zu verarbeiten (gemeint ist zB der Wechsel von der geringfügigen Beschäftigung zu einer Vollversicherung und umgekehrt).

Die mBGM gilt für das **Selbstabrechnungsverfahren** und mit einigen Änderungen auch für das **Beitragsvorschreibeverfahren**.

4.1.1. Grundsätze bei der mBGM

Je nach vereinbarter Beschäftigungsdauer stehen seit 1.1.2019 folgende mBGM zur Verfügung:

- mBGM für **mindestens einen Monat** (oder länger) vereinbarte Beschäftigungsverhältnisse, das entspricht dem **Regelfall**;
- mBGM für **kürzer als einen Monat** vereinbarte Beschäftigungsverhältnisse;
- mBGM für **fallweise Beschäftigte**.

Wesentlich ist die vor Arbeitsbeginn vereinbarte Beschäftigungsdauer. Es ist immer die der Beschäftigungsdauer entsprechende mBGM zu verwenden. Wird beispielsweise ein Dienstverhältnis auf unbefristete Zeit vereinbart, das jedoch innerhalb der Probezeit nach einigen Tagen beendet wird, ist jedenfalls die **mBGM für den Regelfall** zu verwenden.

Wird unmittelbar im Anschluss an ein **kürzer** als einen Monat befristetes Beschäftigungsverhältnis ein **unbefristetes** Beschäftigungsverhältnis abgeschlossen, ist zum Ende der Befristung eine Abmeldung erforderlich. Eine mBGM für eine kürzer als einen Monat vereinbarte Beschäftigung ist in weiterer Folge zu erstatten. Die daran anschließende unbefristete Beschäftigung ist anzumelden und mit der mBGM für den Regelfall abzurechnen.

Liegen in einem Beitragszeitraum mehrere **gleichartige Beschäftigungsverhältnisse** eines Versicherten zum selben Dienstgeber vor, sind diese in der mBGM zu melden.

Beispiel 1 zur mBGM

Ein Dienstnehmer beendet sein unbefristetes Dienstverhältnis am 3.8.2023. Am 10.8.2023 nimmt er beim gleichen Dienstgeber wiederum ein für längere Zeit als einen Monat vereinbartes Arbeitsverhältnis auf.

Lösung

Im Beitragszeitraum August 2023 liegen somit zwei gleichartige Beschäftigungen vor. Es ist für den Dienstnehmer eine einzige mBGM für den Regelfall zu übermitteln.

Beispiel 2 zur mBGM

Ein Dienstnehmer beendet ein unbefristetes Dienstverhältnis am 3.8.2023. Am 10.8. wird ein auf 14 Tage befristetes Dienstverhältnis vereinbart.

Lösung

Im Beitragszeitraum August 2023 liegen keine gleichartigen Beschäftigungsverhältnisse vor. Für diese Dienstnehmer ist neben der **mBGM für den Regelfall**, (die Angaben für das unbefristete Beschäftigungsverhältnis umfasst) auch eine **mBGM für kürzer als einen Monat** vereinbarte Beschäftigung zu erstatten.

Auch bei einer **jährlichen Abrechnung** von **geringfügig Beschäftigten** sind monatliche mBGM zu erstatten. Diese mBGM sind in einem eigenen mBGM-Paket zusammengefasst, für die das Feld jährliche Abrechnung für geringfügig Beschäftigte mit „ja" zu belegen ist. Diese jährliche Abrechnung kann nur gemeinsam für den Unfallversicherungsbeitrag (gegebenenfalls zuzüglich Dienstgeberabgabe) und für die Betriebliche Vorsorge vorgenommen werden.

Wird die mBGM nicht oder nicht vollständig übermittelt, kann der Krankenversicherungsträger die Beitragsgrundlage des Vormonats fortschreiben, ist dies nicht möglich, ist die Höhe zu schätzen.

4.1.1.1. mBGM für den Regelfall

Die **Meldefrist** ist bei **Selbstabrechnungsverfahren** erfüllt, wenn die mBGM bis zum 15. des Folgemonats erstattet wird. Wird ein Beschäftigungsverhältnis nach dem 15. des Eintrittsmonats aufgenommen, endet die Frist mit dem 15. des übernächsten Monats. Das gilt auch bei einem Wiedereintritt des Entgeltanspruches nach dem 15. des Wiedereintrittsmonats.

Die **Meldefrist** ist bei **Beitragsvorschreibeverfahren** erfüllt, wenn die mBGM bis zum Siebenten des Monats der Anmeldung oder der Änderung der Beitragsgrundlage erstattet wird.

4.1.1.2. mBGM für fallweise Beschäftigte

Die mBGM für **fallweise Beschäftigte** ersetzt unter anderem die innerhalb von **sieben Tagen** nach dem Ende des Kalendermonats der Beschäftigung zu erstattende kombinierte An- und Abmeldung für fallweise Beschäftigte. Dadurch wird die Anmeldeverpflichtung erfüllt.

Im Unterschied zur mBGM für den Regelfall sind mit der mBGM für fallweise Beschäftigte auch die innerhalb des jeweiligen Beitragszeitraumes liegenden **tatsächlichen Beschäftigungstage** des Versicherten bekannt zu geben.

4.1.1.3. mBGM für kürzer als einen Monat vereinbarte Beschäftigung

Diese mBGM ist für Beschäftigungsverhältnisse zu verwenden, die für eine **kürzere Zeit** als **einen Monat** vereinbart sind. Der Beginn und das Ende der Verrechnung für die Versicherungszeit einer kürzer als einen Monat vereinbarten Beschäftigung sind zwingend anzugeben.

4.1.2. Änderungsmeldung

Mit der mBGM wird für jedem Versicherten die Beitragsgrundlage bekannt gegeben. Dadurch ist ein Wechsel von der Vollversicherung auf eine geringfügige Beschäftigung nachvollziehbar und eine **Änderungsmeldung** ist in diesem Falle auch nicht mehr notwendig.

Mit der monatlichen mBGM kommt es zu einer erheblichen Verringerung des Meldeaufwands. Eine Änderungsmeldung ist nur mehr bei wenigen Ausnahmen notwendig.

Eine Änderungsmeldung ist zwingend durchzuführen bzw möglich:

- gesetzlich weiterhin **zwingend** zu melden ist der Umstieg von der Abfertigung alt in das Abfertigungssystem nach dem Betrieblichen Mitarbeiter- und Selbständigenvorsorgegesetz (BMSVG);
- eine Änderung von einem geringfügigen zu einem vollversicherten Beschäftigungsverhältnis oder umgekehrt **kann** gemeldet werden, solange noch keine mBGM für den betroffenen Beitragszeitraum erstattet wurde:
- eine Änderung des Beschäftigungsbereiches (Arbeiter, Angestellter, Lehrling) sowie die Klassifizierung eines Versicherten als freier Dienstnehmer **kann** gemeldet werden, solange noch keine mBGM für den betroffenen Beitragszeitraum erstattet wurde.

Während des Bestands der Pflichtversicherung ist vom Dienstgeber jede für die Versicherung bedeutende Änderung, die nicht von der mBGM umfasst ist, innerhalb von **sieben Tagen** zu melden.

Die mittels mBGM gemeldete Tarifgruppe (Beschäftigungsgruppe mit den Ergänzungen) ist gegenüber den bereits übermittelten Angaben auf der Anmeldung bzw Änderungsmeldung vorrangig zu behandeln.

Eine einmal erstattete Änderungsmeldung kann nicht storniert werden. Notwendige Korrekturen sind durch Vorlage einer weiteren Änderungsmeldung möglich.

Beispiel zur Änderungsmeldung

Mit 8.3.2023 wird eine Erhöhung der Arbeitszeit vereinbart. Das im Beitragszeitraum März 2023 gebührende Entgelt liegt ab dem Zeitpunkt über der Geringfügigkeitsgrenze. Die mBGM für März 2023 ist erst am 15. des Folgemonats zu erstatten. Damit die bestehende Krankenversicherung bereits ab 1.3.2023 in Anspruch genommen werden kann, wird eine Änderungsmeldung erstattet.

Lösung

Feldbezeichnung	Feldbelegung
Versicherungsnummer	123456789022
Geburtsdatum	
Referenzwert der VSNR-Anforderung	
Änderungsdatum	1. März 2023
Änderungsdatum bis	
Beschäftigungsbereich	Arbeiter
Geringfügigkeit	Nein
Freier Dienstvertrag	Nein
Betriebliche Vorsorge	

4.1.3. SV-Clearingsystem

Sämtliche erstattete Meldungen werden im Zuge der elektronischen Verarbeitung überprüft. Treten Unstimmigkeiten bzw Widersprüche auf, ist eine Klärung vorzunehmen. Das **elektronische SV-Clearingsystem** gibt dem Dienstgeber innerhalb von wenigen Tagen vollautomatisch Rückmeldung über aufgetretene Probleme. Mit deren Klärung kann unmittelbar zeitnah begonnen werden (im Unterschied zu bisher, wo das aufklärende Gespräch mit der Sozialversicherung erst Monate später möglich war).[109]

109 DGService 10/2018, Monatliche Beitragsgrundlagenmeldung, 68 ff.

5. Beiträge zur Betrieblichen Vorsorge

Seit 1.1.2003 ersetzt die **Betriebliche Vorsorge** das ehemalige Abfertigungssystem. Die Abfertigungsansprüche werden auf die Betrieblichen Vorsorgekassen (BV-Kassen) ausgelagert. Die Finanzierung der Betrieblichen Vorsorge erfolgt dabei durch regelmäßige Beitragsleistungen der Arbeitgeber.

Die **Mitarbeitervorsorge** umfasst echte Dienstnehmer, freie Dienstnehmer[110] und Vorstandsmitglieder, die vollversichert sind[111], sofern kein Abfertigungsrecht aufgrund von vertraglichen Ansprüchen besteht. Arbeitsrechtlich sind Vorstandsmitglieder freie Dienstnehmer.

Die **Selbständigenvorsorge** gilt für Personen, die der Pflichtversicherung in der Krankenversicherung nach dem GSVG[112] unterliegen, und umfasst Mitglieder der Kammern der gewerblichen Wirtschaft, Gesellschafter einer offenen Gesellschaft, unbeschränkt haftende Gesellschafter einer Kommanditgesellschaft, Geschäftsführer-Gesellschafter einer GmbH sowie neue Selbständige, deren Berufsvertretungen nicht die Ausnahme von der Pflichtversicherung in der Krankenversicherung[113] beantragt haben.

Für **geringfügig Beschäftigte** gelten ebenfalls die Bestimmungen des BMSVG. Der Beitragszeitraum ist in diesem Fall ein Monat. Es besteht die Möglichkeit, wahlweise auch den jährlichen Beitragszeitraum zu wählen.[114] In diesem Fall ist ein Zuschlag in Höhe von 2,5 % der Beiträge zur Betrieblichen Vorsorge zu entrichten.

Der Arbeitgeber hat für den Arbeitnehmer ab dem Beginn des Arbeitsverhältnisses einen laufenden Beitrag in Höhe von **1,53 %** des monatlichen Entgelts sowie allfälliger Sonderzahlungen an den für den Arbeitnehmer zuständigen Träger der **Krankenversicherung** zur **Weiterleitung an die Betriebliche Vorsorgekasse** zu überweisen.

Der Betrag von 1,53 %, der an die Betriebliche Vorsorgekasse zu zahlen ist, unterliegt nicht der Lohnsteuer[115] und nicht der Sozialversicherung[116].

Praxistipp

Der **erste Monat** ist **beitragsfrei**. Wird innerhalb eines Zeitraumes von **zwölf Monaten** ab dem Ende eines Arbeitsverhältnisses mit **demselben Arbeitgeber** erneut ein Arbeitsverhältnis geschlossen, setzt die **Beitragspflicht mit dem ersten Tag** dieses Arbeitsverhältnisses ein.[117]

110 § 4 Abs 4 ASVG.
111 § 4 Abs 1 Z 6 ASVG.
112 § 2 GSVG.
113 § 5 GSVG.
114 § 6 Abs 2a BMSVG.
115 § 26 Z 7 lit d EStG.
116 § 49 Abs 3 Z 18 lit b ASVG.
117 § 6 Abs 1 BMSVG.

Beispiel 1 zur Betrieblichen Vorsorge

Ein Dienstbeginn ist am 13.3. Ab wann entsteht die Beitragspflicht für dieses Dienstverhältnis?

Lösung

Bei einem untermonatigen Dienstbeginn ist der **Eintrittstag** entscheidend. Der Beginn der Abfertigung ist der 13.4.

Jeder **Arbeitgeber** hat durch Betriebsvereinbarung eine Betriebliche Vorsorgekasse vertraglich zu wählen. Der Anspruch des Arbeitnehmers richtet sich nicht gegen seinen Arbeitgeber, sondern gegen die jeweilige Betriebliche Vorsorgekasse. Ein Anspruch auf Betriebliche Vorsorge besteht grundsätzlich bei allen Beendigungsarten von Arbeitsverhältnissen.

Eine **Verfügung** (zB Auszahlung) über einen Beitrag zur Betrieblichen Vorsorge gibt es grundsätzlich nur, wenn **keine** abfertigungsschädliche Beendigungsformen wie bspw Selbstkündigung vorliegen, und bei Vorliegen von drei Einzahlungsjahren (ausgenommen bei Pensionierung und Tod).

Der regelmäßige, monatliche Melde- und Beitragsweg vom Arbeitgeber zur Betrieblichen Vorsorgekasse läuft – so wie bei allen anderen Beiträgen und Umlagen auch – über den gesetzlichen Krankenversicherungsträger, der auch die Einhaltung der Melde- und Beitragspflichten durch den Arbeitgeber im Zuge der GPLA kontrolliert.

Beispiel 2 zur Betrieblichen Vorsorge

Ein Dienstbeginn ist am 1.4., das Ende des Dienstverhältnisses ist der 28.4., der neuerliche Beginn des Dienstverhältnisses ist der 14.7. Ab wann entsteht jeweils die Beitragspflicht zur Betrieblichen Vorsorge für diese Dienstverhältnisse?

Lösung

Das erste Dienstverhältnis ist nicht beitragspflichtig zur Betrieblichen Vorsorge, weil es kürzer als einen Monat dauert. Das zweite unterliegt der Betrieblichen Vorsorge, weil innerhalb von 12 Monaten ein neues Dienstverhältnis mit demselben Arbeitgeber geschlossen wurde. Der Beginn der Abfertigung ist der 14.7.

6. Dienstgeberbeitrag zum Familienlastenausgleichsfonds, Zuschlag zum Dienstgeberbeitrag, Kommunalsteuer, Dienstgeberabgabe der Gemeinde Wien (U-Bahn-Steuer)

6.1. Dienstgeberbeitrag zum Familienlastenausgleichsfonds (DB)

Den **Dienstgeberbeitrag** haben alle Dienstgeber zu leisten, die im Bundesgebiet Dienstnehmer beschäftigen.[118] Unter **Dienstnehmer** versteht das Gesetz Personen, die in einem echten Dienstverhältnis stehen, als auch freie Dienstnehmer und an einer Kapitalgesellschaft wesentlich beteiligte Personen.[119]

Bemessungsgrundlage ist die Summe sämtlicher Arbeitslöhne inkl Sachbezüge und Sonderzahlungen (13. und 14. Gehalt), die in einem Kalendermonat an alle Dienstnehmer gezahlt wird, gleichgültig ob die Arbeitslöhne beim Empfänger der Einkommensteuer unterliegen oder nicht.[120] Schmutz-, Erschwernis- und Gefahrenzulagen, steuerfreie Überstundenzuschläge und auch einmalige Prämien gehören ebenfalls zur Bemessungsgrundlage wie steuerpflichtige Reisekosten.

Der **Dienstgeberbeitrag** beträgt seit 1.1.2020 **3,9 %** (Wert 2023) **der Bemessungsgrundlage.**[121]

Übersteigt die Beitragsgrundlage in einem Kalendermonat den Betrag von EUR 1.460 (Freigrenze) nicht, so verringert sie sich um den Freibetrag von EUR 1.095.

Beispiel zum Dienstgeberbeitrag mit Überschreitung der Freigrenze

Die Beitragsgrundlage beträgt EUR 1.500.

Lösung

Da die Grenze von EUR 1.460 (Freigrenze) überschritten wird, ist der Dienstgeberbeitrag wie folgt zu berechnen:

EUR 1.500 × 3,9 % = EUR 58,50

Beispiel zum Dienstgeberbeitrag mit Unterschreitung der Freigrenze

Die Beitragsgrundlage beträgt EUR 1.310.

Lösung

Da die Freigrenze von EUR 1.460 nicht überschritten wird, kommt der Freibetrag von EUR 1.095 zur Anwendung. Der Dienstgeberbeitrag beträgt:

EUR 1.310 – EUR 1.095 = EUR 215 × 3,9 % = EUR 8,39

---

118 § 41 Abs 1 FLAG.

119 § 41 Abs 2 FLAG.

120 § 41 Abs 3 FLAG.

121 § 41 Abs 5 FLAG.

Der Dienstgeberbeitrag ist selbst zu ermitteln und bis zum 15. des Folgemonats an das Betriebsfinanzamt zu überweisen.

Eine **Befreiung** vom Dienstgeberbeitrag besteht für:[122]

- Ruhe- und Versorgungsbezüge, Pensionen[123], Abfertigungen[124],
- **60 % der steuerpflichtigen Einkünfte aus laufendem Arbeitslohn** von vorübergehend ins Ausland entsendeten unbeschränkt steuerpflichtigen Arbeitnehmern, soweit dieser Betrag monatlich die für das Jahr der Tätigkeit maßgebende monatliche Höchstbeitragsgrundlage nicht übersteigt,
- Einkünfte, die Fachkräfte der **Entwicklungshilfe** (Entwicklungshelfer oder Experten) als Arbeitnehmer von Entwicklungsorganisationen beziehen,
- geldwerte Vorteile aus der **Benützung von Einrichtungen und Anlagen** (bspw Erholungs- und Kurheimen, Kindergärten, Betriebsbibliotheken, Sportanlagen, betriebsärztlichem Dienst) und zielgerichteter, wirkungsorientierter Gesundheitsförderung (Salutogenese) und Prävention, soweit diese vom Leistungsangebot der gesetzlichen Krankenversicherung erfasst sind, sowie Impfungen, die der Arbeitgeber allen Arbeitnehmern oder bestimmten Gruppen seiner Arbeitnehmer zur Verfügung stellt,
- Zuschüsse des Arbeitgebers für die **Kinderbetreuung**,
- geldwerte Vorteile aus der **Teilnahme an Betriebsveranstaltungen** (zB Betriebsausflügen, kulturellen Veranstaltungen, Betriebsfeiern) bis zu einer Höhe von EUR 365 jährlich und dabei empfangene Sachzuwendungen bis zu einer Höhe von EUR 186 jährlich sowie aus Anlass eines **Dienst- oder eines Firmenjubiläums** empfangene Sachzuwendungen bis zu einer Höhe von EUR 186 jährlich,
- Zuwendungen des Arbeitgebers für die **Zukunftssicherung seiner Arbeitnehmer**, soweit diese Zuwendungen an alle Arbeitnehmer oder bestimmte Gruppen seiner Arbeitnehmer geleistet werden oder dem Betriebsratsfonds zufließen und für den einzelnen Arbeitnehmer EUR 300 jährlich nicht übersteigen,
- **ortsübliche Trinkgelder**,
- vom **Arbeitgeber als Reiseaufwandsentschädigungen** gezahlte **Tagesgelder** und Nächtigungsgelder, soweit sie nicht steuerpflichtig sind,[125]
- zinsverbilligte **Gehaltsvorschüsse und Arbeitgeberdarlehen**, soweit der Gehaltsvorschuss oder das Arbeitgeberdarlehen den Betrag von EUR 7.300 insgesamt nicht übersteigen,
- **freie** oder **verbilligte** Mahlzeiten, die der Arbeitgeber an nicht in seinen Haushalt aufgenommene Arbeitnehmer zur Verköstigung am Arbeitsplatz freiwillig gewährt,
- **steuerfreie Mitarbeiterrabatte**.

122 § 41 Abs 4 FLAG.
123 § 67 Abs 6 EStG.
124 § 67 Abs 3 EStG.
125 § 26 Z 4 EStG.

6.2. Senkung des Dienstgeberbeitrags zum Familienlastenausgleichsfonds (DB) für die Jahre 2023 und 2024

Der Dienstgeberbeitrag zum Familienlastenausgleichsfonds (DB) wird ab 2025 von 3,9 % auf 3,7 % reduziert werden. [126]

Bereits 2023 und 2024 ist eine Reduktion des DB auf 3,7% möglich, sofern die Reduktion in einer lohngestaltenden Vorschrift festgelegt wird. Zu einer lohngestaltenden Vorschrift zählt ein Kollektivvertrag, eine kollektivvertraglich ermächtigte Betriebsvereinbarung oder die innerbetriebliche Festlegung für alle Arbeitnehmer oder eine sachlich abgrenzbare Arbeitnehmergruppe.[127]

Die DB-Reduktion ab 1. Jänner 2023 auf 3,7 % gilt für alle Beschäftigten, für die ein DB zu entrichten ist (dh nicht nur für echte Arbeitnehmer, sondern zB auch für freie Dienstnehmer und wesentlich beteiligte Gesellschafter-Geschäftsführer), und kann auch durch einen **internen Aktenvermerk** im Betrieb umgesetzt werden (dh es ist nicht einmal eine Information an die Mitarbeiter – somit auch kein Vermerk am Lohnabrechnungsbeleg – erforderlich), der für allfällige abgabenbehördliche Kontrollen anzulegen ist.[128]

Siehe auch die Fragen und Antworten des Bundesministeriums für Arbeit und Wirtschaft.[129]

6.3. Zuschlag zum Dienstgeberbeitrag (DZ)

Der Zuschlag zum Dienstgeberbeitrag ist eine **Kammerumlage** der Wirtschaftskammer.[130]

Sämtliche Mitglieder der Wirtschaftskammerorganisation, die im Bundesgebiet Dienstnehmer beschäftigen, sind verpflichtet, den Dienstgeberzuschlag zu bezahlen.

Als **Bemessungsgrundlage** für den Zuschlag zum Dienstgeberbeitrag ist die Beitragsgrundlage für den Dienstgeberbeitrag zum Familienlastenausgleichsfonds (DB) heranzuziehen. Bemessungsgrundlage sind daher sämtliche Arbeitslöhne, die in einem Kalendermonat an oben erwähnte Dienstnehmer gezahlt werden.

126 § 41 Abs 5 FLAG.
127 § 41 Abs 5a FLAG.
128 VP – Das Vorlagenportal für Arbeitsrecht und Personalverrechnung.
129 Senkung der Lohnnebenkosten (bmaw.gv.at).
130 § 122 WKG.

Der **Zuschlag zum Dienstgeberbeitrag** beträgt (Wert für 2023):

Zuschlag zum Dienstgeberbeitrag (DZ)	
Bundesland	DZ in %
Burgenland	0,42
Kärnten	0,39
Niederösterreich	0,38
Oberösterreich	0,34
Salzburg	0,39
Steiermark	0,36
Tirol	0,41
Vorarlberg	0,37
Wien	0,38

Tab 4: Zuschlag zum Dienstgeberbeitrag (DZ)

Übersteigt die Beitragsgrundlage in einem Kalendermonat die Freigrenze von EUR 1.460 nicht, so verringert sie sich um den Freibetrag von EUR 1.095.

Der Zuschlag zum Dienstgeberbeitrag ist selbst zu ermitteln und bis zum 15. des Folgemonats an das Betriebsfinanzamt zu überweisen.

Beispiel zum Zuschlag zum Dienstgeberbeitrag

Die Beitragsgrundlage beträgt EUR 1.300. Der Dienstnehmer ist in Wien beschäftigt.

Lösung

Da die Grenze von EUR 1.460 nicht überschritten wird, kommt der Freibetrag von EUR 1.095 zur Anwendung. Der Zuschlag zum Dienstgeberbeitrag beträgt:

EUR 1.300 – EUR 1.095 = EUR 205 × 0,38 % = EUR 0,78

6.4. Kommunalsteuer

Die Kommunalsteuer ist eine Gemeindeabgabe, die der Arbeitgeber als Steuerschuldner bis zum 15. des Folgemonats an die Gemeinde zu zahlen hat.

Eine Kommunalsteuererklärung ist bis zum 31.3. des Folgejahres abzugeben.

Bemessungsgrundlage ist die Summe sämtlicher Arbeitslöhne inkl Sachbezüge und Sonderzahlungen (13. und 14. Gehalt), die in einem Kalendermonat an alle Dienstnehmer gezahlt wird, gleichgültig ob die Arbeitslöhne beim Empfänger der Einkommensteuer unterliegen oder nicht.[131] Schmutz-, Erschwernis- und Gefah-

131 § 41 Abs 3 FLAG.

renzulagen, steuerfreie Überstundenzuschläge und auch einmalige Prämien gehören ebenfalls zur Bemessungsgrundlage wie steuerpflichtige Reisekosten.

Von der **Kommunalsteuer sind befreit**:

- die **Österreichischen Bundesbahnen** und Privatbahnen mit 66 % der Bemessungsgrundlage,
- **Körperschaften**, Personenvereinigungen oder Vermögensmassen, soweit sie mildtätigen Zwecken und/oder gemeinnützigen Zwecken auf dem Gebiet der Gesundheitspflege, Kinder-, Jugend-, Familien-, Kranken-, Behinderten-, Blinden- und Altenfürsorge dienen; die genannten Zwecke nach Rechtsgrundlage und Geschäftsführung sowie zumindest einer der taxativ angeführten Fürsorgebereiche müssen kumulativ vorliegen, um eine Befreiung aussprechen zu können.

Die Höhe der **Kommunalsteuer** beträgt **3 % der Bemessungsgrundlage** (Wert für 2023).[132]

Übersteigt die Beitragsgrundlage in einem Kalendermonat die Freigrenze von EUR 1.460 nicht, so verringert sie sich um den Freibetrag von EUR 1.095.

Beispiel zur Kommunalsteuer

Die Beitragsgrundlage beträgt EUR 1.300. Der Dienstnehmer ist in Wien beschäftigt.

Lösung

Da die Grenze von EUR 1.460 nicht überschritten wird, kommt der Freibetrag von EUR 1.095 zur Anwendung. Die Kommunalsteuer beträgt:

EUR 1.300 – EUR 1.095 = EUR 205 × 3 % = EUR 6,15

6.5. Dienstgeberabgabe der Gemeinde Wien (U-Bahn-Steuer)

Wiener Arbeitgeber, die Dienstnehmer **beschäftigen**, deren Beschäftigungsort Wien ist, unterliegen der U-Bahn-Steuer. Freie Dienstnehmer unterliegen nicht der U-Bahn-Steuer.

Die Dienstgeberabgabe beträgt für jeden Dienstnehmer und für jede **angefangene Woche** eines bestehenden Dienstverhältnisses **EUR 2**.

Von der Dienstgeberabgabe der Gemeinde Wien sind **befreit**:

- Dienstverhältnisse mit Dienstnehmern, die das **55. Lebensjahr** überschritten haben,
- Dienstverhältnisse im Sinne des Chancengleichheitsgesetzes, des Opferfürsorgegesetzes und des Behinderteneinstellungsgesetzes,
- **Lehrverhältnisse**,
- Dienstverhältnisse, bei denen die Arbeitszeit wöchentlich das Ausmaß von **zehn Stunden** nicht übersteigt,

132 § 9 KommStG.

- Dienstverhältnisse während der Zeit, für die ein gesetzliches Beschäftigungsverbot für werdende Mütter und ein **gesetzliches Beschäftigungsverbot** nach der Entbindung besteht; ebenso Dienstverhältnisse während der Zeit, für die ein auf einem gesetzlichen Anspruch beruhender Karenzurlaub gewährt wird,
- Dienstverhältnisse während der Zeit, in der der Dienstnehmer den ordentlichen oder außerordentlichen **Präsenzdienst** leistet,
- Dienstverhältnisse mit **Hausbesorgern**,
- **Gebietskörperschaften** (mit Ausnahme der von ihnen verwalteten Betriebe, Unternehmungen, Anstalten, Stiftungen und Fonds).

Die Abgabe ist bis zum 15. des Folgemonats zu entrichten. Die Dienstgeberabgabe-Erklärung ist bei der Stadtkasse bis zum 31.3. des Folgejahres abzugeben.

Beispiel zur U-Bahn-Steuer

Ein Dienstnehmer ist im Juli beschäftigt. Wie hoch ist die U-Bahn-Abgabe im Juli?

Lösung

Die U-Bahn-Steuer beträgt für bestehende Dienstverhältnisse EUR 2 pro Dienstnehmer pro angefangene Arbeitswoche.

EUR 2 × 5 (Wochen) = EUR 10

Beispiel zur Berechnung der Lohnnebenkosten und den Nettoauszahlungsbetrag

Ein Dienstnehmer erhält im Jänner 2023 einen Bruttomonatsbezug in Höhe von EUR 2.600. Der Dienstnehmer ist Mitglied der Arbeiterkammer und es fällt der Wohnbauförderungsbeitrag an. Es ist kein Familienbonus, kein Alleinverdienerabsetzbetrag und Alleinerzieherabsetzbetrag zu berücksichtigen. Wie hoch ist der laufende Nettobezug? Wie hoch sind die Lohnnebenkosten?

Lösung

Die Sozialversicherung des Dienstnehmers mit Wohnbauförderungsbeitrag und Arbeiterkammerumlage beträgt 18,12%.

- **Sozialversicherungspflichtig Dienstnehmeranteil ist der gesamte Bruttolohn:** EUR 2.600 × 18,12 % = EUR 471,12
- **Lohnsteuerpflichtig ist der Bruttolohn abzüglich Sozialversicherung:** EUR 2.600 – EUR 471,12 = EUR 2.128,88
- **Lohnsteuer:** EUR 2.128,88 × 30 % – EUR 357,63 = EUR 280,77
- **Auszahlungsbetrag:** EUR 2.600 – EUR 471,12 – EUR 280,77 = EUR 1.848,11

Die Lohnnebenkosten betragen

- **Sozialversicherungspflichtig Dienstgeberanteil ist der gesamte Bruttolohn:** EUR 2.600 × 21,03 % = EUR 546,78
- **Mitarbeitervorsorgebeitrag**: EUR 2600 × 1,53 % = EUR 39,78
- **Kommunalsteuer**: EUR 2.600 × 3 % = EUR 78
- **Dienstgeberbeitrag**: EUR 2.600 × 3,9 % = EUR 101,40

7. Wegfall der Sozialversicherungsbeiträge und der Lohnnebenkosten für ältere Arbeitnehmer

7.1. Arbeitslosenversicherungsbeitrag

Der **Beitrag zur Arbeitslosenversicherung** beträgt für echte und freie Dienstnehmer 3 % (Wert für 2023) der Beitragsgrundlage, dh des monatlichen Bruttoverdienstes, für den Dienstgeberanteil und 3 % (Wert für 2023) der Beitragsgrundlage für den Dienstnehmeranteil. Die Arbeitslosenversicherung ist auch für Sonderzahlungen zu entrichten.

Die Pflichtversicherung in der Arbeitslosenversicherung endet für **ältere Arbeitnehmer** spätestens mit dem **63. Lebensjahr**. Die Personen haben ab Beginn des folgenden Kalendermonats keinen Zuschlag zu entrichten.

Bei Erfüllung sämtlicher Anspruchsvoraussetzungen für eine Alterspension mit Ausnahme der Korridorpension (Mindestalter, erforderliche Anzahl von Versicherungs- und Beitragsmonaten) bereits mit dem **60. Lebensjahr**.

7.2. Insolvenzentgeltsicherungszuschlag

Der **Insolvenzentgeltsicherungszuschlag** von 0,10 % (Wert für 2023) der Beitragsgrundlage ist vom Dienstgeber für echte und freie Dienstnehmer zu entrichten, bis der Arbeitnehmer das **63. Lebensjahr** erreicht hat. Die Personen haben ab Beginn des folgenden Kalendermonats keinen Zuschlag zu entrichten. Bei Erfüllung sämtlicher Anspruchsvoraussetzungen für eine Alterspension mit Ausnahme der Korridorpension (Mindestalter, erforderliche Anzahl von Versicherungs- und Beitragsmonaten) bereits mit dem **60. Lebensjahr**.

7.3. Wegfall des Beitrags zur Unfallversicherung

Der **Beitrag zur Unfallversicherung** beträgt für echte Dienstnehmer, freie Dienstnehmer und geringfügig Beschäftigte 1,1 % (Wert für 2023) der Beitragsgrundlage. Für Frauen und Männer entfällt dieser Betrag ab dem auf den 60. Geburtstag folgenden Kalendermonat.

Auf die **Höhe des Nettogehalts des Arbeitnehmers** hat der Wegfall dieses Beitrages keine Auswirkung, da die Unfallversicherung nur vom Dienstgeber finanziert wird.

7.4. Wegfall des Dienstgeberbeitrags zum Familienlastenausgleichsfonds und des Zuschlags zum Dienstgeberbeitrag

Der **Dienstgeberbeitrag zum Familienlastenausgleichsfonds** beträgt 3,9 % (Wert für 2023) und der **Zuschlag zum Dienstgeberbeitrag** zB für Wien 0,38 % (Wert für 2023). Für Frauen und Männer entfällt dieser Betrag ab dem auf den 60. Geburtstag folgenden Kalendermonat.

8. Lohnsteuer (Grundlagen)

8.1. Arbeitnehmer im Steuerrecht

Arbeitnehmer ist eine natürliche Person, die Einkünfte aus nichtselbständiger Arbeit bezieht, wozu auch Bezüge aus einem Dienstverhältnis gehören. **Arbeitgeber** ist, wer Arbeitslohn auszahlt.[133]

Bei **Einkünften aus nichtselbständiger Arbeit**[134] wird die Einkommensteuer durch Abzug vom Arbeitslohn erhoben (Lohnsteuer).

Ein **Dienstverhältnis** liegt vor, wenn der Arbeitnehmer dem Arbeitgeber seine **Arbeitskraft** schuldet. Dies ist der Fall, wenn die tätige Person in der Betätigung ihres geschäftlichen Willens unter der Leitung des Arbeitgebers steht oder im geschäftlichen Organismus des Arbeitgebers dessen Weisungen zu folgen verpflichtet ist.[135]

Daraus lassen sich folgende Kriterien für das Vorliegen eines Dienstverhältnisses ableiten:[136]

- **Weisungsgebundenheit** gegenüber dem Arbeitgeber,
- **organisatorische Eingliederung** in den Betrieb des Arbeitgebers,
- **kein** Unternehmerwagnis.[137]

Praxistipp

Entscheidend für die steuerliche Beurteilung ist nicht die vertragliche Gestaltung, sondern die **tatsächlich gelebten Verhältnisse**.

Dabei sprechen folgende Indizien für das Vorliegen eines Dienstverhältnisses:[138]

- vom Auftraggeber zur Verfügung gestellte Arbeitsmittel und Arbeitskleidung,
- vom Auftraggeber vorgegebene Arbeitszeit und vorgegebene Arbeitsort,
- Entlohnung, die weitgehend erfolgsunabhängig ist,
- Entlohnung auch bei Arbeitsverhinderung (wie Krankheit oder Urlaub),
- keine Haftung des Arbeitnehmers,
- persönliche Arbeitsverpflichtung (keine Vertretungsmöglichkeit und keine Heranziehung von Hilfskräften).

Ein Dienstverhältnis ist auch dann anzunehmen, wenn eine Person, die an einer Kapitalgesellschaft **nicht wesentlich** beteiligt ist, mit Ausnahme der **Weisungsgebundenheit**[139] alle **Merkmale eines Dienstverhältnisses** erfüllt.[140]

---

133 § 25 iVm § 47 Abs 1 EStG.
134 § 25 EStG.
135 § 47 Abs 2 EStG.
136 VwGH 24.6.1999, 96/15/0099.
137 *Müller*, SWK-Spezial Lohnverrechnung 2019, Tz 1.
138 LStR Rz 938 ff.
139 § 25 Abs 1 Z 1 lit b EStG.
140 § 47 Abs 2 EStG.

Eine Person ist dann **nicht wesentlich** beteiligt, wenn ihr Anteil am Grund- oder Stammkapital der Gesellschaft bis 25 % beträgt.[141]

8.2. Berechnung der Lohnsteuer

Um zur Lohnsteuerbemessungsgrundlage zu kommen, sind vom Monatslohn/Monatsgehalt folgende Posten abzuziehen:

- **Sozialversicherungsbeiträge**,
- **Pendlerpauschale**,
- **Werbungskosten** (zumindest die Pauschale von EUR 132 pro Jahr) (Wert für 2023),
- **Sonderausgaben** (zumindest die Pauschale von EUR 60 pro Jahr) (Wert für 2023),
- **Pflichtbeiträge** zur gesetzlichen Interessenvertretung wie Arbeiterkammerumlage,
- **Wohnbauförderungsbeitrag**,
- Beiträge für die freiwillige Mitgliedschaft bei **Berufsverbänden**,
- **außergewöhnliche Belastungen**.

Die Lohnsteuer wird dann durch die Anwendung des **Einkommensteuertarifes** auf das hochgerechnete **Jahreseinkommen** ermittelt.[142]

8.2.1. Einkommensteuertarif ab 1. Jänner 2023

Ab 1. Jänner 2023 wurde die kalte Progression durch das Teuerungs-Entlastungspaket abgeschafft. Damit ergeben sich zukünftig jährliche Anpassungen des Einkommensteuertarifs und der Lohnsteuertabellen.

Jahreseinkommen in EUR	Einkommensteuer in %
bis EUR 11.693	0
mehr als EUR 11.693 bis EUR 19.134	20
mehr als EUR 19.134 bis EUR 32.075	30
mehr als EUR 32.075 bis EUR 62.080	41
mehr als EUR 62.080 bis EUR 93.120	48
mehr als EUR 93.120 bis EUR 1 Mio	50
mehr als EUR 1 Mio	55

Tab 5: Einkommensteuertarif ab 1. Jänner 2023

141 § 22 Z 2 EStG.
142 § 66 Abs 1 EStG.

Von dem sich nach Anwendung der Steuersätze ergebenden Betrag (Steuer) sind in folgender Reihenfolge abzuziehen:[143]

- der **Familienbonus Plus** ist als erster Absetzbetrag abzuziehen,
- der **Alleinverdiener-/Alleinerzieherabsetzbetrag**,
- der **Unterhaltsabsetzbetrag**,
- der **Verkehrsabsetzbetrag**,
- der **erhöhte Verkehrsabsetzbetrag**,
- der (erhöhte) **Pensionistenabsetzbetrag**,
- der **Pendlereuro**.

Die Lohnsteuer für laufende Bezüge wird anhand der sog **Effektiv-Tarif-Lohnsteuertabellen** ermittelt. In diese Tabellen sind der Familienbonus Plus, die Alleinverdienerabsetzbeträge bzw Alleinerzieherabsetzbeträge eingearbeitet und beziehen sich entweder auf den Monat oder auf den Tag.

Monatslohnsteuertabelle Arbeitnehmer									
			Absetzbeträge						
			Abzug mit Familienbonus Plus: Kinder bis zum 18. Geburtstag		Abzug mit Familienbonus Plus: Kinder nach dem 18. Geburtstag		Abzug mit Alleinverdiener- oder Alleinerzieher-Absetzbetrag		
Monatslohn bis (in EUR)	Grenzsteuersatz in %	Abzug ohne Familienbonus, ohne AV/AE	Ganz	halb	ganz	halb	1 Kind	2 Kinder	für jedes weitere Kind
985,42	0						–	–	–
1.605,50	20	197,08	166,68	83,34	54,18	27,09	43,33	58,67	+19,33
2.683,92	30	357,63	166,68	83,34	54,18	27,09	43,33	58,67	+19,33
5.184,33	41	652,86	166,68	83,34	54,18	27,09	43,33	58,67	+19,33
7.771,00	48	1015,77	166,68	83,34	54,18	27,09	43,33	58,67	+19,33
83.344,33	50	1.171,19	166,68	83,34	54,18	27,09	43,33	58,67	+19,33
darüber	55	5.338,40	166,68	83,34	54,18	27,09	43,33	58,67	+19,33

Tab 6: Monatslohnsteuertabelle ab 1. Jänner 2023

143 § 33 Abs 4 Z 1 und 2, Abs 5 und Abs 6 EStG.

Tageslohnsteuertabelle Arbeitnehmer									
			Absetzbeträge						
			Abzug mit Familienbonus Plus: Kinder bis zum 18. Geburtstag		Abzug mit Familienbonus Plus: Kinder nach dem 18. Geburtstag		Abzug mit Alleinverdiener- oder Alleinerzieher-Absetzbetrag		
Tageslohn bis (in EUR)	Grenzsteuersatz in %	Abzug ohne Familienbonus, ohne AV/AE	Ganz	halb	ganz	halb	1 Kind	2 Kinder	für jedes weitere Kind
32,85	0						–	–	–
53,52	20	6,569	5,556	2,778	1,806	0,903	1,444	1,956	+0,644
89,46	30	11,921	5,556	2,778	1,806	0,903	1,444	1,956	+0,644
172,81	41	21,762	5,556	2,778	1,806	0,903	1,444	1,956	+0,644
259,03	48	33,859	5,556	2,778	1,806	0,903	1,444	1,956	+0,644
2.778,14	50	39,040	5,556	2,778	1,806	0,903	1,444	1,956	+0,644
darüber	55	177,947	5,556	2,778	1,806	0,903	1,444	1,956	+0,644

Tab 7: Tageslohnsteuertabelle ab 1. Jänner 2023

8.2.2. Der Familienbonus Plus

Für ein Kind, für das **Familienbeihilfe** gewährt wird und das sich ständig in einem Mitgliedstaat der EU oder dem Hoheitsgebiet einer anderen Vertragspartei des Abkommens über den Europäischen Wirtschaftsraum oder der Schweiz aufhält, steht auf Antrag ein **Familienbonus Plus** zu. [144]

Der **Familienbonus Plus** ist ein Steuerabsetzbetrag.

Der **Familienbonus** beträgt für das Kind, das sich **ständig in Österreich** aufhält, monatlich:

- EUR 166,68 Euro bis zu dem Monat, in dem das Kind den 18. Geburtstag hat, und
- EUR 54,18 Euro ab dem Monat nach dem 18. Geburtstag, solange für das Kind Familienbeihilfe gewährt wird.

Praxistipp

Die für **Kinder**, die sich **ständig in anderen** Mitgliedstaaten der Europäischen Union, in Staaten des Europäischen Wirtschaftsraumes oder in der Schweiz aufhalten, ursprünglich vorgesehene **Indexierung** der familienbezogenen Absetzbeträge (Familienbonus Plus, Kindermehrbetrag, Alleinverdiener-, Alleinerzieher- und Unterhaltsabsetzbetrag) anhand der tatsächlichen Lebenshaltungskosten für Kinder **entspricht nicht dem EU**-Recht und wurde daher aufgehoben.

144 § 33 Abs 3a EStG.

Der Familienbonus Plus kann für jedes Kind gesondert entweder von einem der beiden Anspruchsberechtigten **zur Gänze** oder jeweils zur Hälfte beantragt werden. Die Entscheidung, ob einer der beiden den ganzen Familienbonus Plus oder beide jeweils die Hälfte in Anspruch nehmen, kann bei gleichbleibenden Verhältnissen nur für das ganze Kalenderjahr einheitlich getroffen werden.

Beispiel zum Familienbonus Plus

Die Steuerpflichtigen A und B leben das ganze Jahr mit ihrem zehnjährigen Kind in aufrechter Ehe in Österreich. A bezieht das gesamte Kalenderjahr Familienbeihilfe für das Kind. Welche Möglichkeiten haben A und B, den Familienbonus Plus zu beantragen?

Lösung

A + B haben folgende Möglichkeiten, den Familienbonus zu beantragen:

Möglichkeit 1: A beantragt den vollen Familienbonus Plus (12 × EUR 166, 68) = EUR 2.000,16 und B beantragt keinen Familienbonus Plus.

Möglichkeit 2: B beantragt den vollen Familienbonus Plus (12 × EUR 166, 68) = EUR 2.000,16 und A beantragt keinen Familienbonus Plus.

Möglichkeit 3: A und B beantragen jeweils die Hälfte: (12 × EUR 83,34) = EUR 1.000,08.[145]

Der Familienbonus Plus steht auch für Kinder von **getrennt** lebenden Eltern zu. Dabei wird der Familienbonus Plus aufgeteilt. In diesem Fall können ihn der Familienbeihilfeberechtigte und die Person, die für das Kind Unterhalt zahlt, in Anspruch nehmen.

Das heißt, eine der beiden Personen kann entweder den vollen Familienbonus für das Kind beziehen oder der Betrag wird zwischen Familienbeihilfenbezieher und Unterhaltszahler aufgeteilt.

Beispiel zum Familienbonus Plus

Die Steuerpflichtigen A und B haben ein zehnjähriges Kind und leben getrennt (in Österreich). Das Kind lebt bei A und A bezieht das gesamte Kalenderjahr die Familienbeihilfe für das Kind. B leistet nur unregelmäßig den gesetzlichen Unterhalt, weshalb nur für vier Monate der Unterhaltsabsetzbetrag zusteht.

Lösung

A steht daher für acht Monate der volle Familienbonus Plus zu. Der für vier Monate zustehende Familienbonus Plus kann zwischen A und B aufgeteilt oder von einem der beiden zur Gänze beantragt werden.

Wenn A einen neuen Partner C hat, mit dem A verheiratet ist oder für mehr als sechs Monate im Kalenderjahr in einer Lebensgemeinschaft lebt, kann der Familienbonus Plus für jene acht Monate, für die A der Familienbonus Plus zur Gänze zusteht, auch von C beantragt oder zwischen A und C je zur Hälfte aufgeteilt werden.[146]

145 LStR Rz 770.

146 LStR Rz 770.

Auf den Familienbonus Plus kann für jedes einzelne Kind nachträglich verzichtet werden, indem der Antrag formlos **zurückgezogen** wird. Es ist ausschließlich das Zurückziehen des Antrags, nicht jedoch dessen inhaltliche Abänderung möglich. Das Zurückziehen stellt ein rückwirkendes Ereignis dar.[147]

Durch das Zurückziehen wird die Möglichkeit geschaffen, dass der andere Anspruchsberechtigte den ganzen Familienbonus Plus für das betreffende Jahr beantragen kann, sofern dieser noch nicht den ganzen Familienbonus Plus beantragt hat. Liegt vom anderen Anspruchsberechtigten bereits ein Antrag auf den ganzen Familienbonus Plus im Rahmen der Veranlagung vor, ist dieser von Amts wegen zu berücksichtigen. Das Zurückziehen des Antrags auf den Familienbonus Plus ist maximal bis **fünf Jahre nach Eintritt der Rechtskraft des Bescheides** möglich.[148]

Beispiel

Eine Arbeitnehmerin beantragt für das Kalenderjahr 2019 den halben Familienbonus Plus (50 %) für ein Kind. Sie ist teilzeitbeschäftigt und der Familienbonus Plus wirkt sich steuerlich bei ihr nicht aus, da ihr Einkommen unter EUR 11.000 liegt und demnach keine Einkommensteuer anfällt.

Der Einkommensteuerbescheid von A für 2019 erwächst in Rechtskraft. Im Jahr 2023 will ihr Ehepartner seine Arbeitnehmerveranlagung für 2019 durchführen.

Lösung

Wenn die Arbeitnehmerin nicht auf den Familienbonus Plus verzichtet, steht dem Ehepartner nur der halbe Familienbonus Plus (50 %) zu.

Sie zieht daher im Jahr 2023 ihren Antrag auf den halben Familienbonus Plus für das Jahr 2019 zurück. Das stellt ein rückwirkendes Ereignis gemäß § 295a BAO dar, der Einkommensteuerbescheid 2019 von A wird diesbezüglich abgeändert und ihr Partner B kann in seiner Arbeitnehmerveranlagung für das Jahr 2019 den ganzen Familienbonus Plus (100 %) beantragen.

(Entnommen LStR Rz 770b)

8.2.3. Kindermehrbetrag

Ab der Veranlagung 2022 besteht Anspruch auf den Kindermehrbetrag, wenn der Alleinverdiener- oder Alleinerzieherabsetzbetrag zusteht und eine errechnete Tarifsteuer unter **EUR 550** vorliegt.

Erzielen in einer (Ehe)Partnerschaft beide Partner Einkünfte, steht der Kindermehrbetrag zu, wenn die darauf entfallende Tarifsteuer jeweils weniger als EUR 550 beträgt. Der Kindermehrbetrag steht in diesen Fällen nur einmal pro Kind der familienbeihilfenberechtigten Person zu.

147 § 295a BAO.
148 LStR Rz 770b.

Der Betrag von 550 Euro kommt bei einem Kind[149] zur Anwendung und erhöht sich für jedes weitere Kind um den Betrag von 550 Euro.

Der Kindermehrbetrag steht nicht für Kinder in Drittstaaten zu.

Voraussetzungen für den Kindermehrbetrag sind:

- der Steuerpflichtige erzielt zumindest 30 Tage im Kalenderjahr steuerpflichtige aktive Erwerbseinkünfte, dh Einkünfte aus Land- und Forstwirtschaft, aus selbständiger Arbeit, aus Gewerbebetrieb oder aus nichtselbständiger Arbeit oder
- er hat ganzjährig Kinderbetreuungsgeld oder Pflegekarenzgeld bezogen.

Beispiel zum Kindermehrbetrag

Eine nichtselbständige Alleinerzieherin bezieht im Kalenderjahr 2023 für ein in Österreich lebendes Kind für mehr als sechs Monate im Kalenderjahr Familienbeihilfe. Ihre Tarifsteuer vor Berücksichtigung des Familienbonus Plus und sonstiger Absetzbeträge beträgt EUR 150.

Lösung

Der Steuerpflichtigen steht ein Kindermehrbetrag von EUR 400 zu. Der Betrag ergibt sich aus der Differenz zwischen EUR 550 und der Steuer in Höhe von 150 Euro.[150] (Entnommen LStR Rz 810a)

Praxistipp

Die für **Kinder**, die sich **ständig in anderen** Mitgliedstaaten der Europäischen Union, in Staaten des Europäischen Wirtschaftsraumes oder in der Schweiz aufhalten, ursprünglich vorgesehene **Indexierung** der familienbezogenen Absetzbeträge (Familienbonus Plus, Kindermehrbetrag, Alleinverdiener-, Alleinerzieher- und Unterhaltsabsetzbetrag) anhand der tatsächlichen Lebenshaltungskosten für Kinder **entspricht nicht dem EU-Recht** und wurde daher aufgehoben.

8.2.4. Pendlerpauschale

Die Kosten der Fahrten zwischen Wohnung und Arbeitsstätte (Arbeitsweg) sind grundsätzlich durch den **Verkehrsabsetzbetrag** abgegolten, der allen aktiven Arbeitnehmern unabhängig von den tatsächlichen Kosten zusteht.

Darüber hinaus stehen Werbungskosten in Form des Pendlerpauschales nur dann zu, wenn[151]

149 ISd § 106 Abs 1 EStG.
150 § 33 Abs 1 EStG.
151 § 16 Abs 1 Z 6 EStG.

- entweder der Arbeitsweg eine Entfernung von mindestens 20 km umfasst (**„kleines Pendlerpauschale“**) und die **Benützung eines Massenbeförderungsmittels zumutbar ist** oder
- die **Benützung eines Massenbeförderungsmittels** zumindest hinsichtlich des halben Arbeitsweges **nicht möglich** oder **nicht zumutbar ist** und der Arbeitsweg mindestens 2 km beträgt (**„großes Pendlerpauschale“**).[152]

Praxistipp

Wird dem Arbeitnehmer ein Firmenauto zur Verfügung gestellt, führt dies zum **Ausschluss des Pendlerpauschales**. Auch wenn der Arbeitnehmer einen Kostenbeitrag für die Nutzung des Firmenautos leistet und dadurch der Sachbezug vermindert wird, steht dem Arbeitnehmer kein Pendlerpauschale zu (siehe Kostenbeiträge des Arbeitnehmers).[153]

Die **Unzumutbarkeit der Benützung von Massenverkehrsmitteln** liegt in folgenden Fällen vor:

- **tatsächliche Unmöglichkeit:**[154] Unzumutbarkeit der Benützung von Massenverkehrsmitteln ist gegeben, wenn zumindest auf dem halben Arbeitsweg ein Massenverkehrsmittel überhaupt nicht oder nicht zur erforderlichen Zeit (zB Nachtarbeit) verkehrt.
- **Behinderung:**[155] Das große Pendlerpauschale steht zu bei Vorliegen eines Ausweises gemäß § 29b StVO oder wegen Eintragung der Unzumutbarkeit der Benützung öffentlicher Verkehrsmittel im Behindertenpass wegen dauernder Gesundheitsschädigung oder der Blindheit bzw wegen dauerhafter Mobilitätseinschränkung aufgrund einer Behinderung oder wegen Befreiung von der Kraftfahrzeugsteuer wegen Behinderung.
- **lange Anfahrtszeit:**[156] **Bis 60 Minuten Zeitdauer** ist die Benützung eines Massenbeförderungsmittels **stets zumutbar**; bei **mehr als 120 Minuten Zeitdauer** ist die Benützung eines Massenbeförderungsmittels **stets unzumutbar**; übersteigt die Zeitdauer 60 Minuten, nicht aber 120 Minuten, ist auf die **entfernungsabhängige Höchstdauer** abzustellen. Diese beträgt 60 Minuten zuzüglich einer Minute pro km der Entfernung, jedoch maximal 120 Minuten. Angefangene Kilometer sind dabei auf volle Kilometer aufzurunden. Übersteigt die kürzeste mögliche Zeitdauer die **entfernungsabhängige Höchstdauer**, ist die Benützung eines Massenbeförderungsmittels unzumutbar.

152 LStR Rz 249.
153 *Knechtl*, SWK 2021, 1113 ff.
154 § 2 Abs 1 Z 1 lit a Pendlerverordnung.
155 § 2 Abs 1 Z 1 lit b und c Pendlerverordnung.
156 § 2 Abs 1 Z 2 Pendlerverordnung.

Praxistipp

Ist die Entfernung bei der Hinfahrt oder Rückfahrt unterschiedlich lang, dann gilt die längere Entfernung.[157]

Die **Wegzeit** umfasst die Zeit vom Verlassen der Wohnung bis zum Arbeitsbeginn oder vom Verlassen der Arbeitsstätte bis zur Ankunft in der Wohnung, also Gehzeit oder Anfahrtszeit zur Haltestelle des öffentlichen Verkehrsmittels, Fahrzeit mit dem öffentlichen Verkehrsmittel und Wartezeiten.[158]

Im Falle des Bestehens mehrerer Wohnsitze ist entweder der zur Arbeitsstätte **nächstgelegene Wohnsitz** oder der **Familienwohnsitz** für die Berechnung des Pendlerpauschales maßgeblich. Voraussetzung ist, dass die entsprechende Wegstrecke auch tatsächlich zurückgelegt wird.

Im Kalendermonat kann für die Berechnung des Pendlerpauschales nur ein Wohnsitz zugrunde gelegt werden. Liegen die Voraussetzungen für einen Familienwohnsitz nicht vor, so ist stets der der Arbeitsstätte nächstgelegene Wohnsitz für das Pendlerpauschale maßgeblich.

Praxistipp

Ein Familienwohnsitz[159] liegt dort, wo

- ein in (Ehe)Partnerschaft oder in Lebensgemeinschaft lebender Steuerpflichtiger oder
- ein alleinstehender Steuerpflichtiger seine engsten persönlichen Beziehungen (zB Familie, Freundeskreis) und einen eigenen Hausstand hat.

Der Steuerpflichtige hat einen eigenen Hausstand, wenn er eine Wohnung besitzt, deren Einrichtung seinen Lebensbedürfnissen entspricht.

Ein eigener Hausstand liegt jedenfalls nicht vor, wenn der Steuerpflichtige Räumlichkeiten innerhalb eines Wohnverbandes einer Person oder mehrere Personen, die nicht (Ehe)Partner sind oder mit denen keine Lebensgemeinschaft besteht, mitbewohnt.[160]

Das **kleine Pendlerpauschale** beträgt bis 30. 4. 2022 und voraussichtlich ab 1.7.2023:

Fahrtstrecke	Jährlicher Freibetrag in EUR	Monatlicher Freibetrag in EUR
mehr als 20–40 km	696	58
mehr als 40–60 km	1.356	113
mehr als 60 km	2.016	168

Tab 8: Kleines Pendlerpauschale bis 30. 4. 2022 und voraussichtlich ab 1.7.2023

157 § 2 Abs 3 Pendlerverordnung.
158 LStR Rz 257.
159 § 16 Abs 1 Z 6 lit f EStG.
160 LStR Rz 343.

Das **große Pendlerpauschale** beträgt bis 30.4.2022 und voraussichtlich ab 1.7.2023:

Fahrtstrecke	Jährlicher Freibetrag in EUR	Monatlicher Freibetrag in EUR
2–20 km	372	31
mehr als 20–40 km	1.476	123
mehr als 40–60 km	2.568	214
mehr als 60 km	3.672	306

Tab 9: Großes Pendlerpauschale bis 30. 4. 2022 und voraussichtlich ab 1.7.2023

Zur Abgeltung der erhöhten Treibstoffkosten sind im Zeitraum von Mai 2022 bis Juni 2023 das Pendlerpauschale befristet erhöht worden.[161]

Das **kleine Pendlerpauschale** beträgt von 1.5.2022 bis 30.6.2023:

Fahrtstrecke	Jährlicher Freibetrag in EUR	Monatlicher Freibetrag in EUR
mehr als 20–40 km	1.044	87
mehr als 40–60 km	2.034	169.50
mehr als 60 km	3.024	252

Tab 10: Kleines Pendlerpauschale von 1.5.2022 bis 30.6.2023

Das **große Pendlerpauschale** beträgt von 1.5. 2022 bis 30.6.2023:

Fahrtstrecke	Jährlicher Freibetrag in EUR	Monatlicher Freibetrag in EUR
2–20 km	558	46,50
mehr als 20–40 km	2.214	184,50
mehr als 40–60 km	3.852	321
mehr als 60 km	5.508	459

Tab 11: Großes Pendlerpauschale von 1.5.2022 bis 30.6.2023

Für die Ermittlung der Entfernung zwischen **Wohnung** und **Arbeitsstätte** bzw zwischen Arbeitsstätte und Wohnung und für die Beurteilung, ob die Benützung eines Massenbeförderungsmittels zumutbar oder unzumutbar ist, ist für Verhält-

161 § 124b Z 395 EStG.

nisse innerhalb Österreichs der vom Bundesministerium für Finanzen im Internet zur Verfügung gestellte **Pendlerrechner** zu verwenden.

Bei Anspruch auf das Pendlerpauschale steht auch ein Pendlereuro zu.

Ein **volles Pendlerpauschale** steht im betreffenden Ausmaß dann zu, wenn der Arbeitnehmer im Kalendermonat an mindestens **elf Tagen** von der Wohnung zur Arbeitsstätte fährt. Legt der Arbeitnehmer diese einfache Fahrtstrecke an mindestens **acht Tagen**, aber an nicht mehr als zehn Tagen im Kalendermonat zurück, steht das jeweilige Pendlerpauschale zu **zwei Dritteln** zu. Legt der Arbeitnehmer diese Entfernung an mindestens **vier**, aber an nicht mehr als sieben Tagen im Kalendermonat zurück, steht das jeweilige Pendlerpauschale zu **einem Drittel** zu.

Anzahl der Fahrten von der Wohnung zur Arbeitsstätte pro Kalendermonat	Pendlerpauschale steht in folgendem Ausmaß zu
1–3	kein Anspruch
4–7	1/3
8–10	2/3
ab 11	voller Anspruch

Tab 12: Anteiliger Anspruch auf das Pendlerpauschale

Praxistipp

Das **Pendlerpauschale** ist auch für **Feiertage**, für **Krankenstandstage** und für **Urlaubstage** zu berücksichtigen. Steht daher das Pendlerpauschale im Regelfall zu, tritt durch derartige Zeiträume keine Änderung ein.[162]

Lediglich bei ganzjährigem Krankenstand liegt während des gesamten Kalenderjahres kein Aufwand für Fahrten zwischen Wohnung und Arbeitsstätte vor, sodass ganzjährig kein Pendlerpauschale zusteht.

Bei einer Karenz jeglicher Art (einschließlich Zeiträume mit Beschäftigungsverbot) liegt kein Aufwand für Fahrten zwischen Wohnung und Arbeitsstätte vor, sodass eine pauschale Abgeltung eines derartigen Aufwandes im Wege des Pendlerpauschales nicht in Betracht kommt. Erfolgt während einer Karenzierung eine Beschäftigung, kann bei Vorliegen der Voraussetzungen aufgrund dieser Beschäftigung ein Anspruch auf ein Pendlerpauschale gegeben sein.[163]

162 § 16 Abs 1 Z 6 h EStG.
163 LStR Rz 263.

Beispiel zum Pendlerpauschale[164]

Ein Dienstverhältnis beginnt am 25.4., die Fahrtstrecke zwischen Wohnung und Arbeitsstätte beträgt 25 km. In diesem Monat ist an den sechs Arbeitstagen die Benützung eines öffentlichen Verkehrsmittels bei der Hin- und Rückfahrt zumutbar.

Lösung

Da die Benützung eines öffentlichen Verkehrsmittels zumutbar ist, steht das kleine Pendlerpauschale zu. Der Monat umfasst an sechs Tagen Fahrten von der Wohnung zur Arbeitsstätte. Daher seht das kleine Pendlerpauschale in diesem Kalendermonat zu einem Drittel zu.

Unter Berücksichtigung der speziellen Hochrechnungsvorschrift aus den Lohnsteuerrichtlinien sind pro Jahr von 360 Lohnsteuertagen auszugehen. Daher lautet die Berechnung wie folgt:

EUR 696 × 1/3 = EUR 232

EUR 232 / 360 (Tage) × 6 (Tage) = EUR 3,87

Praxistipp

Fahrtkostenersätze des Arbeitgebers für Fahrten zwischen **Wohnung** und **Arbeitsstätte** sind **Einkünfte aus nichtselbständiger Arbeit**. Mit solchen Fahrten verbundene Aufwendungen werden durch den Verkehrsabsetzbetrag sowie das Pendlerpauschale berücksichtigt.

Fahrtkostenersätze hingegen im Zusammenhang mit Dienstreisen sind insoweit **steuerpflichtig**, als sie das Taggeld und Nächtigungsgeld für Dienstreisen übersteigen. Die Beförderung des Arbeitnehmers im Werkverkehr stellt keinen Vorteil aus dem Dienstverhältnis dar.[165]

8.2.5. Öffi-Ticket

Zu den Einkünften aus nichtselbständiger Arbeit gehört **nicht**: „die Übernahme der Kosten der **Wochen**-, **Monats**- oder **Jahreskarte** für ein Massenbeförderungsmittel durch den Arbeitgeber für seine Arbeitnehmer, sofern die Karte zumindest am **Wohn**- oder **Arbeitsort** gültig ist."[166]

Die Kosten des Öffi-Tickets sind beim Arbeitgeber Betriebsausgaben und verursachen keine Sozialversicherungspflicht und keine Lohnnebenkosten (kein DB, kein DZ, keine KommSt).[167]

164 LStR Rz 250a.
165 LStR Rz 657.
166 § 26 Z 5b EStG.
167 § 49 Abs 3 Z 20 ASVG.

Praxistipp Ausgaben für eine Wochen-, Monats- oder Jahreskarte für Massenbeförderungsmittel bei Selbständigen

Die Ausgaben für eine Wochen-, Monats- oder Jahreskarte für Massenbeförderungsmittel, soweit die Fahrten durch den Betrieb veranlasst sind, stellen Betriebsausgaben dar.

Ohne weiteren Nachweis können 50 % der aufgewendeten Kosten für eine nicht übertragbare Wochen-, Monats- oder Jahreskarte für Einzelpersonen geltend gemacht werden, wenn glaubhaft gemacht wird, dass diese Karte auch für betrieblich veranlasste Fahrten verwendet wird.[168]

Bis zu dieser Gesetzesänderung 2022 mussten Selbstständige bei Netzkarten für öffentliche Verkehrsmittel, die sowohl privat als auch betrieblich genutzt wurden, eine Aufzeichnung über den Anlass der jeweiligen Fahrt erstellen und die Kosten entsprechend der Nutzung aufteilen. Durch diese Gesetzesänderung kommt es zu einer Verwaltungsvereinfachung.

Die einzige Voraussetzung ist, dass glaubhaft gemacht wird, dass die Karte auch für den betrieblichen Zweck verwendet wird.

Die Begünstigung steht auch zu, wenn der Arbeitgeber nur einen **Teil der Kosten des Öffi-Tickets** übernimmt oder diese (teilweise) Kostenübernahme im Rahmen der monatlichen Gehaltsauszahlung erfolgt.

8.2.5.1. Ticketart

Die Begünstigung des Öffi-Tickets gilt unabhängig von der Ticketart (Netzkarte, Streckenkarte, Klimaticket, ÖsterreichCard der ÖBB etc) und muss den Arbeitnehmer jedenfalls zu Fahrten entweder am **Wohnort** oder am **Arbeitsort** berechtigen.

Der Arbeitgeber kann dem Arbeitnehmer eine Wochen-, Monats- oder Jahreskarte **nicht steuerbar** zur Verfügung stellen oder die **entsprechenden Kosten nicht steuerbar** ersetzen.

Einzelfahrscheine und Tageskarten sind nicht von der Begünstigung umfasst.

Der Vorteil des Arbeitnehmers bei Kostenübernahme für bestimmte Fahrkarten für öffentliche Verkehrsmittel durch den Arbeitgeber stellt keinen steuerpflichtigen Sachbezug dar.

Die Begünstigung des Tickets ist demnach nicht auf die Strecke zwischen Wohnung und Arbeitsstätte eingeschränkt.

Praxistipp

Es ist möglich, dass das Öffi-Ticket nur am Wohnort oder nur am Arbeitsort gültig ist.

168 § 4 Abs 4 Z 5 EStG.

8.2.5.2. Geltungszeitraum

Das Öffi-Ticket gilt für Lohnzahlungszeiträume seit 1.7.2021. Das bedeutet, dass der Vorteil des Arbeitnehmers bei Kostenübernahme für bestimmte Fahrkarten für öffentliche Verkehrsmittel durch den Arbeitgeber **keinen steuerpflichtigen Sachbezug** darstellt, wenn das Ticket nach dem 30.6.2021 erworben wurde.

Der Arbeitgeber kann dem Arbeitnehmer eine Wochen-, Monats- oder Jahreskarte **nicht steuerbar zur Verfügung** stellen oder die **entsprechenden Kosten nicht steuerbar** ersetzen.

Als Ticketerwerb gilt auch die **Verlängerung von Tickets**, insbesondere von Jahreskarten seit dem 1.7.2021. Das Öffi-Ticket darf **grundsätzlich auch übertragbar** sein, wenn dafür allerdings Zusatzkosten anfallen, sind nur jene Kosten begünstigt, die für eine nicht übertragbare Karte zu leisten wären.

Praxistipp
Einzelfahrscheine und Tageskarten sind **nicht** von der Begünstigung umfasst.

8.2.5.3. Übernahme der Kosten durch den Dienstgeber ab 2023

Die Begünstigung kommt unabhängig davon zur Anwendung, wer das Ticket kauft. Es kann

- der **Arbeitgeber** das Öffi-Ticket **kaufen** und dem **Arbeitnehmer zur Verfügung stellen** (mit oder ohne Kostenbeitrag des Arbeitnehmers) oder
- der **Arbeitnehmer** das Öffi-Ticket **kaufen** und der **Arbeitgeber ersetzt dem Arbeitnehmer** die Kosten des Tickets ganz oder teilweise.

Kostenbeiträge des Arbeitnehmers zum Öffi-Ticket sind grundsätzlich dem Anteil der Privatnutzung des Öffi-Tickets zuzuordnen und sind daher nicht als Werbungskosten abzugsfähig.

Stellt der Arbeitgeber dem Arbeitnehmer eine Wochen-, Monats- oder Jahreskarte unentgeltlich zur Verfügung oder übernimmt er einen Kostenanteil des Tickets, ist das Pendlerpauschale zuerst so zu berechnen, als ob keine Zurverfügungstellung eines Öffi-Tickets stattfände.

Es ist also die gesamte Strecke Wohnung-Arbeitsstätte zu berücksichtigen und das **Pendlerpauschale** ist über eine entsprechende Abfrage im Pendlerrechner zu ermitteln.

Von diesem errechneten **Pendlerpauschale** ist jener Betrag, der vom Arbeitgeber als Öffi-Ticket zugewendet wird, abzuziehen.

Der Wert eines für mehrere Monate gültigen Tickets ist dabei gleichmäßig auf die Monate der Gültigkeit zu verteilen. Dies kann auch dazu führen, dass ein Öffi-Ticket in mehreren Veranlagungsjahren zu einer Reduktion des Pendlerpauschales führt.

Kürzt ein vom Arbeitgeber zugewendetes Öffi-Ticket das Pendlerpauschale auf null, bleibt der Anspruch auf den (erhöhten) Verkehrsabsetzbetrag bestehen.

Auch der Anspruch auf den Pendlereuro bleibt von dieser Kürzung unberührt.

Beispiel Öffi-Ticket und Pendlerpauschale – Variante A

(ohne Berücksichtigung der befristeten Erhöhung von Mai 2022 bis Juni 2023, siehe LStR Rz 249a):

A pendelt von ihrem Wohnort Mattersburg an 19 Arbeitstagen zu ihrer Arbeitsstätte in Wien; es steht A laut Pendlerrechner ein kleines Pendlerpauschale in Höhe von EUR 2.016 pro Jahr oder EUR 168 EUR pro Monat zu.

Der Pendlereuro pro Jahr ist EUR 142 EUR.

Variante A: Der Arbeitgeber wendet ab Jänner 2023 die Kosten einer Wiener Jahreskarte im Wert von EUR 365 dem Dienstnehmer zu.

Lösung

Der Arbeitgeber berücksichtigt das Pendlerpauschale in der laufenden Lohnverrechnung; mit der Übernahme der Kosten des Wiener Jahrestickets ist ab Jänner 1/12 der Jahreskarte zur berücksichtigen: EUR 365 : 12 = EUR 30,42.

Vom monatlichen Pendlerpauschale von EUR 168 ist EUR 30,42 abzuziehen. Somit erhält A monatlich 137,58 Euro an Pendlerpauschale.

Der Pendlereuro steht für die gesamte Strecke ungekürzt zu. (Entnommen LStR Rz 271a)

Beispiel Öffi-Ticket und Pendlerpauschale – Variante B

(ohne Berücksichtigung der befristeten Erhöhung von Mai 2022 bis Juni 2023, siehe LStR Rz 249a):

A pendelt von ihrem Wohnort Mattersburg an 19 Arbeitstagen zu ihrer Arbeitsstätte in Wien; es steht A laut Pendlerrechner ein kleines Pendlerpauschale in Höhe von EUR 2.016 pro Jahr oder EUR 168 EUR pro Monat zu.

Der Pendlereuro pro Jahr ist EUR 142 EUR und steht dem Dienstnehmer ungekürzt zu.

Variante B: A erhält von ihrem Arbeitgeber das Klimaticket für das gesamte Bundesgebiet im Wert von EUR 1.095.

Lösung

Ihr steht eine Pendlerpauschale EUR 921 Euro/Jahr (= 2.016 – 1.095) zu.

Der Pendlereuro steht für die gesamte Strecke ungekürzt zu.

Beispiel Öffi-Ticket und Pendlerpauschale – Variante C

(ohne Berücksichtigung der befristeten Erhöhung von Mai 2022 bis Juni 2023, siehe Rz 249a):

A pendelt von ihrem Wohnort Mattersburg an 19 Arbeitstagen zu ihrer Arbeitsstätte in Wien; es steht A laut Pendlerrechner ein kleines Pendlerpauschale in Höhe von EUR 2.016 pro Jahr oder EUR 168 EUR pro Monat zu.

Der Pendlereuro pro Jahr ist EUR 142 EUR und steht dem Dienstnehmer ungekürzt zu.

Variante C: Der Arbeitgeber übernimmt EUR 500 Euro der Kosten für ein VOR-Klimaticket. Kosten des Klimaticket EUR 860.

Lösung

Der Arbeitgeber übernimmt EUR 500 Euro der Kosten für ein VOR-Klimaticket, die restlichen 360 Euro muss A selbst begleichen. A steht daher ein Pendlerpauschale von EUR 1.516 Euro /Jahr (= EUR 2.016 – EUR 500) zu.

Der Pendlereuro für die gesamte Strecke Wohnung-Arbeitsstätte steht ungekürzt zu.

Beispiel Öffi-Ticket und Pendlerpauschale – Variante D

(ohne Berücksichtigung der befristeten Erhöhung von Mai 2022 bis Juni 2023, siehe LStR Rz 249a):

A pendelt von ihrem Wohnort Mattersburg an 19 Arbeitstagen zu ihrer Arbeitsstätte in Wien; es steht A laut Pendlerrechner ein kleines Pendlerpauschale in Höhe von EUR 2.016 pro Jahr oder EUR 168 EUR pro Monat zu.

Der Pendlereuro pro Jahr ist EUR 142 EUR und steht dem Dienstnehmer ungekürzt zu.

Variante D:

Der Arbeitgeber übernimmt EUR 800 Euro der Kosten für ein VOR-Klimaticket. Kosten des Klimatickets EUR 860. Dieses ist von Juli 2023 bis einschließlich Juni 2024 gültig.

Die restlichen 60 Euro der Kosten für das VOR-Klimaticket muss A selbst begleichen.

Lösung

Die Zuwendung von EUR 80 ist verhältnismäßig auf den Zeitraum der Gültigkeit zu verteilen.

Da sowohl im Jahr 2023 als auch 2024 jeweils für sechs Monate eine Kostenübernahme stattfindet, ist die Zuwendung in beiden Jahren je zur Hälfte vom Pendlerpauschale abzuziehen:

A steht daher in beiden Jahren ein Pendlerpauschale von 1.616 Euro/Jahr (= 2.016 – 400) und ein Pendlereuro für die gesamte Strecke Wohnung-Arbeitsstätte iHv 142 Euro zu.

8.2.5.4. Dienstreise

Wird das begünstigte Öffi-Ticket auch für **Dienstreisen** verwendet, dürfen keine zusätzlichen Fahrtkostenersätze für die vom Ticket umfassten Strecken geleistet werden.

Werden vom Arbeitgeber zunächst nicht die vollen Kosten des Öffi-Tickets ersetzt, können in diesen Fällen weitere Kostenbeiträge[169] bis zur Höhe der Gesamtkosten des Öffi-Tickets gewährt werden.

169 § 26 Z 5 lit b EStG.

Fallen bei Dienstreisen Fahrtkosten außerhalb der vom Öffi-Ticket abgedeckten Fahrtstrecke an oder wird das Öffi-Ticket nachweislich nicht für Dienstreisen verwendet, können Fahrtkostenersätze (zB Kilometergelder, Taxikosten) nicht steuerbar vom Arbeitgeber ausbezahlt werden.[170]

Dies gilt auch bei Aufzahlungen für zB 1. Klasse oder ein Business-Ticket.

Verwendet der Arbeitnehmer sein privat gekauftes Öffi-Ticket nachweislich für Dienstreisen, kann der Arbeitgeber die fiktiven Kosten für das günstigste öffentliche Verkehrsmittel als Reisekostenersätze nicht steuerbar ersetzen.

Leistet der Arbeitgeber in diesen Fällen keine oder nur teilweise Reisekostenersätze, können vom Arbeitnehmer für die von ihm durchgeführten beruflichen Fahrten (mit Ausnahme der Fahrten Wohnung-Arbeitsstätte) die fiktiven Kosten für das günstigste öffentliche Verkehrsmittel im Schätzungswege als (Differenz-)Werbungskosten angesetzt werden.

8.2.5.5. Beendigung des Dienstverhältnisses vor Ablauf der Gültigkeit des Öffi-Tickets

Bei Beendigung des Dienstverhältnisses vor **Ablauf der Gültigkeit des Öffi-Tickets** liegt grundsätzlich für Zeiträume nach Beendigung des Dienstverhältnisses ein **steuerpflichtiger Sachbezug** vor. Dieser ist als **sonstiger Bezug** zu versteuern.

Erstattet der Arbeitnehmer dem Arbeitgeber diesen Betrag, ist kein Sachbezug anzusetzen.

Ein vor einer Unterbrechung des Arbeitsverhältnisses gewährtes Öffi-Ticket bleibt auch während der Unterbrechung steuerbegünstigt, solange das Arbeitsverhältnis arbeitsrechtlich aufrecht ist (zB Karenzierung, Präsenzdienst).[171]

Beispiel

Der Dienstgeber ersetzt dem Dienstnehmer die Kosten einer Jahreskarte in Höhe von EUR 365. Die Laufzeit der Jahreskarte ist vom 1.2.2022 bis zum 31.1.2023. Das Dienstverhältnis wird einvernehmlich am 30.6.2022 beendet.

Lösung

Für die Laufzeit von 1.7.2022 bis 31.1.2023 ist der Anteil der Jahreskarte (EUR 365 : 12 × 7 = EUR 212,92) steuer- und sozialversicherungspflichtiger Sachbezug.

8.2.6. Absetzbeträge

Absetzbeträge werden von der berechneten Einkommensteuer (Lohnsteuer) abgezogen und reduzieren die Steuerschuld. Im Gegensatz dazu reduzieren Frei-

170 § 26 Z 4 EStG.
171 LStR Rz 750f.

beträge die Bemessungsgrundlage und wirken nur anteilig reduzierend auf die Steuerschuld.

8.2.6.1. Alleinverdienerabsetzbetrag

Der Alleinverdienerabsetzbetrag steht zu, wenn ein Steuerpflichtiger mit mindestens einem Kind[172] **mehr als sechs Monate** im Kalenderjahr

- **verheiratet** oder **eingetragener Partner** ist und von seinem unbeschränkt steuerpflichtigen Ehegatten oder eingetragenen Partner nicht dauernd getrennt lebt oder
- mit einer **unbeschränkt steuerpflichtigen Person** in einer **Lebensgemeinschaft** lebt.

Beispiel zur Fristberechnung – Alleinverdienerabsetzbetrag Beispiel 1

Eine Lebensgemeinschaft wird im Juni begründet (Beziehen der gemeinsamen Wohnung). Am 30. Juni kommt ein Kind zur Welt (Anspruch auf den Kinderabsetzbetrag ab Juni).

Lösung

Der Alleinverdienerabsetzbetrag steht zu, wenn die Lebensgemeinschaft mit Kind bis zum 31. Dezember besteht.

Beispiel zur Fristberechnung – Alleinverdienerabsetzbetrag Beispiel 2

Eine Ehe besteht während des gesamten Kalenderjahres. Im August kommt ein Kind zur Welt (Anspruch auf den Kinderabsetzbetrag ab August).

Lösung

Der Alleinverdienerabsetzbetrag steht nicht zu.

Der **Absetzbetrag** beträgt jährlich (Werte für 2023)

- bei einem Kind EUR 520,
- bei zwei Kindern EUR 704,
- bei drei Kindern EUR 936,
- für jedes weitere Kind erhöht sich dieser Betrag um jeweils EUR 232.

Praxistipp

In einer Ehe oder eingetragenen Partnerschaft oder in einer Lebensgemeinschaft mit mindestens einem Kind darf der (Ehe-)Partner Einkünfte von höchstens EUR 6.312 (Wert für 2023) Kalenderjahr beziehen.

Die Berücksichtigung des Alleinverdienerabsetzbetrages kann bereits bei der monatlichen Lohnverrechnung oder im Veranlagungsverfahren erfolgen.

172 § 106 Abs 1 EStG.

Praxistipp

Die für **Kinder**, die sich **ständig in anderen** Mitgliedstaaten der Europäischen Union, in Staaten des Europäischen Wirtschaftsraumes oder in der Schweiz aufhalten, ursprüngliche vorgesehene **Indexierung** der familienbezogenen Absetzbeträge (Familienbonus Plus, Kindermehrbetrag, Alleinverdiener-, Alleinerzieher- und Unterhaltsabsetzbetrag) anhand der tatsächlichen Lebenshaltungskosten für Kinder **entspricht nicht dem EU-Recht** und wurde daher aufgehoben.

8.2.6.2. Alleinerzieherabsetzbetrag

Einem Alleinerzieher steht ein Alleinerzieherabsetzbetrag zu. Alleinerzieher ist eine Person, die mit mindestens einem Kind[173] mehr als sechs Monate nicht in einer Gemeinschaft mit einem (Ehe-)Partner lebt (zB ledig, verwitwet, geschieden oder von seinem Ehegatten dauernd getrennt lebend).

Die Berücksichtigung des Alleinverdienerabsetzbetrages kann bereits bei der monatlichen Lohnverrechnung oder im Veranlagungsverfahren erfolgen.

Der **Absetzbetrag** beträgt jährlich (Werte für 2023)

- bei einem Kind EUR 520,
- bei zwei Kindern EUR 704,
- bei drei Kindern EUR 936,
- für jedes weitere Kind erhöht sich dieser Betrag um jeweils EUR 232.

Praxistipp

Die Berücksichtigung des Alleinerzieherabsetzbetrages kann bereits bei der monatlichen Lohnverrechnung oder im Veranlagungsverfahren erfolgen.

Praxistipp

Die für **Kinder**, die sich **ständig in anderen** Mitgliedstaaten der Europäischen Union, in Staaten des Europäischen Wirtschaftsraumes oder in der Schweiz aufhalten, ursprüngliche vorgesehene **Indexierung** der familienbezogenen Absetzbeträge (Familienbonus Plus, Kindermehrbetrag, Alleinverdiener-, Alleinerzieher- und Unterhaltsabsetzbetrag) anhand der tatsächlichen Lebenshaltungskosten für Kinder **entspricht nicht dem EU-Recht** und wurde daher aufgehoben.

173 § 106 Abs 1 EStG.

8.2.6.3. Unterhaltsabsetzbetrag

Der **Unterhaltsabsetzbetrag** steht einem Steuerpflichtigen, der für **ein Kind** den gesetzlichen Unterhalt leistet, wenn

- sich das Kind in einem Mitgliedstaat der Europäischen Union, einem Staat des Europäischen Wirtschaftsraumes oder in der Schweiz aufhält und
- das Kind nicht seinem Haushalt angehört und
- für das Kind weder ihm noch seinem nicht dauernd getrennt lebenden (Ehe-) Partner Familienbeihilfe gewährt wird.[174]

Der **Absetzbetrag beträgt jährlich** (Werte für 2023):

- bei einem Kind EUR 31,
- bei zwei Kindern EUR 47,
- für jedes weitere Kind jeweils EUR 62.

Der Unterhaltsabsetzbetrag steht erstmalig für den Kalendermonat zu, für den Unterhalt zu leisten ist und auch tatsächlich geleistet wird. Die Berücksichtigung des Unterhaltsabsetzbetrages erfolgt im Veranlagungsverfahren.[175]

Für Unterhaltsleistungen an volljährige Kinder, für die keine Familienbeihilfe ausbezahlt wird, steht kein Unterhaltsabsetzbetrag zu.[176]

Praxistipp

Die für **Kinder**, die sich **ständig in anderen** Mitgliedstaaten der Europäischen Union, in Staaten des Europäischen Wirtschaftsraumes oder in der Schweiz aufhalten, ursprüngliche vorgesehene **Indexierung** der familienbezogenen Absetzbeträge (Familienbonus Plus, Kindermehrbetrag, Alleinverdiener-, Alleinerzieher- und Unterhaltsabsetzbetrag) anhand der tatsächlichen Lebenshaltungskosten für Kinder **entspricht nicht dem EU-Recht** und wurde daher aufgehoben.

8.2.6.4. Verkehrsabsetzbetrag

Ein **Verkehrsabsetzbetrag** von jährlich **EUR 421** (Wert für 2023) steht allen Arbeitnehmern zu, die Einkünfte aus einem bestehenden Dienstverhältnis beziehen, und zwar auch dann, wenn sie nicht dem Lohnsteuerabzug unterliegen. Dieser Absetzbetrag deckt den **normalen Aufwand** für **Fahrten** zwischen **Wohnung** und **Arbeitsstätte** ab.

Über den Normalfall hinaus werden Aufwendungen für Fahrten zwischen Wohnung und Arbeitsstätte durch das **Pendlerpauschale** berücksichtigt.[177]

174 § 33 Abs 4 Z 3 EStG.
175 LStR Rz 795.
176 § 34 Abs 7 Z 5 EStG.
177 § 16 Abs 1 Z 6 EStG.

Der **erhöhte Verkehrsabsetzbetrag** von **EUR 726** (Wert für 2023) steht zu, wenn Anspruch auf ein Pendlerpauschale besteht und das Einkommen nicht höher ist als EUR 12.835 (Wert für 2023) im Jahr.[178]

Bei Einkommen zwischen EUR 12.835 (Wert für 2023) und EUR 13.676 (Wert für 2023) wird der erhöhte Verkehrsabsetzbetrag gleichmäßig auf den Verkehrsabsetzbetrag von EUR 421 (Wert für 2023) eingeschliffen.[179]

Arbeitnehmer erhalten bis zu bestimmten Einkommensgrenzen einen Zuschlag zum Verkehrsabsetzbetrag.

8.2.6.4.1. Zuschlag zum Verkehrsabsetzbetrag

Der Zuschlag beträgt bis zu EUR 684 (EUR 2023) und erhöht sowohl den Verkehrsabsetzbetrag als auch den erhöhten Verkehrsabsetzbetrag:

- Bis zu einem Einkommen von EUR 16.832 (Wert 2023) im Kalenderjahr beträgt der Zuschlag EUR 684 (Wert 2023).
- Bei einem Einkommen zwischen EUR 16.832 (Wert 2023) und EUR 25.774 (Wert 2023) vermindert sich der Zuschlag zum Verkehrsabsetzbetrag gleichmäßig einschleifend.
- Bei einem Einkommen ab EUR 25.774 (Wert 2023) steht kein Zuschlag mehr zu.

Der **Verkehrsabsetzbetrag** erhöht sich um EUR **650** (Zuschlag), wenn das Einkommen des Steuerpflichtigen EUR 16.000 Euro im Kalenderjahr nicht übersteigt. Der Zuschlag vermindert sich zwischen Einkommen von EUR 16.000 EUR und 24.500 gleichmäßig einschleifend auf null.[180]

Dies Bestimmung wurde mit dem Ökosozialen Steuerreformgesetz 2022 geändert und gilt erstmals ab der Veranlagung für das Kalenderjahr 2021.

Der **Verkehrsabsetzbetrag** schließt den **Pensionistenabsetzbetrag** aus.

8.2.6.5. Pensionistenabsetzbetrag

Für Pensionisten tritt an die Stelle des Verkehrsabsetzbetrages ein Pensionistenabsetzbetrag bis zu EUR 868 (Wert für 2023)

Der Pensionistenabsetzbetrag vermindert sich gleichmäßig einschleifend zwischen zu versteuernden Pensionseinkünften von EUR 18.410 (Wert für 2023) und EUR 26.826 (Wert für 2023) auf EUR 0.

---

178 § 33 Abs 5 Z 2 EStG.
179 LStR Rz 807.
180 § 33 Abs 5 Z 3 EStG.

Maßgeblich für die Einschleifung sind nicht die gesamten Jahreseinkünfte, sondern nur die Pensionseinkünfte. Das sind die laufenden Bruttopensionsbezüge abzüglich Werbungskosten (zB Sozialversicherung).[181]

8.2.6.6. Kinderabsetzbetrag

Einem Steuerpflichtigen, dem auf Grund des Familienlastenausgleichsgesetzes Familienbeihilfe gewährt wird, steht im Wege der gemeinsamen Auszahlung mit der Familienbeihilfe ein Kinderabsetzbetrag von monatlich EUR 61,80 (Wert 2023) für jedes Kind zu.

Ab dem Kalenderjahr 2023 wird der Kinderabsetzbetrag jährlich ab 1.1. mit dem Anpassungsfaktor vervielfacht. Der erhöhte Kinderabsetzbetrag wird jährlich bis spätestens 15.11. per Verordnung kundgemacht.[182]

8.2.6.7. Pendlereuro

Besteht Anspruch auf das Pendlerpauschale,[183] dann steht auch ein Pendlereuro[184] zu. Dieser **Absetzbetrag** betrug bis 31.4.2022 und beträgt ab 1.7.2023 jährlich 2023 EUR 2 pro km der einfachen Fahrtstrecke zwischen Wohnung und Arbeitsstätte.

In den Monaten Mai 2022 bis Juni 2023 steht zusätzlich ein Pendlereuro von monatlich EUR 0,50 Euro pro Kilometer der einfachen Fahrtstrecke zwischen Wohnung und Arbeitsstätte zu. In dieser Zeit ist der Jahresbetrag statt EUR 2,00 EUR 8,00.

Der Pendlereuro beträgt monatlich pro Kilometer in den betroffenen Monaten daher rund 0,67 Euro.

Bei der Berechnung des Pendlereuros ist die Aliquotierung des Pendlerpauschales entsprechend heranzuziehen.

Beispiel zum Pendlerpauschale und Pendlereuro

Die Wegstrecke Wohnung–Arbeitsstätte beträgt 20 km (kleines Pendlerpauschale). Der Arbeitnehmer A fährt diese Wegstrecke viermal monatlich.

Lösung

Es steht das aliquote kleine **Pendlerpauschale** (ein Drittel des Freibetrages) für eine Wegstrecke von 20–40 km zu. Weiters steht ein aliquoter Pendlereuro (ein Drittel des Absetzbetrages) zu.

- **Pendlerpauschale (monatlicher Freibetrag in der Zeit bis 31.4.2022 und beträgt ab 1.7.2023):** EUR 696 / 12 (Monate) / 3 = EUR 19,33
- **Pendlerpauschale (monatlicher Freibetrag in der Zeit von Mai 2022 bis Juni 2023):** EUR 1.044 / 12 (Monate) / 3 = EUR 29,00

181 § 33 Abs 6 EStG.
182 LStR Rz 790.
183 § 16 Abs 1 Z 6 EStG.
184 § 33 Abs 5 Z 4 EStG.

- **Pendlereuro (monatlicher Absetzbetrag in der Zeit bis 31.4.2022 und beträgt ab 1.7.2023):** EUR 40 (20 × EUR 2) / 12 (Monate) / 3 = EUR 1,11
- **Pendlereuro (monatlicher Absetzbetrag in der Zeit von Mai 2022 bis Juni 2023):** EUR 40 (20 × EUR 8) / 12 (Monate) / 3 = EUR 4,44

8.2.7. Zuschuss des Arbeitgebers für Kinderbetreuung

Arbeitgeber können Arbeitnehmern einen **Zuschuss für die Kinderbetreuung** gewähren. Begünstigt sind Arbeitnehmer, denen für das Kind mehr als sechs Monate im Kalenderjahr der Kinderabsetzbetrag zusteht. Kinderbetreuungszuschüsse an freie Dienstnehmer sind nicht steuerbefreit.[185]

Wird der Kinderabsetzbetrag dem (Ehe)Partner des Arbeitnehmers gewährt, dann steht die Steuerbefreiung nicht zu.

Begünstigtes Kind ist eines, dem die Familienbeihilfe zusteht[186], für das dem Arbeitnehmer selbst der Kinderabsetzbetrag zusteht und das zu Beginn des Kalenderjahres das 10. Lebensjahr noch nicht vollendet hat. Der Kinderabsetzbetrag steht nur dann zu, wenn sich das Kind ständig im Inland, in einem Mitgliedstaat der Europäischen Union, einem Staat des Europäischen Wirtschaftsraumes oder der Schweiz aufhält.

Pro begünstigtem Kind ist höchstens ein Zuschuss von EUR 1.000 (Wert 2023) jährlich steuerfrei.

8.2.8. Sonderausgaben

Sonderausgaben sind Ausgaben der privaten Lebensführung, die das Gesetz ausdrücklich einkommensmindernd zum Abzug zulässt. Nur folgende im Einkommensteuergesetz erschöpfend aufgezählte Aufwendungen können als Sonderausgaben steuerlich berücksichtigt werden:

- **Renten und dauernde Lasten;**[187]
- **Weitersicherung in der gesetzlichen Pensionsversicherung;**[188]
- **Kirchenbeiträge** von gesetzlich anerkannten Kirchen und Religionsgemeinschaften bis höchstens EUR 400 pro Jahr;[189]
- **Steuerberatungskosten;**[190]
- **Spenden;**[191]

---

185 § 3 Abs 1 Z 13 lit b EStG.
186 § 106 Abs 1 EStG.
187 § 18 Abs 1 Z 1 EStG.
188 § 18 Abs 1 Z 1a EStG.
189 § 18 Abs 1 Z 5 EStG.
190 § 18 Abs 1 Z 6 EStG.
191 § 18 Abs 1 Z 7 EStG.

- **Verlustvorträge:** Als Sonderausgaben sind auch Verluste abzuziehen, die in einem vorangegangenen Jahr entstanden sind (Verlustabzug). Dies gilt nur, wenn die Verluste durch ordnungsmäßige Buchführung oder durch ordnungsgemäße Einnahmen-Ausgaben-Rechnung ermittelt worden sind und soweit die Verluste nicht bereits bei der Veranlagung für die vorangegangenen Kalenderjahre berücksichtigt wurden.[192]

Praxistipp

Beiträge zur freiwilligen Personenversicherung (gemeint sind Kranken-, Pensions- und Unfallversicherungen): Letztmalig 2020 abzugsfähig und nur dann, wenn die Verträge vor dem 1.1.2016 abgeschlossen wurden.

Aufwendungen zur Wohnraumschaffung und Wohnraumsanierung: Letztmalig 2020 abzugsfähig und nur dann, wenn die Verträge vor dem 1.1.2016 abgeschlossen wurden.

8.2.8.1. Sonderausgaben für die thermische-energetische Sanierung von Gebäuden und für den Ersatz eines fossilen Heizungssystems durch ein klimafreundliches Heizungssystem

Kosten für umfassende **thermische Sanierungsmaßnahmen** und Kosten für den **Austausch fossiler Heizungssysteme** können erstmalig für das **Kalenderjahr 2022** pauschal als **Sonderausgaben** in Abzug gebracht werden.

Dem Sonderausgabenbegriff entsprechend sollen nur **private Ausgaben** Berücksichtigung finden, dh Ausgaben, die in keinem wirtschaftlichen Zusammenhang mit einer Einkunftsart stehen und daher keine Betriebsausgaben oder Werbungskosten darstellen.[193]

Demnach berechtigen insbesondere Ausgaben im Zusammenhang mit **betrieblich genutzten Gebäuden** oder im Rahmen von **Vermietung und Verpachtung nicht** zum **Sonderausgabenabzug**.[194]

Der Abzugsfähigkeit soll aber nicht im Wege stehen, dass eine Wohnungseigentümergemeinschaft[195] Sanierungsmaßnahmen vornehmen lässt. Gleichfalls soll es nicht erheblich sein, ob die finanzielle Deckung entsprechender Maßnahmen aus der Rücklage[196] zur Vorsorge für künftige Aufwendungen gegeben ist – diesfalls soll den Miteigentümern eine anteilige Abzugsfähigkeit zukommen.

192 § 18 Abs 6 EStG.
193 § 18 Abs 1 UStG.
194 LStR Rz 573b.
195 § 18 WEG.
196 § 31 WEG.

Folgende **Voraussetzungen** müssen für die **Inanspruchnahme des Sonderausgabenabzugs** vorliegen:

- Im Sinne der Verwaltungsvereinfachung soll die Abzugsfähigkeit an eine **Förderungsauszahlung** gemäß dem 3. Abschnitt des Umweltförderungsgesetzes geknüpft sein. Damit soll gleichzeitig eine einheitliche Definition des Fördergegenstandes geschaffen und die Treffsicherheit der steuerlichen Förderung sichergestellt werden. Es sollen ausschließlich Förderungen des Bundes berücksichtigt werden; im Regelfall werden diese von der Kommunalkredit Public Consulting GmbH (KPC) ausbezahlt.[197]
- Den Sonderausgabenabzug kann nur der Empfänger der Förderung in Anspruch nehmen. Bei **Eigentümergemeinschaften** ist jeder Eigentümer anspruchsberechtigt. Wird eine Förderung an eine Personengesellschaft ausbezahlt, kommen die Gesellschafter, die natürliche Personen sind, als Förderungsempfänger in Betracht, soweit die ihnen zuzurechnenden Ausgaben keine Betriebsausgaben oder Werbungskosten darstellen.
- Im Falle einer **Wohnungseigentumsgemeinschaft** müssen zwecks Inanspruchnahme des Sonderausgabenpauschales durch die einzelnen Miteigentümer bei der Endabrechnung jene Eigentümer bekannt gegeben werden, die das Sonderausgabenpauschale in Anspruch nehmen möchten. In der Folge müssen die Gesamtkosten der geförderten Sanierungsmaßnahme auf die einzelnen Eigentümer nach dem Nutzungsverhältnis aufgeteilt werden, um festzustellen, ob die gesetzlich genannten Grenzen im Falle einer **thermisch-energetischen Sanierung EUR 4.000**[198] bzw bei **Austausch eines fossilen Heizungssystems EUR 2.000**[199] überschritten werden.
- Mit dem Verweis auf die neu geschaffene Regelung über die Datenübermittlung im **Transparenzdatenbankgesetz** wird diese als Voraussetzung für die Berücksichtigung eines Sonderausgabenabzugs normiert. Bei Erfüllung der Voraussetzungen können diese Sonderausgaben automatisch von der Abgabenbehörde im Rahmen der Veranlagung berücksichtigt werden. Damit soll der administrative Aufwand für die Bürger minimiert werden.
- Die Abzugsfähigkeit soll nur dann gegeben sein, wenn die getätigten Ausgaben im Falle einer **thermisch-energetischen Sanierung EUR 4.000**[200] bzw bei **Austausch eines fossilen Heizungssystems EUR 2.000**[201] übersteigen.[202]
- Diese (einschränkenden) Voraussetzungen sollen der Vermeidung einer steuerlichen Überförderung dienen.

197 LStR Rz 573c.
198 § 18 Abs 1 Z 10 lit a sublit cc EStG.
199 § 18 Abs 1 Z 10 lit b sublit cc EStG.
200 § 18 Abs 1 Z 10 lit a sublit cc EStG.
201 § 18 Abs 1 Z 10 lit b sublit cc EStG.
202 LSt/R Rz 573f.

Beispiel zu Ausgaben für den Ersatz eines fossilen Heizungssystems durch ein klimafreundliches Heizungssystem

Für den Fernwärmeanschluss eines Wohngebäudes werden EUR 16.100 bezahlt. Der Bund gewährt eine Förderung nach dem 3. Abschnitt des Umweltförderungsgesetzes in Höhe von EUR 7.500 und das Bundesland (auf landesgesetzlicher Grundlage) eine Förderung in Höhe von EUR 3.000. Abzüglich der ausbezahlten Förderungen verbleibt ein Betrag von EUR 5.600.

Lösung

Die Ausgaben berechtigen zur Inanspruchnahme des Sonderausgabenabzugs gemäß § 18 Abs 1 Z 10 lit b EStG.

(Entnommen aus den LStR Rz 573)

Beispiel zu Ausgaben für die thermisch-energetische Sanierung von Gebäuden

Für Maßnahmen zur teilweisen thermisch-energetischen Sanierung (Austausch einzelner Fenster) werden EUR 7.500 bezahlt.

Der Bund gewährt eine Förderung nach dem 3. Abschnitt des Umweltförderungsgesetzes in Höhe von EUR 2.500 und das Bundesland gewährt ebenfalls eine Förderung in Höhe von EUR 2.500. Außerdem leistet die Gemeinde einen Zuschuss in Höhe von EUR 700. Werden die ausbezahlten Förderungen in Abzug gebracht, so verbleibt ein Betrag von EUR 1.800.

Lösung

Eine Berücksichtigung als Sonderausgabe ist mangels Vorliegens des Mindestbetrages von EUR 4.000 nicht möglich. Gleiches würde auch gelten, wenn die Ausgaben auch ohne zusätzliche Fördergelder den Betrag von EUR 4.000 nicht übersteigen.

(Entnommen aus den LStR Rz 573)

Ausgaben für thermisch-energetische Sanierung von Gebäuden und Ausgaben für den Ersatz eines fossilen Heizungssystems durch ein klimafreundliches Heizungssystem sind **im Jahr der Auszahlung** der Förderung und in den **folgenden vier Kalenderjahren** durch einen Pauschalbetrag zu berücksichtigen.[203]

Dieser Pauschalbetrag ist bei

- Ausgaben für **thermisch-energetische Sanierung** von Gebäuden EUR 800 jährlich;
- Ausgaben für den Ersatz eines **fossilen Heizungssystems** durch ein klimafreundliches Heizungssystem EUR 400 jährlich.[204]

Eine oder mehrere weitere begünstigte Maßnahmen (**thermisch-energetische Sanierung** bzw **Austausch eines fossilen Heizungssystems**) innerhalb des fünfjährigen Berücksichtigungszeitraumes werden nicht durch einen eigenständigen Pauschalabzug, sondern im Wege der Verlängerung des Zeitraumes für die erste begünstigte Maßnahme berücksichtigt.

203 LStR Rz 573g.
204 § 18 Abs 1 Z 10 lit c EStG.

In derartigen Fällen **verdoppelt** sich der Berücksichtigungszeitraum von fünf Jahren und beträgt somit zehn Jahre.[205] Bei Zusammentreffen von Maßnahmen, die unterschiedlichen Pauschalsätzen unterliegen, ist zunächst der höhere Pauschalsatz zu berücksichtigen.

Beispiel 1 zu einer thermisch-energetischen Sanierung

Im August 2022 wird eine thermisch-energetische Sanierung durchgeführt, im Oktober 2022 wird ein Heizkessel getauscht. Eine Förderung gemäß dem 3. Abschnitt des Umweltförderungsgesetzes wurde jeweils ausbezahlt.

Lösung

Beide Ausgaben erfüllen die Voraussetzungen für die Berücksichtigung als Sonderausgaben.[206] Der Berücksichtigungszeitraum beträgt zehn Jahre und umfasst somit die Jahre 2022 bis 2031. In den Veranlagungen 2022 bis 2026 sind jeweils EUR 800 und in den Veranlagungen 2027 bis 2031 sind jeweils EUR 400 zu berücksichtigen

Die Verdoppelung des Berücksichtigungszeitraumes erfolgt auch dann, wenn eine oder mehrere weitere begünstigte Maßnahmen innerhalb der vier Folgejahre vorgenommen werden. In diesem Fall ist die Höhe des ab dem sechsten Jahr zu berücksichtigenden Pauschalsatzes von der zusätzlichen Maßnahme abhängig.

Beispiel 2 zu einer thermisch-energetischen Sanierung

Im August 2022 wird ein Heizkessel getauscht. Eine Förderung gemäß dem 3. Abschnitt des Umweltförderungsgesetzes wurde ausbezahlt. Der im Jahr 2022 bezahlte Betrag nach Abzug der Förderung beträgt mehr als EUR 2.000.

Im Mai 2025 werden Ausgaben für eine thermisch-energetische Sanierung getätigt. Eine Förderung gemäß dem 3. Abschnitt des Umweltförderungsgesetzes wurde ausbezahlt. Der im Jahr 2025 bezahlte Betrag nach Abzug von Förderungen beträgt mehr als EUR 4.000.

Lösung

Bei den Veranlagungen für die Kalenderjahre 2022 bis 2026 wird jeweils ein Betrag von EUR 400 als Sonderausgabe berücksichtigt.

Ab der Veranlagung 2027 bis zur Veranlagung 2031 wird jeweils ein Betrag von EUR 800 als Sonderausgabe berücksichtigt.

8.3. Aufwandsentschädigungen

Aufwandsentschädigungen sind keine Entgeltbestandteile. Sie sind Leistungen des Arbeitgebers an den Arbeitnehmer, mit denen der Aufwand des Arbeitnehmers, den dieser im Zusammenhang mit seiner Tätigkeit hat, ersetzt wird.

Der **arbeitsrechtliche Anspruch** ergibt sich aus dem Gesetz, aus dem Kollektivvertrag, aus einer Betriebsvereinbarung oder aus einer Einzelvereinbarung. Diese

205 § 18 Abs 1 Z 10 lit d EStG.
206 § 18 Abs 1 Z 10 EStG.

arbeitsrechtliche Behandlung deckt sich nicht immer mit der sozialversicherungsrechtlichen oder steuerrechtlichen Behandlung.

Zu den **wichtigsten Aufwandsentschädigungen** zahlen solche **im Zusammenhang mit Dienstreisen** wie **Taggelder, Nächtigungsgelder**, Ersatz von Bahnkarten und **Kilometergelder**. Diese echten Aufwandsentschädigungen im Zusammenhang mit einer Dienstreise unterliegen in gewissen Grenzen nicht der Lohnsteuer. Werden diese Grenzen nicht überschritten, sind die Aufwandsentschädigungen auch beitragsfrei in der Sozialversicherung.[207]

8.3.1. Dienstreise

Eine steuerrechtliche **Dienstreise liegt vor**, wenn ein Arbeitnehmer über Auftrag des Arbeitgebers

- seinen **Dienstort** (Büro, Betriebsstätte, Werksgelände, Lager usw) zur Durchführung von Dienstverrichtungen **verlässt** (**Dienstreise im Nahbereich, daher tägliche Rückkehr möglich**) oder
- so weit weg von seinem ständigen Wohnort (Familienwohnsitz) arbeitet, dass ihm eine **tägliche Rückkehr** an seinen ständigen Wohnort (Familienwohnsitz) **nicht zugemutet** werden kann (**tägliche Rückkehr zum Familienwohnsitz unzumutbar**).[208]

Unter **Dienstort** ist der **regelmäßige Mittelpunkt des tatsächlich dienstlichen Tätigwerdens** des Arbeitnehmers anzusehen. Meist wird der Dienstort eines Arbeitnehmers mit dem Betriebsort des Unternehmens, bei dem der Arbeitnehmer beschäftigt ist, zusammenfallen. Wird jedoch der Arbeitnehmer an diesem Betriebsort dienstlich nicht tätig, weil seine tatsächliche ständige Arbeitsstätte außerhalb des Betriebsortes liegt, dann ist jene regelmäßige Einsatzstelle und nicht der Betriebsort als Dienstort des Arbeitnehmers anzusehen.

Wird ein **Arbeitnehmer** an **verschiedenen Betriebsstandorten** bzw. **Betriebsstätten** (nicht aber für Baustellen- oder Montagetätigkeit) des Arbeitgebers tätig und steht an diesen Standorten ein Arbeitsplatz zur Verfügung, liegt steuerrechtlich keine Dienstreise vor.[209]

Praxistipp

Werden Arbeitnehmer für Baustellen- oder Montagetätigkeit an verschiedenen Betriebsstandorten bzw Betriebsstätten tätig, liegt steuerrechtlich eine Dienstreise vor.

207 § 49 Abs 3 Z 1 ASVG

208 § 26 Z 4 EStG.

209 LStR Rz 701.

Dieser weitere **Mittelpunkt der Tätigkeit** des Arbeitnehmers an **verschiedenen** Betriebsstandorten/Betriebsstätten des Arbeitgebers ist **wesentlich**, da die Nächtigungsgelder und die Tagesgelder vom Arbeitgeber **nicht mehr steuerfrei** und **sozialversicherungsfrei** ausbezahlt werden können.

Für Fahrten zwischen zwei oder mehreren Mittelpunkten der Tätigkeit stehen **Fahrtkosten** (zB in Höhe des Kilometergeldes) zu.[210]

Die Fahrten von der Wohnung zu jener Arbeitsstätte, an der der Arbeitnehmer langfristig (in der Regel im Kalenderjahr) im Durchschnitt am häufigsten tätig wird (Hauptarbeitsstätte) und die Fahrten von der Hauptarbeitsstätte zurück zur Wohnung sind mit dem Verkehrsabsetzbetrag und einem allfälligen Pendlerpauschale sowie dem Pendlereuro abgegolten.[211]

Tatsächliche Fahrtkosten (zB Kilometergeld) können daher für derartige Fahrten nicht steuerfrei gewährt werden.[212]

Praxistipp

Werden Arbeitnehmer für Baustellen- oder Montagetätigkeit an verschiedenen Betriebsstandorten bzw. Betriebsstätten tätig, liegt steuerrechtlich eine Dienstreise vor.

Bei Teleworkern, die ihre Arbeit ausschließlich zu Hause verrichten und beim Arbeitgeber über keinen Arbeitsplatz verfügen, ist die Arbeitsstätte die Wohnung des Arbeitnehmers. Somit stellen Fahrten zum Sitz der Firma grundsätzlich Dienstreisen dar.

Tagesgelder, Fahrtkostenersätze und Nächtigungsgelder können – sofern die übrigen Voraussetzungen gegeben sind – gemäß § 26 Z 4 EStG 1988 nicht steuerbar ersetzt werden.[213]

8.3.1.1. Mittelpunkt der Tätigkeit

Bei Dienstreisen zu wechselnden Einsatzorten im **Nahbereich (daher tägliche Rückkehr möglich)** können Tagesgelder nur so lange nicht steuerbar gewährt werden, als kein neuer Mittelpunkt der Tätigkeit begründet wird. Die Beurteilung eines Ortes als weiterer Mittelpunkt der Tätigkeit ist hinsichtlich der vom Arbeitgeber geleisteten Beträge nach den gleichen Grundsätzen vorzunehmen, die von der Judikatur für die Beurteilung von Tagesgeldern als Werbungskosten entwickelt wurden.[214]

210 LStR Rz 294.
211 LStR Rz 294.
212 LStR Rz 705.
213 LStR Rz 703a.
214 VwGH 20.9.1995, 94/13/0253, 0254.

Praxistipp

Unabhängig vom Vorliegen eines Mittelpunktes der Tätigkeit nach § 26 Z 4 EStG können Tagesgelder nach § 3 Abs 1 Z 16b EStG bei Vorliegen der dort angeführten Voraussetzungen steuerfrei ausgezahlt werden.[215]

Reiseaufwandsentschädigungen sind nicht steuerbar, soweit sie anstelle des bisher gezahlten Arbeitslohns oder üblicher Lohnerhöhungen geleistet werden.

8.3.1.2. Steuerfreie Reiseaufwandsentschädigung abhängig vom Mittelpunkt der Tätigkeit

Leistungen des Arbeitgebers, die nicht unter die Einkünfte aus nichtselbständiger Arbeit fallen, sind Beträge, die aus Anlass einer Dienstreise als Reisevergütungen (Fahrtkostenvergütungen, Kilometergelder) und als Tagesgelder und Nächtigungsgelder gezahlt werden.[216]

8.3.1.3. Dienstreise im Nahbereich – tägliche Rückkehr zum Familienwohnsitz möglich

8.3.1.3.1. Mittelpunkt der Tätigkeit an einem Einsatzort

Die Begründung eines weiteren **Mittelpunkts der Tätigkeit** ist anzunehmen, wenn sich die Dienstverrichtung auf einen anderen Einsatzort **durchgehend** oder **wiederkehrend** über einen **längeren Zeitraum** erstreckt. Als Einsatzort gilt grundsätzlich die politische Gemeinde (gleichzusetzen mit der Gemeindekennziffer). Auch für Reisen innerhalb Wiens gilt das gesamte Wiener Gemeindegebiet als Einsatzort (eine politische Gemeinde).

Von einem **längeren Zeitraum** ist in folgenden Fällen auszugehen:

- Der Arbeitnehmer wird an einem **Einsatzort durchgehend tätig** und die Anfangsphase von **fünf Tagen** wird überschritten. Erfolgt innerhalb von sechs Kalendermonaten kein Einsatz an diesem Mittelpunkt der Tätigkeit, ist mit der Berechnung der Anfangsphase von fünf Tagen neu zu beginnen.
- Der **Arbeitnehmer** wird an einem Einsatzort **regelmäßig wiederkehrend** (mindestens einmal wöchentlich)[217] tätig und die **Anfangsphase** von **fünf Tagen** wird überschritten. Erfolgt innerhalb von sechs Kalendermonaten kein Einsatz an diesem Mittelpunkt der Tätigkeit, ist mit der Berechnung der Anfangsphase von fünf Tagen neu zu beginnen.
- Der **Arbeitnehmer** wird an einem Einsatzort **wiederkehrend**, aber **nicht regelmäßig** tätig und überschreitet dabei eine **Anfangsphase** von **15 Tagen** im Kalenderjahr. Die Anfangsphase von 15 Tagen steht pro Kalenderjahr zu.

215 LStR Rz 716.
216 § 26 Z 4 EStG.
217 Vgl VwGH 2.8.1995, 93/13/0099.

Tagesgelder können daher nur für die Anfangsphase von 5 bzw 15 Tagen steuerfrei gewährt werden.[218]

8.3.1.3.2. Mittelpunkt der Tätigkeit in einem Einsatzgebiet (Zielgebiet)

Auch hier ist die **Dienstreise im Nahbereich und tägliche Rückkehr möglich**. Mittelpunkt der Tätigkeit kann nicht nur ein einzelner Ort (politische Gemeinde), sondern auch ein mehrere Orte umfassendes Einsatzgebiet sein. Personen, die ein ihnen konkret zugewiesenes Gebiet regelmäßig bereisen, begründen daher in diesem Einsatzgebiet (Zielgebiet) einen **Mittelpunkt der Tätigkeit**.[219] Ein Einsatzgebiet kann sich auf einen politischen Bezirk und an diesen Bezirk angrenzende Bezirke erstrecken. Bei Reisen außerhalb des Einsatzgebietes gelten die Bestimmungen über einen weiteren Mittelpunkt der Tätigkeit an einem Einsatzort.[220]

Für die Anfangsphase von **fünf Tagen** steht das Tagesgeld steuerfrei zu. Erfolgt innerhalb von sechs Kalendermonaten kein Einsatz in einem Einsatzgebiet, ist mit der Berechnung der Anfangsphase von fünf Tagen neu zu beginnen.[221]

8.3.1.3.3. Mittelpunkt der Tätigkeit bei Fahrtätigkeit

Eine Fahrtätigkeit begründet hinsichtlich des Fahrzeuges einen weiteren Mittelpunkt der Tätigkeit, wenn

- die Fahrtätigkeit regelmäßig in einem **lokal eingegrenzten Bereich** erfolgt (zB ständige Fahrten für ein Bezirksauslieferungslager),
- die Fahrtätigkeit auf (nahezu) **gleichbleibenden Routen ähnlich** einem **Linienverkehr** erfolgt (zB Zustelldienst, bei dem wiederkehrend dieselben Zielorte angefahren werden),
- die Fahrtätigkeit innerhalb des von einem **Verkehrsunternehmen** als Arbeitgeber ständig befahrenen Liniennetzes oder Schienennetzes erfolgt.

Kein Mittelpunkt der Tätigkeit bei Fahrtätigkeit liegt jeweils für die ersten **fünf Tage (Anfangsphase)** vor, wenn der Steuerpflichtige erstmals oder zuletzt vor mehr als **sechs Monaten** diese Tätigkeit ausgeführt hat. Nach der Anfangsphase können keine steuerfreien Tagesgelder gewährt werden.[222]

8.3.1.4. Dienstreise – tägliche Rückkehr zum Familienwohnsitz ist unzumutbar

Bei einer Dienstreise, bei der der Arbeitnehmer so weit weg von seinem ständigen Wohnort (Familienwohnsitz) arbeitet, dass ihm eine tägliche Rückkehr an seinen

218 LStR Rz 718.
219 Vgl VwGH 28.5.1997, 96/13/0132.
220 LStR Rz 718.
221 LStR Rz 719.
222 LStR Rz 720.

ständigen Wohnort (Familienwohnsitz) nicht zugemutet werden kann, ist davon auszugehen, dass der Arbeitsort (Einsatzort) erst nach einem Zeitraum von **sechs Monaten**[223] zum Mittelpunkt der Tätigkeit wird.

Ab dem siebenten Monat gezahlte Tages- und pauschale Nächtigungsgelder sind steuerpflichtig. Bei einem Wechsel des Arbeitsortes beginnt eine neue Sechs-Monats-Frist zu laufen. Ein solcher liegt nur vor, wenn ein Wechsel in eine andere politische Gemeinde vorgenommen wird.

Kehrt der Arbeitnehmer innerhalb von sechs Monaten an den seinerzeitigen Arbeitsort zurück, kann unter Einrechnung der dort bereits verbrachten Arbeitszeiten nur die **restliche**, auf die **Sechs-Monats-Frist** entfallende Zeitspanne als Dienstreise gewertet werden.

Die Tage des **Aufenthaltes am Einsatzort** (soweit keine länger als sechs Kalendermonate dauernde Unterbrechung vorliegt) sind **zusammenzurechnen**, bis ein **Zeitraum von sechs Monaten** (das sind 183 Tage) erreicht ist. Maßgebend ist also der tatsächliche Aufenthalt am Einsatzort (inkl An- und Abreisetag), sodass bei Unterbrechungen eine tageweise Berechnung zu erfolgen hat, bis 183 Tage erreicht sind. Für die Beurteilung, ob der Zeitraum von sechs Monaten bzw 183 Tagen erreicht ist, sind die Verhältnisse der **letzten 24 Monate vor Beginn der Dienstreise maßgeblich.**[224]

Wenn seit dem **letzten Einsatz am selben Ort** mehr als **sechs Monate** vergangen sind, ist der **24-Monate-Beobachtungszeitraum nicht erforderlich.**

Beispiel 1 zu Dienstreise

Ein Arbeitnehmer war zu folgenden Zeiten am **selben** Einsatzort tätig, wobei die tägliche Rückkehr zum Familienwohnsitz unzumutbar ist:

12.11.2021–17.12.2021

13.4.2022–29.6.2022

6.2.2023–19.4.2023

Lösung

Die für die Monate Februar bis April 2023 ausbezahlten Tagesgelder werden steuerfrei ausbezahlt, weil seit dem letzten Einsatz am selben Ort **mehr als sechs Monate vergangen** sind (24-Monate-Beobachtungszeitraum nicht erforderlich).

12.11.2020–17.12.2021	36 Tage
13.4.2021–29.6.2022	78 Tage (unbeachtlich, weil danach sechs Monate Unterbrechung)
6.2.2022–19.4.2023	74 Tage

223 Analog zu § 26 Abs 2 BAO.
224 LStR Rz 721.

Beispiel 2 zu Dienstreise

Ein Arbeitnehmer war zu folgenden Zeiten am selben Einsatzort tätig, wobei die tägliche Rückkehr zum Familienwohnsitz unzumutbar ist:

17.9.2020–21.10.2020
12.11.2021–17.12.2021
13.4.2022–29.6.2022
11.10.2022–15.12.2022
6.2.2023–19.4.2023

Lösung

Von den Tagesgeldern für die letzte Dienstreise können Tagesgelder nur mehr für drei Tage steuerfrei ausbezahlt werden, weil im 24 Monate umfassenden Beobachtungszeitraum damit bereits 180 Tagesdiäten steuerfrei ausbezahlt wurden.[225]

17.9.2020–21.10.2020	unbeachtlich, weil danach 6 Monate Unterbrechung
12.11.2021–17.12.2021	36 Tage
13.4.2022–29.6.2022	78 Tage
11.10.2022–15.12.2022	66 Tage
6.2.2023–19.4.2023	3 Tage können nicht steuerbar ausbezahlt werden.

8.3.1.5. Steuerfreie Reiseaufwandsentschädigung unabhängig vom Mittelpunkt der Tätigkeit

Grundsätzlich können ab dem Zeitpunkt, ab dem der Einsatzort (Dienstort) einen weiteren **Mittelpunkt der Tätigkeit** des Arbeitnehmers begründet, die Nächtigungsgelder und die Tagesgelder vom Arbeitgeber **nicht mehr steuerfrei** und **sozialversicherungsfrei** ausbezahlt werden.

Wenn der Arbeitgeber aufgrund einer **lohngestaltenden Vorschrift**[226] zur Zahlung der Reiseaufwandsentschädigung verpflichtet ist, sind die Reisekosten für folgende Tätigkeiten steuerfrei, sofern die gezahlten Taggelder nicht gemäß § 26 Z 4 EStG zu berücksichtigen sind:[227]

- Außendiensttätigkeit (zB Kundenbesuche, Patrouillendienste, Servicedienste),
- Fahrtätigkeit (zB Zustelldienste, Taxifahrten, Linienverkehr, Transportfahrten außerhalb des Werksgeländes des Arbeitgebers),
- Baustellen- und Montagetätigkeit außerhalb des Werksgeländes des Arbeitgebers,
- Arbeitskräfteüberlassung nach dem Arbeitskräfteüberlassungsgesetz BGBl 1988/196 oder
- eine vorübergehende Tätigkeit an einem Einsatzort in einer anderen politischen Gemeinde

225 LStR Rz 721.
226 § 68 Abs 5 Z 1 bis 6 EStG.
227 § 3 Abs 1 Z 16b EStG.

Die **lohngestaltenden Vorschriften** sind:[228]

- **gesetzliche** Vorschriften,
- von **Gebietskörperschaften erlassene Dienstordnungen**,
- **aufsichtsbehördlich genehmigte Dienst-(Besoldungs-)Ordnungen** der Körperschaften des öffentlichen Rechts,
- die **vom Österreichischen Gewerkschaftsbund** für seine Bediensteten festgelegte Arbeitsordnung,
- **Kollektivverträge oder Betriebsvereinbarungen**, die aufgrund besonderer kollektivvertraglicher Ermächtigungen abgeschlossen worden sind,
- **Betriebsvereinbarungen**, die wegen Fehlens eines kollektivvertragsfähigen Vertragsteiles auf der Arbeitgeberseite zwischen einem einzelnen Arbeitgeber und dem kollektivvertragsfähigen Vertragsteil auf der Arbeitnehmerseite abgeschlossen wurden.

Kann keine Betriebsvereinbarung abgeschlossen werden, weil ein Betriebsrat nicht gebildet werden kann, ist von einer Verpflichtung des Arbeitgebers auszugehen, wenn eine vertragliche Vereinbarung für alle Arbeitnehmer oder bestimmte Gruppen von Arbeitnehmern vorliegt.[229]

Die Tagesgelder dürfen nicht die sich aus § 26 Z 4 EStG ergebenden Beträge übersteigen.

Praxistipp

Reiseaufwandsentschädigungen sind nicht steuerfrei, soweit sie anstelle des bisher gezahlten Arbeitslohns oder üblicher Lohnerhöhungen geleistet werden.

8.3.1.6. Verhältnis von Tagesgeldern gemäß § 26 Z 4 EStG zu Reiseaufwandsentschädigungen gemäß § 3 Abs 1 Z 16b EStG

Als Reiseaufwandsentschädigungen gezahlte Tagesgelder stellen vorrangig einen Kostenersatz gemäß § 26 Z 4 EStG dar. Können diese Reiseaufwandsentschädigungen nicht nach § 26 Z 4 EStG nicht steuerbar ausgezahlt werden, weil beispielsweise ein weiterer Mittelpunkt der Tätigkeit begründet wird, ist zu prüfen, ob sie unter einen der Tatbestände des § 3 Abs 1 Z 16b EStG zu subsumieren sind und aus diesem Grund steuerfrei behandelt werden können. Wurden Reisekostenersätze nach § 26 Z 4 EStG ausgezahlt, stehen für den gleichen Zeitraum (Kalendertag) keine steuerfreien Reiseaufwandsentschädigungen gemäß § 3 Abs 1 Z 16b EStG zu.

228 § 68 Abs 5 Z 1 bis 6 EStG.
229 § 68 Abs 5 Z 6 EStG.

8.3.1.7. Höhe der steuerfreien Tagesgelder gemäß § 3 Abs 1 Z 16b EStG

Die Obergrenze für steuerfreie Tagesgelder sowie deren Aliquotierung richtet sich nach § 26 Z 4 EStG. Für die Frage, ob nach der 24-Stundenregel oder nach der Kalendertagsregel abzurechnen ist, ist die **lohngestaltende Vorschrift** maßgeblich. Werden höhere Tagesgelder ausgezahlt, ist der übersteigende Teil steuerpflichtiger Arbeitslohn.

8.3.2. Steuerfreies Tagesgeld (Verpflegung)

Für die **Verpflegung** bei einer **Inlandsdienstreise** ist nur die Tagespauschale in Höhe von maximal **EUR 26,40** (Wert für 2023) pro Tag **lohnsteuer**- und **sozialversicherungsrechtlich beitragsfrei**.

Wird die **Dienstreise** ins Ausland unternommen, ist die Tagespauschale pro Tag höher. Die Auslandsdienstreise beginnt mit Grenzübertritt (bei Flugreisen mit dem Abflug) und endet mit dem Grenzübertritt bei der Rückreise (bei Flugreisen mit der Ankunft).

Bei einer Reisedauer bis zu 3 Stunden kann das Taggeld **nicht** lohnsteuer- und sozialversicherungsrechtlich beitragsfrei ausbezahlt werden. Dauert die Dienstreise länger als 3 Stunden, so können pro angefangener Stunde EUR 2,20 **lohnsteuer**- und **sozialversicherungsfrei** ausbezahlt werden. **Dauert** die Dienstreise länger als 12 Stunden, wird der volle Satz von EUR 26,40 verrechnet.

Praxistipp

Wenn der Arbeitgeber ein **Arbeitsessen** (Mittagessen oder Abendessen) bezahlt, so ist das lohnsteuer- und sozialversicherungsfreie Taggeld, um EUR 13,20 zu **kürzen**. Werden zwei Essen pro Tag bezahlt, kann kein lohnsteuer- und sozialversicherungsfreies Taggeld ausbezahlt werden.

Beispiel 1 zu Dienstreisen

Die Dienstreise beginnt am Montag um 7:00 Uhr und endet am Montag um 14:30 Uhr.

Lösung

Da die Dienstreise länger als 3 Stunden dauert, kann pro angefangener Stunde der Stundensatz verrechnet werden:

EUR 26,40 / 12 (Stunden) × 8 (Stunden) = EUR 17,60

Die Ermittlung der Dauer der Dienstreise kann nach **Kalendertagen** oder nach der **24-Stunden-Regelung** erfolgen in Abhängigkeit von der **lohngestaltenden Vorschrift.**

Beispiel 2 zu Dienstreisen

Die Dienstreise beginnt am Montag um 16:00 Uhr und endet am Mittwoch um 14:30 Uhr.

Lösung

Da die Dienstreise länger als 3 Stunden dauert, kann pro angefangener Stunde der Stundensatz verrechnet werden.

Die Abrechnung kann nach **Kalendertagen** oder nach der **24-Stunden-Regelung** erfolgen.

- **Abrechnung nach Kalendertagen:** In diesem Fall steht für Montag (ersten Tag) ein lohnsteuer- und sozialversicherungsfreies Taggeld von EUR 17,60 zu (EUR 26,40 : 12 × 8). Für Dienstag und Mittwoch (zweiten und den dritten Tag) gebührt jeweils ein lohnsteuer- und sozialversicherungsfreies Tagesgeld von EUR 26,40. Insgesamt ist das Taggeld in Höhe von EUR 70,40 lohnsteuer- und sozialversicherungsfrei.
- **Abrechnung nach der 24-Stunden-Regelung:** Wird nach der 24-Stunden-Regelung abgerechnet, sind EUR 26,40 × 2 = EUR 52,80 lohnsteuer- und sozialversicherungsfrei.

8.3.3. Steuerfreies Nächtigungsgeld

Das Nächtigungsgeld bezieht sich auf die **Übernachtungskosten** einschließlich **Frühstück**. Werden die Kosten für die Nächtigung durch Beleg nachgewiesen, werden diese Kosten voll anerkannt und sind lohnsteuer- und sozialversicherungsfrei.

Gibt es keinen Beleg, können für **Inlandsdienstreisen** für die Übernachtung einschließlich Frühstück pauschal EUR 15 lohnsteuer- und sozialversicherungsfrei angesetzt werden. Bei **Auslandsdienstreisen** ist das Nächtigungsgeld entsprechend höher. In Finnland beträgt bspw das Nächtigungsgeld, ohne dass es durch Beleg nachgewiesen wird, EUR 41,40.[230]

8.3.4. Steuerfreie Fahrtkosten

Das **amtliche Kilometergeld** kann der Dienstnehmer geltend machen, wenn er seinen **privaten Pkw** für Dienstreisen verwendet. Die Entschädigung dafür, die lohnsteuer- und sozialversicherungsfrei ist, beträgt maximal EUR 0,42 pro km.[231] Für jede mitbeförderte Person sind es EUR 0,05 pro km.

Bei Motorfahrräder und Motorräder sind es EUR 0,24 pro km.[232]

Bei Fahrrädern beträgt das amtliche Kilometergeld EUR 0,38 pro km.

Praxistipp

Das amtliche Kilometergeld für Dienstreisen mit dem **privaten PKW** kann bis maximal 30.000 km pro Kalenderjahr lohnsteuer- und sozialversicherungsfrei ausbezahlt werden.

230 LStR Rz 1405.
231 LStR Rz 711.
232 LStR Rz 1404.

Bei beruflichen Fahrten von mehr als 30.000 km im Kalenderjahr stehen als Werbungskosten entweder das amtliche Kilometergeld für 30.000 km oder die tatsächlich nachgewiesenen Kosten für die gesamten beruflichen Fahrten zu.[233]

Bei privaten Fahrrädern können maximal 1.500 km pro Jahr geltend gemacht werden. Das entspricht einem maximalen Kilometergeld von EUR 570 im Jahr.[234]

Fahrtkostenvergütungen für Dienstreisen mit öffentlichen Verkehrsmitteln (Bahnkarten, Taxirechnungen, Busfahrkarten, Flugtickets …), die mit **Beleg** nachgewiesen werden, können lohnsteuer- und sozialversicherungsfrei ausbezahlt werden.

Verlagert sich das **regelmäßige Tätigwerden zu einer neuen Arbeitsstätte** (Dienstort), sind die Fahrten vom Wohnort zu dieser Arbeitsstätte (Dienstort) nach folgenden Kriterien zu berücksichtigen:[235]

1. Wird der Arbeitnehmer zu einer neuen Arbeitsstätte **auf Dauer versetzt**, stellen die Fahrten zur neuen Arbeitsstätte mit Wirksamkeit der Versetzung Fahrten zwischen Wohnung und Arbeitsstätte dar.

   Beispiel zur dauerhaften Versetzung der Arbeitsstätte

   Eine Filialleiterin wird auf Dauer in eine andere Filiale des Unternehmens versetzt.

   Lösung

   Die Fahrten zur neuen Filiale stellen keine beruflich veranlassten Reisen, sondern Fahrten zwischen Wohnung und Arbeitsstätte dar. Fahrtkosten können nicht als Werbungskosten (zB Kilometergelder) geltend gemacht werden.

2. Wird der Arbeitnehmer zu einer neuen Arbeitsstätte **vorübergehend** dienstzugeteilt oder entsendet, können bis zum **Ende des Kalendermonats**, in dem diese Fahrten erstmals **überwiegend** zurückgelegt werden, **Fahrtkosten als Werbungskosten** (zB Kilometergelder) geltend gemacht werden. Ein Überwiegen ist dann gegeben, wenn an **mehr als der Hälfte der tatsächlich geleisteten** Arbeitstage im Kalendermonat Fahrten zur neuen Arbeitsstätte unternommen werden. Ab dem Folgemonat stellen die Fahrten zur neuen Arbeitsstätte Fahrten zwischen Wohnung und **Arbeitsstätte** dar, die mit dem **Verkehrsabsetzbetrag** und einem allfälligen Pendlerpauschale sowie dem Pendlereuro abgegolten sind. Die Fahrtkosten können jedoch nicht als Werbungskosten (zB Kilometergelder) geltend gemacht werden.

   Beispiel zur dauerhaften Versetzung der Arbeitsstätte

   Ein Bankangestellter mit ständiger Arbeitsstätte in der Zentrale eines Bankinstitutes wird für die Zeit vom 23. Februar bis 25. April einer Bankfiliale vorübergehend dienstzugeteilt. Ab 26. April bis Ende April wird er wieder an seiner ständigen Arbeitsstätte (Zentrale) tätig.

233 LStR Rz 289.
234 LStR Rz 356a.
235 LStR Rz 292.

Lösung

Für die **Fahrten vom 23. Februar bis 31. März** können Werbungskosten für Fahrten von der Wohnung zum vorübergehenden Einsatzort (Bankfiliale) in Anspruch genommen werden. Bis zum **Ende des Kalendermonats**, in dem diese Fahrten erstmals **überwiegend** zurückgelegt werden, **Fahrtkosten als Werbungskosten** (zB Kilometergelder) geltend gemacht werden.

Für den Monat **Februar** steht gegebenenfalls (weiterhin) das Pendlerpauschale für Fahrten von der Wohnung zu seiner ständigen Arbeitsstätte (Zentrale) zu.

Im **März** steht kein Pendlerpauschale zu (weder hinsichtlich der ständigen Arbeitsstätte noch hinsichtlich des vorübergehenden Einsatzortes).

Im **April** können keine Werbungskosten in Anspruch genommen werden. Für den Monat April steht gegebenenfalls das Pendlerpauschale für Fahrten zwischen Wohnung und vorübergehendem Einsatzort (Bankfiliale) bzw für Fahrten zwischen Wohnung und Zentrale zu. Es steht im Kalendermonat allerdings maximal ein Pendlerpauschale in vollem Ausmaß zu.[236]

8.3.5. Freie oder verbilligte Mahlzeiten

Von der **Einkommensteuer befreit** sind:

- **freie** und **verbilligte Mahlzeiten** und
- **Abgabe** von **Gutscheinen.**[237]

Freie oder **verbilligte Mahlzeiten**, die der Arbeitgeber an nicht in seinen Haushalt aufgenommene Arbeitnehmer zur Verköstigung am Arbeitsplatz **freiwillig** gewährt sind, befreit. Dabei ist es ohne Bedeutung, ob die **freien** oder **verbilligten Mahlzeiten** im Betrieb des Arbeitgebers verabreicht werden (zB Werksküche, Kantine) oder ob sie von einem Betrieb außerhalb des Unternehmens (zB einer Großküche) zum Verbrauch im Betrieb geliefert werden.

Praxistipp

Unter die Steuerfreiheit fallen freie und verbilligte Mahlzeiten und die Abgabe von Gutscheinen nur dann, wenn es sich um eine **freiwillige Sachzuwendung** des Arbeitgebers handelt.

Barzuschüsse, die der Arbeitgeber leistet, um seinen Arbeitnehmern die Einnahme von Mahlzeiten zu erleichtern, sind **steuerpflichtiger Arbeitslohn**.

Hat der **Arbeitnehmer** auf die Verabreichung von freien oder verbilligten Mahlzeiten einen **Rechtsanspruch** (zB auf Grund eines Kollektivvertrages), dann gehört diese Sachzuwendung zum Arbeitslohn und ist als Sachbezug[238] zu versteuern.[239]

236 LStR Rz 292.
237 § 3 Abs 1 Z 17 EStG.
238 § 15 Abs 2 EStG.
239 LStR Rz 93.

Unter diese Befreiung fällt auch die **Abgabe** von **Gutscheinen**, die der Dienstnehmer für Mahlzeiten verwenden kann, sofern die Gutscheine nicht gegen Bargeld eingetauscht werden können.

Gutscheine für Mahlzeiten bleiben bis zu einem Wert von **EUR 8,00** pro Arbeitstag steuerfrei, wenn die Gutscheine nur zur Konsumation von Mahlzeiten eingelöst werden können, die von einer **Gaststätte** oder einem **Lieferservice** zubereitet bzw geliefert werden.[240]

Die Gutscheine für Mahlzeiten in Höhe von EUR 8,00 pro Arbeitstag können von den Arbeitnehmern auch dann eingelöst werden, wenn die Speisen in einer Gaststätte abgeholt oder von der Gaststätte bzw einem Lieferservice geliefert und zu Hause (**Home-Office**) konsumiert werden.

Praxistipp

Gutscheine im Wert von EUR 8,00 pro Arbeitstage können nicht für Mahlzeiten, die nicht von einer Gaststätte oder Lieferservice zubereitet werden, eingelöst werden. Das gilt für in Supermärkten zubereitete Mahlzeiten.

Ein reiner Handelsbetrieb fällt nicht unter eine Gaststätte iSd Gastgewerbepauschalierungsverordnung. Gastgewerbebetriebe bieten Speisen jeder Art an, die an Ort und Stelle genossen werden.

Können die Gutscheine auch zur Bezahlung von Lebensmitteln verwendet werden, die nicht sofort konsumiert werden müssen, sind sie bis zu einem Betrag von **EUR 2,00** pro Arbeitstag steuerfrei.

Betreibt ein Lebensmittelgeschäft, eine Bäckerei oder Fleischhauerei auch einen **gastgewerblichen Betrieb**, ist die Anwendung des erhöhten Freibetrages von 8 Euro pro Arbeitstag nur dann zulässig, wenn der **Gastgewerbebetrieb** vom **Handelsbetrieb** organisatorisch und durch einen eigenen Verrechnungskreis (eigene Kassa) getrennt ist, sodass die Einlösung beim Gastgewerbebetrieb nachvollziehbar ist und die Einlösung der Essensbons im Handelsbetrieb nicht gestattet wird (vertragliche Vereinbarung).[241]

Zahlt der Arbeitgeber einen **Zuschuss für die Konsumation einer Mahlzeit** dem Arbeitnehmer im Nachhinein aus, liegt grundsätzlich ein **steuerpflichtiger Bezug** vor.

Ausnahmsweise ist von einer **unentgeltlichen** oder **verbilligten Verköstigung** des Arbeitnehmers auszugehen, sofern alle folgenden Voraussetzungen erfüllt werden:[242]

240 LStR Rz 94.
241 LStR Rz 96.
242 LStR Rz 95b.

- Der Arbeitnehmer identifiziert sich bei der Einnahme der Mahlzeiten (beim Erwerb von Lebensmitteln) anhand einer elektronischen Karte (Chipkarte, digitale Essensbons).
- Die elektronische Karte darf nur einmal pro Arbeitstag verwendet werden.
- Der Arbeitnehmer erwirbt mit der Verwendung der elektronischen Karte einen unwiderruflichen Anspruch auf einen (teilweisen) Zuschuss durch den Arbeitgeber.
- Die Zahlung des Arbeitnehmers für die Mahlzeit und der vom Arbeitgeber im Nachhinein geleistete Zuschuss müssen exakt zuordenbar sein.[243]

Für **einen Arbeitstag** darf nur **ein Gutschein** ausgegeben werden. Die Gutscheine müssen nicht in Papierform bestehen, sondern können auch elektronisch gespeichert werden (Chipkarte, digitale Essensbons).

Bei einer 5- Tage-Woche mit 220 Arbeitstagen pro Jahr können EUR 8 bzw EUR 2 × 220 ausgegeben werden. Im Falle von unterjährigen Ein- und Austritten ist der aliquote Anteil pro Monat heranzuziehen (1 Monat = 18,3 Tage (220 Arbeitstage: 12 Monate)) und auf volle Tage aufzurunden.[244]

8.3.6. Getränke im Betrieb

Getränke, die der Arbeitgeber zum Verbrauch im Betrieb unentgeltlich oder verbilligt abgibt, sind steuerfrei.[245]

8.4. Mitarbeitergewinnbeteiligung

Gewinnbeteiligungen des Arbeitgebers an aktive Arbeitnehmer sind bis zu EUR 3.000 im Kalenderjahr steuerfrei.[246]

Beispiel Mitarbeitergewinnbeteiligung

Der Arbeitgeber gewährt seinen 11 Mitarbeitern jeweils eine Gewinnbeteiligung in Höhe von EUR 3.000. Das Unternehmensergebnis des im vorangegangenen Kalenderjahr endenden Wirtschaftsjahres beträgt EUR 25.000 Euro.

Lösung

Das Unternehmensergebnis beträgt daher 75,76 % (EUR 25.000 im Verhältnis zu EUR 3.000) der insgesamt gewährten Mitarbeitergewinnbeteiligungen. Daher sind 24,24 % der Mitarbeitergewinnbeteiligung steuerpflichtig. (Entnommen LStR Rz 112ed)

Bei mehreren Arbeitgebern steht die Befreiung insgesamt nur bis zu EUR 3.000 pro Arbeitnehmer im Kalenderjahr zu.

243 LStR Rz 95b.
244 LStR Rz 95a.
245 § 3 Abs 1 Z 18 EStG.
246 § 3 Abs 1 Z 35 EStG.

Für die Steuerfreiheit gilt:

- Die Gewinnbeteiligung muss allen Arbeitnehmern oder **bestimmten Gruppen** von Arbeitnehmern gewährt werden.
- Insoweit die Summe der jährlich gewährten Gewinnbeteiligung das unternehmensrechtliche Ergebnis vor Zinsen und Steuern (EBIT) der im letzten Kalenderjahr endenden Wirtschaftsjahre übersteigt, besteht keine Steuerfreiheit.
- Die Zahlung erfolgt nicht aufgrund einer lohngestaltenden Vorschrift.[247]
- Die Gewinnbeteiligung darf nicht anstelle des bisher gezahlten Arbeitslohns oder einer üblichen Lohnerhöhung geleistet werden.

Praxistipp

Unter Gruppen von Arbeitnehmern sind zB Großgruppen oder abgrenzbare Berufsgruppen wie alle Arbeiter, alle Angestellten, Schichtarbeiter oder abgegrenzte Berufsgruppen wie zB Chauffeure, Monteure, Innendienst, Außendienstmitarbeiter, gesamtes kaufmännisches oder technisches Personal, Verkaufspersonal, alle Arbeitnehmer mit einer Betriebszugehörigkeit von einer bestimmten Anzahl von Jahren zu verstehen.

Trifft ein Gruppenmerkmal nur auf einen Arbeitnehmer zu, stellt auch dieser einen Arbeitnehmer einer Gruppe im obigen Sinne dar.

Die Gruppenmerkmale müssen betriebsbezogen sein (vgl VwGH 5.5.1982, 3003/80; VwGH 18.10.1995, 95/13/0062). Das Erfordernis Betriebsbezogenheit ist bedeutsam für die sachliche Begründung einer Gruppenbildung. Eine willkürliche Gruppenbildung – etwa nach Maßstäben persönlicher Vorlieben oder Nahebeziehungen – kann nicht zur Steuerbefreiung führen.[248]

8.5. Teuerungsprämie

Zahlt der Arbeitgeber seinen Arbeitnehmern auf Grund der gestiegenen Preise zusätzlich zum Arbeitslohn eine Teuerungsprämie, ist diese als Bonuszahlung oder Zulage in den Kalenderjahren 2022 und 2023 bis zu einem Betrag von EUR 3.000 pro Arbeitnehmer und Jahr steuerfrei.[249]

Die Zahlung der Teuerungsprämie kann einmalig oder in mehreren Teilbeträgen bzw monatlich gemeinsam mit den laufenden Bezügen erfolgen. Das Ausmaß der Arbeitszeit (Vollzeit, Teilzeit, geringfügig) hat auf die maximale Höhe der Steuerbefreiung keine Auswirkung.

Die Teuerungsprämie ist auch von der Sozialversicherung[250] sowie von der Kommunalsteuer[251] und dem Dienstgeberbeitrag[252] befreit.

247 § 68 Abs 5 Z 1 bis 6 EStG.
248 LStR Rz 76.
249 § 124b Z 408 EStG.
250 § 49 Abs 3 Z 30 ASVG.
251 § 16 Abs 15 KommStG.
252 § 41 FLAG.

Die Teuerungsprämie ist am Lohnkonto und am Lohnzettel auszuweisen.[253]

Dies gilt auch, wenn die Teuerungsprämie in Form von Gutscheinen oder anderen geldwerten Vorteilen gewährt wird.

Die Zahlungen dürfen üblicherweise bisher nicht gewährt worden sein. Belohnungen, die bereits in der Vergangenheit aufgrund von Leistungsvereinbarungen gezahlt werden, fallen daher nicht unter diese Befreiung. Auch eine (außerordentliche) Gehaltserhöhung kann nicht als Teuerungsprämie steuerfrei behandelt werden, da eine Gehaltserhöhung weder eine Zulage noch eine Bonuszahlung darstellt.

Die Steuerbefreiung bis EUR 2.000 setzt eine zusätzliche Zahlung aufgrund der Teuerung voraus und ist sonst an keine weiteren Voraussetzungen geknüpft. Das volle Ausmaß der Befreiung von EUR 3.000 kann nur dann ausgeschöpft werden, wenn die EUR 2.000 übersteigende Zahlung aufgrund einer lohngestaltendenden Vorschrift gemäß § 68 Abs 5 Z 1 bis 7 EStG geleistet wird.

Demnach ist auch eine arbeitsvertragliche Einzelvereinbarung ausreichend, sofern die Zahlung sich entweder an alle Mitarbeiter oder an eine sachlich differenzierte Gruppe von Mitarbeitern richtet.

Nachdem die Teuerung Arbeitnehmer jeweils nach deren familiären Verhältnissen unterschiedlich trifft, können auch soziale Kriterien für die Bildung einer steuerlich relevanten Gruppe herangezogen werden (zB gruppenweise Staffelung nach Familienstand und/oder Anzahl etwaiger Kinder).

Die herangezogenen Kriterien sind dabei objektiv nachvollziehbar darzustellen. Auch an karenzierte Dienstnehmer bzw Dienstnehmer ohne Entgeltanspruch (zB langer Krankenstand, Mutterschutz) kann bei Erfüllung der übrigen Voraussetzungen eine Teuerungsprämie steuerfrei gewährt werden, weil der grundsätzliche Lohnanspruch lediglich ruht.[254]

8.6. Regionaler Klimabonus

Der regionale Klimabonus entsprechend dem Klimabonusgesetz, BGBl I 2022/11, der der pauschalen Kompensation der Mehrbelastungen aus der Bepreisung von Treibhausgasemissionen dient, ist steuerfrei.[255]

253 § 5 Abs 4 Lohnkontenverordnung.
254 LStR Rz 112k.
255 LStR Rz 112h.

8.7. Einspeisung von elektrischer Energie aus Photovoltaikanlagen[256]

Einkünfte aus der Einspeisung von elektrischer Energie aus Photovoltaikanlagen in das öffentliche Netz stellen grundsätzlich Einkünfte aus Gewerbebetrieb dar, die steuerpflichtig sind, sofern der Veranlagungsfreibetrag von EUR 730 überschritten wird.

Einkünfte aus der Einspeisung von höchstens 12.500 kWh (Kilowattstunden) elektrischer Energie aus Photovoltaikanlagen sind ab der Veranlagung für das Kalenderjahr 2022 steuerfrei, wenn die Engpassleistung der Anlage die Grenze von 25 kWp (Kilowatt Peak) nicht überschreitet.

Bei Überschreiten der 12.500 kWh ist nur der übersteigende Teil steuerpflichtig (im Sinne eines Freibetrages). Der Freibetrag bezieht sich auf den einzelnen Steuerpflichtigen. Wird eine Anlage von mehreren Personen betrieben, steht der Freibetrag mehrmals zu.

Ist andererseits ein Steuerpflichtiger an mehreren Anlagen beteiligt, steht ihm der Freibetrag nur einmal zu.[257]

8.8. Sachbezug

Sachbezüge sind geldwerte Vorteile aus einem Dienstverhältnis, die nicht in Geld bestehen (bspw Dienstwohnung oder Dienstauto). Für Sachbezüge sind vom Arbeitnehmer Sozialversicherungsbeiträge und Lohnsteuer zu bezahlen.[258]

Die Berechnung der Lohnsteuer als auch der Sozialversicherung von Sachbezügen erfolgt wie die Abrechnung von Lohn und Gehältern. Laufend gewährte Sachbezüge werden wie laufende Bezüge abgerechnet, einmal pro Jahr gewährte Sachbezüge werden wie Sonderzahlungen abgerechnet. Kostenbeiträge des Dienstnehmers reduzieren den Sachbezugswert.

Bei der **Berechnung der Sozialversicherung** ist folgende **Vergleichsrechnung** zu machen:

Werden Geld- und Sachbezüge gewährt, darf der dem Arbeitnehmer verrechnete Dienstnehmeranteil **20 % der Geldbezüge nicht** übersteigen. Den übersteigenden Betrag hat der **Dienstgeber** zu tragen. Die **Arbeiterkammerumlage** und der **Wohnbauförderungsbeitrag** werden jedoch von der **tatsächlichen Beitragsgrundlage** aus der Summe von Geld- und Sachbezug berechnet.[259]

256 § 3 Abs 1 Z 39 EStG.
257 LStR Rz 112j.
258 § 49 Abs 1 ASVG.
259 § 53 Abs 1 ASVG.

Erhält der Dienstnehmer nur einen Sachbezug ohne Geldbezug, hat der Dienstgeber den gesamten Dienstnehmeranteil der Sozialversicherung zu tragen.[260]

Beispiel zum Sachbezug

Ein Angestellter erhält einen Grundlohn in Höhe von EUR 1.950 sowie einen Sachbezug laut Sachbezugsverordnung in Höhe von EUR 500.

Lösung

Anlässlich des Austritts ist folgende Abrechnung vorzunehmen bzw erhält der Dienstnehmer folgende Beträge:

Gehalt Jänner:	EUR 1.950
Sachbezug:	EUR 700
Bruttobezug:	EUR 2.650

Bei der **Berechnung der Sozialversicherung** ist zu beachten, dass, wenn Geld- und Sachbezüge gewährt werden, der dem Arbeitnehmer verrechnete Dienstnehmeranteil **20 % der Geldbezüge nicht** übersteigen darf. Den übersteigenden Betrag hat der **Dienstgeber** zu tragen. Die **Arbeiterkammerumlage** und der **Wohnbauförderungsbeitrag** werden jedoch von der tatsächlichen Beitragsgrundlage aus der Summe von Geld- und Sachbezug berechnet.

- **Bruttobezug:** EUR 2.650 × 17,12 % = EUR 453,68

Vergleichsrechnung

- **Beitragsgrundlage Geldbezug:** EUR 1.950 × 20 % = EUR 390
- **Beitragsgrundlage Geld- und Sachbezug:** EUR 2.650 × 1 % (0,5 % Arbeiterkammerumlage + 0,5 % Wohnbauförderungsbeitrag) = EUR 26,50
- **Summe Vergleichsrechnung:** EUR 390 + EUR 26,50 = EUR 416,50

Es darf dem Dienstnehmer ein Sozialversicherungsbeitrag von maximal EUR 416,50 abgezogen werden. Der darüber hinausgehende Betrag von EUR 37,18 (EUR 453,68 – EUR 416,50) trägt neben dem Dienstgeberanteil der Dienstgeber.

Der Dienstgeber hat neben dem Dienstgeberanteil auf Grund der 20-Prozent-Regelung den Betrag von EUR 37,18 zu übernehmen.

Praxistipp

Sachbezug während entgeltfreier Zeiten: Wird einem Dienstnehmer ausschließlich ein Sachbezug (beispielsweise die Privatnutzung eines firmeneigenen Kraftfahrzeuges oder die Weiternutzung einer Dienstwohnung) während folgender entgeltfreier Zeit bei Unterbrechung des Dienstverhältnisses unentgeltlich oder verbilligt weitergewährt, ist der Sachbezugswert in der Sozialversicherung beitragsfrei.[261]

Wird während einer Karenzierung ein **neues Beschäftigungsverhältnis** zum selben Dienstgeber eingegangen und handelt es sich dabei arbeitsrechtlich tatsächlich um ein eigenständiges Dienstverhältnis, bleibt der aus dem karenzierten Dienstverhältnis wei-

260 § 53 Abs 2 ASVG.

261 Karenz nach dem Mutterschutzgesetz 1979 bzw dem Väter-Karenzgesetz, einer Bildungskarenz, Präsenz-, Ausbildungs- oder Zivildienstes, gänzlichen Freistellung wegen einer Familienhospizkarenz, Pflegekarenz, unbezahlten Urlaubes länger als ein Monat, Schutzfrist, Freistellung anlässlich der Geburt eines Kindes (Papamonat) oder nach Beendigung des Dienstverhältnisses.

tergewährte Sachbezug beitragsfrei. Der Sachbezug ist in diesem Fall auch nicht dem zweiten Beschäftigungsverhältnis hinzuzurechnen.

Sachbezug während eines Krankenstandes: Werden während des Krankenstandes ausschließlich Sachbezüge gewährt, besteht für diese Sachbezüge keine Beitragspflicht mehr. [262]

Um die Bemessungsgrundlage für den Sachbezug festzustellen, muss der **Geldwert** ermittelt werden. Dazu verwendet man für häufig vorkommende Sachbezüge die mit Verordnung des Bundesministers für Finanzen pauschal festgelegten Werte.[263]

Auf die **wesentlichen Sachbezugswerte** laut Verordnung wird im Folgenden eingegangen.

8.8.1. Volle freie Station (Kost und Logis)

Der **Wert der vollen freien Station** beträgt **EUR 196,20** monatlich. In diesem Betrag sind enthalten:

- die Wohnung (ohne Beheizung und Beleuchtung) mit 1/10,
- die Beheizung und Beleuchtung mit 1/10,
- das erste und zweite Frühstück mit je 1/10,
- das Mittagessen mit 3/10,
- die Jause mit 1/10,
- das Abendessen mit 2/10.[264]

Wird die volle freie Station nicht nur dem Arbeitnehmer, sondern auch seinen Familienangehörigen gewährt, so erhöhen sich die genannten Beträge:

- für den **Ehegatten** (Lebensgefährten) um 80 %,
- für jedes **Kind bis zum 6. Lebensjahr** um 30 %,
- für jedes **nicht volljährige Kind im Alter von mehr als 6 Jahren** um 40 %, und
- für jedes **volljährige Kind** sowie jede andere im Haushalt des Arbeitnehmers lebende Person, sofern der Arbeitgeber die volle freie Station gewährt, um 80 %.

Werden im Zusammenhang mit der Gewährung der vollen freien Station Kostenanteile durch den Arbeitnehmer geleistet, vermindert sich der Betrag von EUR 196,20 um den entsprechenden Anteilswert.

Wird die volle oder teilweise freie Station **tageweise** oder **wochenweise** gewährt, so ist für den Tag 1/30 (EUR 6,54) und für die Woche 7/30 (EUR 45,78) des angegebenen Betrages anzusetzen.[265]

262 Sachbezüge in entgeltfreien Zeiten und im Krankenstand (gesundheitskasse.at).
263 Sachbezugswerteverordnung.
264 LStR Rz 143.
265 LStR Rz 146.

Beispiel zur vollen freien Station

Ein Angestellter erhält einmal in der Woche die volle freie Station.

Lösung

Der monatliche Sachbezug errechnet sich wie folgt, wobei der Wert der vollen freien Station EUR 196,20 beträgt: EUR 196,20 / 30 (Tage) × 4,33 (Wochen) = EUR 28,32.

Praxistipp

Freie oder verbilligte Mahlzeiten von Arbeitnehmern im Gast-, Schank- und Beherbergungsgewerbe sind unabhängig von kollektivvertraglichen Regelungen steuerfrei.[266]

Die Zurverfügungstellung einer einfachen arbeitsplatznahen Unterkunft (zB Schlafstelle, Burschenzimmer) durch den Arbeitgeber ist **kein steuerpflichtiger Sachbezug**, sofern an dieser Unterkunft nicht der **Mittelpunkt der Lebensinteressen** begründet wird. Dies wird bspw bei saisonbeschäftigten Arbeitnehmern im Fremdenverkehr oder Krankenpflegeschülern zutreffen.[267]

8.8.2. Wohnraumbewertung

Bei der Bewertung von Wohnraum, die der Arbeitgeber seinem Arbeitnehmer kostenlos oder verbilligt zur Verfügung stellt, ist zu unterscheiden, ob

- sich die Wohnung im **Eigentum des Dienstgebers** befindet oder
- die Wohnung vom Arbeitgeber **angemietet** wird.

8.8.2.1. Wohnung befindet sich im Eigentum des Dienstgebers

Folgendes vierstufiges Berechnungsverfahren ist anzuwenden.

1. Schritt – Feststellung des Richtwerts und des daraus abgeleiteten Sachbezugswertes auf Basis einer Normwohnung

Der **Richtwert** ist jener Betrag, der für die **mietrechtliche Normwohnung** festgesetzt ist. Er bildet die Grundlage für die Berechnung des angemessenen Hauptmietzinses.

Die **mietrechtliche Normwohnung** wird wie folgt bestimmt:[268]

- Die Wohnung mit einer Nutzfläche zwischen 30 m^2 und 130 m^2 befindet sich in brauchbarem Zustand.

266 LStR Rz 147.
267 LStR Rz 148.
268 LStR Rz 154e.

- Die Wohnung besteht aus Zimmer, Küche (Kochnische), Vorraum, Klosett und einer dem zeitgemäßen Standard entsprechenden Badegelegenheit (Baderaum oder Badenische).
- Die Wohnung hat eine Etagenheizung oder eine gleichwertige stationäre Heizung.

Der **Richtwert** stellt den **Preis pro m^2 inkl Betriebskosten** und **Umsatzsteuer** ohne **Heizkosten** dar.

Die festgesetzten Richtwerte sind je nach Bundesland verschieden:

Bundesland	Richtwerte ab 1.1.2023 in EUR
Burgenland	5,61
Kärnten	7,20
Niederösterreich	6,31
Oberösterreich	6,66
Salzburg	8,50
Steiermark	8,49
Tirol	7,50
Vorarlberg	9,44
Wien	6,15

Tab 13: Richtwerte je Bundesland

Beispiel 1 zum Sachbezug – Wohnung

Wie hoch ist der vorläufige Sachbezugswert einer 70 m^2 großen Wohnung in **Salzburg**?

Lösung

Der vorläufige pauschale Sachbezugswert errechnet sich wie folgt:
EUR 8,50 × 70 (m^2) = EUR 595

2. Schritt – Berücksichtigung von eventuellen Abschlägen beim Sachbezugswert

- Werden die Betriebskosten vom Arbeitnehmer getragen, ist von den Quadratmeterwerten ein Abschlag von 25 % vorzunehmen.
- Für Wohnraum, der den Standard der mietrechtlichen Normwohnung nicht erreicht, ist der errechnete vorläufige Sachbezugswert gemäß Schritt 1 um 30 % zu vermindern.[269]
- Bei Dienstwohnungen für Hausbesorger, Hausbetreuer und Portiere ist der errechnete vorläufige Sachbezugswert gemäß Schritt 1 um 35 % zu vermindern.[270]

269 LStR Rz 154e.
270 LStR Rz 155.

Eine Reduktion des Sachbezugswertes (um 35 %) steht zu, wenn jener Wohnraum, der dem jeweiligen Arbeitnehmer zur Nutzung zur Verfügung steht, 40 m^2 nicht übersteigt.[271]

Beispiel 2 zum Sachbezug – Wohnung

Zwei Arbeitnehmern im Gastgewerbe wird eine arbeitsplatznahe Unterkunft (45 m^2) kostenlos zur Verfügung gestellt. Beide Arbeitnehmer verfügen jeweils über ein eigenes Schlafzimmer (Größe jeweils 16 m^2). Die übrige Wohnfläche (13 m^2) steht beiden Arbeitnehmern zur Verfügung.

Lösung

Da jeder Arbeitnehmer über eine Nutzungsmöglichkeit des Wohnraumes im Ausmaß von 29 m^2 verfügt, ist kein Sachbezug bezüglich der Unterkunft zu erfassen. (LStR Rz 162d)

3. Schritt – Vergleich des im 2. Schritt errechneten Sachbezugswerts mit dem fremdüblichen Mietwert des Verbrauchsortes

Mit diesem Vergleich sollen starke Abweichungen des pauschalen Sachbezugswerts von der fremdüblichen Miete berücksichtigt werden. Dabei wird die **fremdübliche Miete** um **25 %** reduziert. Danach wird die Bandbreite bestimmt, innerhalb derer die errechneten Sachbezugswerte zur Anwendung kommen:

- Der **errechnete pauschale Sachbezugswert abzüglich** 50 % ergibt die **Untergrenze**. Liegt die fremdübliche Miete abzüglich 25 % **unterhalb** der Bandbreite, ist die um 25 % gekürzte fremdübliche Miete als Sachbezugswert anzusetzen.
- Der **errechnete pauschale Sachbezugswert zuzüglich** 100 % ergibt die **Obergrenze**. Liegt die fremdübliche Miete abzüglich 25 % **oberhalb** der Bandbreite, ist die um 25 % gekürzte fremdübliche Miete als Sachbezugswert anzusetzen.

Das bedeutet: Liegt der um 25 % verminderte fremdübliche Mietwert innerhalb dieser Bandbreite, ist der **errechnete Sachbezugswert** anzusetzen.

Errechneter Sachbezugswert		
Untergrenze	Obergrenze	
Sachbezugswert abzüglich 50 %	Sachbezugswert zuzüglich 100 %	**fremdübliche Miete abzüglich 25 %**

Tab 14: Ober- und Untergrenzen für den Vergleich errechneter Sachwert und fremdüblicher Mietwert

271 VwGH 14.12.2021, Ra 2017/08/0039.

Beispiel 2 zum Sachbezug – Wohnung[272]

Der **Sachbezugswert** für eine Wohnung beträgt EUR 800. Die Wohnung entspricht dem Ausstattungsstandard einer Normwohnung.

Innerhalb welcher Grenzen sind die Sachbezugswerte anzusetzen? Ab Über- bzw Unterschreiten welcher Grenzen ist der um 25 % verminderte fremdübliche Mietzins anzusetzen?

Lösung

Die Bandbreite für die Berechnung bestimmt sich wie folgt:

- **Untergrenze:** EUR 800 × 50 % = EUR 400
- **Obergrenze:** EUR 800 × 200 % = EUR 1.600
- Liegt die fremdübliche Miete abzüglich 25 % **unterhalb der Untergrenze**, ist die fremdübliche Miete als Sachbezugswert anzusetzen.
- Liegt die fremdübliche Miete abzüglich 25 % **oberhalb der Obergrenze**, ist die um 25 % gekürzte fremdübliche Miete als Sachbezugswert anzusetzen.
- Liegt die fremdübliche Miete innerhalb dieser **Bandbreite**, ist als Sachbezugswert EUR 800 anzusetzen.

Beispiel 3 zum Sachbezug – Wohnung[273]

Der **Sachbezugswert** für eine 75-m²-Wohnung in der Steiermark beträgt EUR 636,75. Die Wohnung entspricht nicht dem Ausstattungsstandard einer Normwohnung.

Die **fremdübliche Miete** am Abgabeort beträgt EUR 400.

Lösung

Der vorläufige Sachbezug ist um 30 % zu kürzen. Der pauschale Sachbezug errechnet sich daher wie folgt:

EUR 636,75 abzüglich 30 % = **EUR 445,73**

Die **fremdübliche Miete** am Abgabeort beträgt EUR 400; gekürzt um 25 % ergibt dies einen **Vergleichsbetrag von EUR 300**.

Eine Abweichung um mehr als 50 % liegt vor, wenn der Wert von EUR 222,87 (EUR 445,73 × 50 %) unterschritten wird. Da dies nicht der Fall ist, kommt der pauschale Wert laut Sachbezugswerteverordnung in Höhe von EUR 445,73 zum Ansatz.

Beispiel 4 zum Sachbezug – Wohnung[274]

Der **Sachbezugswert** für eine 75-m²-Wohnung in der Steiermark beträgt EUR 636,75 Die Wohnung entspricht nicht dem Ausstattungsstandard einer Normwohnung.

Die **fremdübliche Miete** am Abgabeort beträgt EUR 250.

Lösung

Der vorläufige Sachbezug ist um 30 % zu kürzen. Der pauschale Sachbezug errechnet sich daher wie folgt:

EUR 636,75 abzüglich 30 % = **EUR 445,73**

Die **fremdübliche Miete** am Abgabeort beträgt EUR 250, gekürzt um 25 % ergibt dies einen **Vergleichsbetrag von EUR 187,50**.

---

272 LStR Rz 156.
273 LStR Rz 156.
274 LStR Rz 156.

Eine Abweichung um mehr als 50 % liegt vor, wenn der Wert von EUR 222,87 (EUR 445,73 × 50 %) unterschritten wird.

In diesem Fall liegt eine Abweichung um mehr als 50 % vor, sodass der um 25 % gekürzte fremdübliche Mietwert in Höhe von EUR 187,50 zum Ansatz kommt und nicht der pauschale Sachbezugswert.

4. Schritt – Berücksichtigung von Heizkosten

Trägt die Heizkosten der Arbeitgeber, ist ganzjährig ein Heizkostenzuschlag von **EUR 0,58** pro m² anzusetzen. **Kostenbeiträge** des Arbeitnehmers kürzen diesen Zuschlag.[275]

8.8.2.2. Wohnung wird vom Dienstgeber angemietet

Bei angemieteten Wohnungen sind die Quadratmeterwerte laut Sachbezugswerteverordnung der tatsächlichen Miete (samt Betriebskosten und Umsatzsteuer, exkl Heizkosten) abzüglich 25 % gegenüberzustellen; der **höhere Wert** bildet den **maßgeblichen Sachbezug**.

Trägt der Arbeitgeber bei einer von ihm gemieteten Wohnung die Heizkosten, ist der Sachbezugswert, um die auf die Wohnung entfallenden tatsächlichen Heizkosten des Arbeitgebers zu erhöhen. Können die tatsächlichen Kosten nicht ermittelt werden, ist ganzjährig ein Heizkostenzuschlag von EUR 0,58 pro m² anzusetzen. Kostenbeiträge des Arbeitnehmers kürzen diesen Zuschlag.

Betriebskosten, die der Arbeitnehmer selbst bezahlt, reduzieren den Sachbezugswert **vor** etwaigen anderen Kürzungen um 25 %.

Beispiel 5 zum Sachbezug – Wohnung[276]

Der Arbeitgeber mietet in Wien eine Wohnung mit 100 m² Wohnnutzfläche an und bezahlt EUR 1.000 Miete inklusive Betriebskosten und Umsatzsteuer. Der Richtwert beträgt EUR 6,15 pro m² für 100 m² daher gesamt EUR 615.

Lösung

Die vom Arbeitgeber bezahlte Miete (inkl Betriebskosten und Umsatzsteuer) beträgt EUR 1.000, davon abzüglich 25 % (EUR 250) ergibt einen Wert von EUR 750. Der höhere Wert ist als Sachbezug anzusetzen; somit EUR 750.

Beispiel 6 zum Sachbezug – Wohnung[277]

Der Arbeitgeber mietet in Wien eine Wohnung mit 100 m² Wohnnutzfläche an und bezahlt die Miete von EUR 1.000, die Betriebskosten in Höhe von EUR 220 Euro zahlt der Arbeitnehmer. Laut Sachbezugswerteverordnung beträgt der Richtwert EUR 6,15 pro m², für 100 m² Wohnnutzfläche ergibt dies EUR 615.

---

275 LStR Rz 154b.

276 LStR Rz 160.

277 LStR Rz 160.

Lösung

Die Bewertung von EUR 615 ist wegen der selbstbezahlten Betriebskosten um 25 % zu kürzen. Das ergibt einen Wert von **EUR 461,25**.

Die vom Arbeitgeber bezahlte Miete von EUR 1.000 inkl Betriebskosten und Umsatzsteuer abzüglich EUR 220 ergibt einen tatsächlichen Mietwert von EUR 780, der noch um 25 % reduziert werden muss, um auf den Vergleichswert zu kommen. Dieser ergibt EUR 585.

Der anzusetzende Wert ist der höhere Wert von EUR 585.

8.8.2.3. Arbeitsplatznahe Unterkunft

Liegt die **rasche Verfügbarkeit des Arbeitnehmers** am Arbeitsplatz nach der Natur des Dienstverhältnisses im besonderen Interesse des Arbeitgebers und überlässt der Arbeitgeber dem Arbeitnehmer **kostenlos** oder **verbilligt** eine arbeitsplatznahe Unterkunft (Wohnung, Appartement, Zimmer), gilt Folgendes:

- Bis zu einer Größe von 30 m^2 ist **kein Sachbezug** anzusetzen.
- Bei einer Größe von mehr als 30 m^2, aber nicht mehr als 40 m^2 ist der errechnete Sachbezugswert bei im Eigentum des Arbeitgebers befindlichen Wohnungen **um 35 % zu vermindern**, wenn die arbeitsplatznahe Unterkunft durchgehend höchstens zwölf Monate vom selben Arbeitgeber zur Verfügung gestellt wird.[278]
- Ab einer Größe von mehr als 40 m^2 ist der **Sachbezug ohne Kürzung** anzusetzen.

Für die Zurverfügungstellung einer einfachen **arbeitsplatznahen Unterkunft** (zB Schlafstelle, Burschenzimmer) durch den Arbeitgeber ist kein steuerpflichtiger Sachbezug anzusetzen, sofern an dieser Unterkunft **nicht** der **Mittelpunkt der Lebensinteressen** begründet wird. Dies wird bspw bei saisonbeschäftigten Arbeitnehmer im Fremdenverkehr oder Krankenpflegeschülern zutreffen.[279]

8.8.2.4. Arbeitgeber stellt dem Arbeitnehmer Wohnraum kostenlos oder verbilligt zur Verfügung

Stellt der Arbeitgeber seinem Arbeitnehmer Wohnraum **kostenlos** oder **verbilligt** zur Verfügung, gelangt die Sachbezugswerteverordnung nicht zur Anwendung und es gilt Folgendes:

Eine freie (unentgeltlich überlassene) Dienstwohnung stellt nur dann **keinen geldwerten Vorteil aus dem Dienstverhältnis** und daher auch keine Einnahme des Arbeitnehmers dar (**kein Sachbezug**), wenn Letzterer die Dienstwohnung ausschließlich im Interesse des Arbeitgebers in Anspruch nimmt und seine bisherige Wohnung beibehält.

Von einem ausschließlichen Interesse des Arbeitgebers ist dann auszugehen, wenn die bereitgestellte Wohnung nach Art und Umfang (Ausstattung) auf die

278 LStR Rz 154a zu § 2 Abs 7a Sachbezugswerteverordnung.
279 LStR Rz 148.

Nutzung in Zusammenhang mit der beruflichen Tätigkeit abstellt (zB Dienstwohnung eines Werkportiers auf dem Werkgelände, wenn gleichzeitig die eigene Wohnung beibehalten wird und die Zurverfügungstellung auf die Tage der Dienstausübung beschränkt ist).

Praxistipp

Wird hingegen eine Wohnung zur Verfügung gestellt, die nach objektiven Kriterien als **Mittelpunkt der Lebensinteressen** verwendet werden kann, liegt ein **steuerpflichtiger Sachbezug** auch dann vor, wenn die eigene Wohnung beibehalten wird.

Liegen die Voraussetzungen für die Berücksichtigung von Aufwendungen für eine **doppelte Haushaltsführung** vor, stehen Werbungskosten in Höhe des hinzugerechneten Sachbezugswertes der Dienstwohnung zu. Wenn sich der Arbeitnehmer durch den Bezug einer arbeitsplatznahen Dienstwohnung größere Fahrtstrecken erspart, liegt das Interesse an der Inanspruchnahme der Dienstwohnung jedenfalls nicht mehr ausschließlich beim Arbeitgeber.[280]

8.8.2.5. Dienstwohnung wird über das Ende des Dienstverhältnisses zur Verfügung gestellt

Wird einem Arbeitnehmer eine Dienstwohnung über das Ende des Dienstverhältnisses zur Verfügung gestellt, liegen **Einkünfte aus unselbständiger Arbeit** vor. Daraus ergibt sich, dass der Sachbezug für die Benutzung einer Dienstwohnung nach Beendigung des Dienstverhältnisses ebenfalls der **Lohnsteuerpflicht** unterliegt. Für die Erfassung im Wege der Veranlagung ist ein Lohnzettel zu übermitteln, sofern sich auf Grund der Höhe des Sachbezugswertes ein Lohnsteuerabzug ergibt.[281]

8.8.2.6. Verbilligte Überlassung von Wohnraum

Die **verbilligte Überlassung von Wohnraum** stellt dann **keinen Vorteil aus dem Dienstverhältnis** dar, wenn ein unter den Sachbezugswerten liegendes Nutzungsentgelt wegen **zwingender gesetzlicher Mietzinsbeschränkungen**, die unabhängig von der Arbeitnehmereigenschaft einzuhalten sind, vereinbart wurde. In einem solchen Fall ist nämlich das auf den ortsüblichen Preis fehlende Entgelt nicht auf das Vorliegen eines Dienstverhältnisses zurückzuführen.[282]

8.8.2.7. Nutzung einer Dienstwohnung durch mehrere Dienstnehmer

Wird der Wohnraum (zB eine Wohnung oder ein Einfamilienhaus) mehreren Arbeitnehmern kostenlos oder verbilligt zur Verfügung gestellt, dann ist der Sach-

280 LStR Rz 162.
281 LStR Rz 162a.
282 LStR Rz 162b.

bezugswert entsprechend der eingeräumten Nutzungsmöglichkeit **aufzuteilen**; im Zweifel ist der Sachbezugswert durch die Anzahl der Arbeitnehmer zu dividieren.[283]

Beispiel 7 zum Sachbezug – Wohnung

Eine Dienstwohnung in Wien (1 Zimmer à 30 m^2; 1 Zimmer à 40 m^2; Bad, Küche, Abstellraum und Vorraum zusammen 20 m^2) wird 2 Arbeitnehmern kostenlos zur Verfügung gestellt.

Der monatliche Sachbezugswert für die gesamte Dienstwohnung beträgt EUR 615 (100 m^2 × EUR 6,15). Der Arbeitgeber stellt das kleinere Zimmer dem Arbeitnehmer A, das größere Zimmer dem Arbeitnehmer B und die sonstigen Räume beiden Arbeitnehmern gemeinsam zur Verfügung.

Lösung

Der Sachbezugswert ist entsprechend den Nutzungsmöglichkeiten, also im Verhältnis 5: 6, aufzuteilen. Der anteilige Sachbezugswert für A beträgt EUR 279,55, für B EUR 335,45.

8.8.3. Privatnutzung des arbeitgebereigenen Kfz

Kfz im Sinne der Sachbezugswerteverordnung sind mehrspurige Kfz (Pkw, Kombi, Fiskal-Lkw) und Motorräder. Seit **1.11.2019** fallen auch Motorräder, Motorfahrräder, Mopeds und Quads unter die Sachbezugswerteverordnung, sofern sie nicht ausschließlich mit elektronischem oder elektrohydraulischem Antrieb betrieben werden.

Praxistipp

Besteht für den Arbeitnehmer die Möglichkeit, ein arbeitgebereigenes Fahrrad oder Kraftrad mit **einem CO_2-Wert von 0 Gramm pro Kilometer** für nicht beruflich veranlasste Fahrten einschließlich Fahrten zwischen Wohnung und Arbeitsstätte zu benützen, ist **kein Sachbezugswert** anzusetzen. Das wären beispielsweise: Motorfahrräder, Motorräder, Quads, die ausschließlich mit elektrischem oder elektrohydraulischem Antrieb betrieben werden.[284]

Besteht für den Arbeitnehmer die Möglichkeit, ein firmeneigenes Kfz für Privatfahrten zu benützen, sind für als monatlicher Sachbezug anzusetzen:

- **2 % der tatsächlichen Anschaffungskosten des Kfz** (einschließlich Umsatzsteuer und Normverbrauchsabgabe), maximal **EUR 960**, oder
- **1,5 % der tatsächlichen Anschaffungskosten des Kfz** (einschließlich Umsatzsteuer und Normverbrauchsabgabe), maximal **EUR 720,** wenn der Grenzwert für schadstoffarme Fahrzeuge nicht überschritten wird.

283 LStR Rz 162c.
284 § 4b Sachbezugswerteverordnung.

Die Anschaffungskosten umfassen auch die Kosten der Sonderausstattung (zB integriertes Navigationsgerät). Selbständig bewertbare Teile (zB transportables Navigationsgerät) gehören nicht zu den Anschaffungskosten.[285]

Der maßgebliche CO_2-Emissionswert ergibt sich aus dem **CO_2-Emissionswert** des **kombinierten Verbrauches laut Typen- bzw Einzelgenehmigung**. Sofern für ein Kfz kein CO_2-Emissionswert vorliegt, ist der Sachbezug in Höhe von 2 % der Anschaffungskosten anzusetzen.[286]

Wird der Dienstwagen im Jahresdurchschnitt **nicht mehr als 500 km** monatlich für Privatfahrten verwendet, beträgt der Sachbezugswert die **Hälfte**.[287]

Praxistipp

Für **Kalendermonate**, in denen das Kfz nicht zur Verfügung steht (auch nicht für dienstliche Fahrten), ist **kein Sachbezugswert** hinzuzurechnen.[288]

Ein Sachbezugswert ist jedoch dann anzusetzen, wenn nach der Lebenserfahrung auf Grund des Gesamtbildes der Verhältnisse anzunehmen ist, dass der Arbeitnehmer die eingeräumte Möglichkeit, das arbeitgebereigene Kraftfahrzeug privat zu verwenden, – wenn auch nur fallweise – nützt.[289]

Krankenstand, Urlaub, während dessen Dauer das Kfz nicht verwendet werden, mindern den Sachbezug grundsätzlich **nicht**.

8.8.3.1. Grenzwert für Erstzulassung von Kraftfahrzeugen bis 31.3.2020

Für die Einstufung ist der CO_2-Emissionswert im Jahr der **Anschaffung** maßgeblich. Der Anschaffungszeitpunkt entspricht dem Zeitpunkt der Erlangung des wirtschaftlichen Eigentums.

Grenzwerte für schadstoffarme Fahrzeuge bis 31.3.2020	
Jahr der Anschaffung	maximaler CO_2-Emissionswert in g pro km
2016 und früher	130
2017	127
2018	124
2019	121
2020	118

Tab 15: Grenzwerte für schadstoffarme Fahrzeuge bis 2020

285 LStR Rz 168.
286 LStR Rz 175a.
287 LStR Rz 169.
288 LStR Rz 175.
289 VwGH 7.8.2001, 97/14/0175.

Die 130 Gramm-Grenze ist für sämtliche Kfz maßgeblich, die im Jahr 2016 oder davor angeschafft werden.

Überschreitet beispielsweise ein im Jahr 2016 oder **davor** angeschafftes Kfz die 130-Gramm-Grenze nicht, kann der reduzierte Prozentsatz von 1,5 % auch in den Folgejahren angesetzt werden.

Für Kfz mit **einem Erstzulassungsdatum** vor dem 1.4.2020 sind die CO_2-Emissionswertgrenzen auch für Lohnzahlungszeiträume, die nach dem 31.3.2020 enden, weiterhin anzuwenden.[290]

Beispiel 1 zum Sachbezug – Kfz

Ein Kfz wird im Jahr 2018 erstmalig angeschafft. Der CO_2-Emissionswert beträgt 122 g pro km.

Lösung

Für 2018 und Folgejahre kommt der begünstigte Sachbezugswert von 1,5 % zur Anwendung.

Beispiel 2 zum Sachbezug – Kfz

Der Arbeitgeber erwirbt im Februar 2020 einen Neuwagen um EUR 30.000 einschließlich USt und NoVA. Das Kfz wird im März 2020 erstmals zugelassen und dem Arbeitnehmer zur Privatnutzung zur Verfügung gestellt. Der CO_2-Emissionswert beträgt laut Zulassungsschein 117 Gramm pro Kilometer.

Lösung

Da die Erstzulassung vor dem 1.4.2020 erfolgt, ist auf die CO_2-Emissionswertgrenze entsprechend der „alten" Rechtslage abzustellen. Da der CO_2-Grenzwert für 2020 nach der bis 31.3.2020 geltenden Rechtslage 118 beträgt, ist der Sachbezug daher 1,5 % der tatsächlichen Anschaffungskosten des Kfz (einschließlich Umsatzsteuer und Normverbrauchsabgabe) in Höhe von EUR 450.

8.8.3.2. Grenzwert für Erstzulassung von Kraftfahrzeugen seit 1.4.2020

Mit der Umstellung bei der Ermittlung der CO_2-Emissionswertes auf das neue weltweite harmonisierte Messverfahren haben sich auch die **CO_2-Emissionsgrenzwerte geändert**. Da dieses Messverfahren zu höheren CO_2-Emissionswerten führt, gelten seit 1.4.2020 folgende höhere Grenzwerte, wenn für das Fahrzeug im Typenschein bzw im Einzelgenehmigungsbescheid der entsprechende Wert ausgewiesen ist.

Für Kalendermonate, in denen das Kfz nicht zur Verfügung steht (auch nicht für dienstliche Fahrten), ist kein Sachbezugswert hinzuzurechnen.

Für die Einstufung ist der für das Kalenderjahr, in dem das KFZ erstmalig zugelassen wird, geltende CO_2-Emissionswert maßgeblich. Der entsprechende Prozentsatz 2 % oder 1,5 % gilt dann auch für die Folgejahre.

290 LStR Rz 174b.

Grenzwerte für schadstoffarme Fahrzeuge seit 1. April 2020	
Jahr der Anschaffung	maximaler CO_2-Emissionswert in g pro km
1.4. bis 31.12.2020	141
2021	138
2022	135
2023	132
2024	129
ab 1. Jänner 2025	126

Tab 16: Grenzwerte für schadstoffarme Fahrzeuge seit 2020

Beispiel 3 zum Sachbezug – Kfz

Das Kfz wird im Juni 2020 um EUR 30.000 gekauft und erstzugelassen. Der CO_2-Emissionswert (WLTP) beträgt laut Zulassungsschein 140 Gramm pro Kilometer.

Lösung

Da die Erstzulassung nach dem 31.3.2020 erfolgt, ist auf die CO_2-Emissionswertgrenze entsprechend der Neuregelung ab 1.4.2020 abzustellen. Der CO_2-Grenzwert für 2020 liegt bei 141 Gramm pro Kilometer, daher beträgt der monatliche Sachbezug 1,5 % von EUR 30.000, somit EUR 450.

Beispiel 4 zum Sachbezug – Kfz

Das Kfz mit einem Wert von 129 Gramm pro Kilometer wird im Jänner 2021 erstmals zugelassen und nachweislich um einen Wert von EUR 42.000 erworben. Im Dezember 2023 wird dieses Kfz von einem Arbeitgeber gebraucht erworben.

Lösung

Da die Erstzulassung nach dem 31.3.2020 erfolgt, kommen die neuen CO_2-Emissionswertgrenzen zur Anwendung. Der CO_2-Emissionswert von 129 Gramm liegt unter den für das Jahr der Erstzulassung (2021) maßgeblichen 138 Gramm pro Kilometer, daher beträgt der monatliche Sachbezug 1,5 % von EUR 42.000, somit EUR 630.

8.8.3.3. Fahrzeugwechsel und CO_2-Emissionsgrenzwerte

Kommt es während des Lohnzahlungszeitraumes zu einem Fahrzeugwechsel, so bestehen keine Bedenken, wenn für den betreffenden Lohnzahlungszeitraum der Sachbezugswert entweder nach den Anschaffungskosten des bisherigen Fahrzeuges oder nach den Anschaffungskosten des neu zur Verfügung gestellten Fahrzeuges ermittelt wird, wenn für beide Fahrzeuge auf Grund des CO_2-Emissionswertes derselbe Prozentsatz auf die Bemessungsgrundlage zur Anwendung gelangt.

Kommen aber durch den Fahrzeugwechsel auf Grund des CO_2-Emissionswertes unterschiedliche Prozentsätze zur Anwendung, ist bezogen auf den Lohnzahlungszeitraum von einer Durchschnittsbetrachtung auszugehen.[291]

291 LStR Rz 185.

Beispiel zum Sachbezug – Fahrzeugwechsel

Einem Arbeitnehmer wurde ein arbeitgebereigenes Fahrzeug zur Verfügung gestellt, für welches ein Sachbezug mit 2 % der Anschaffungskosten in Höhe von EUR 960 anzusetzen war. Mit 18.10. erfolgt ein Fahrzeugwechsel und dem Arbeitnehmer wird als Dienstwagen ein arbeitgebereigenes Elektrofahrzeug mit einem Sachbezugswert von 0 % zur Verfügung gestellt.

Lösung

Als Sachbezug sind für Oktober 17/30 von EUR 960 = EUR 544 zu berücksichtigen. (Entnommen LStR Rz 185)

8.8.3.4. Reduktion der Sachbezugswerte bei wenig gefahrenen Privatkilometern

Verwendet der Dienstnehmer den Firmen-Kfz nur für wenige Privatfahrten, kann der Sachbezug aufgrund der gefahrenen Kilometer angesetzt werden.

Ergibt die Multiplikation der gefahrenen Kilometer mit den Werten der folgenden Tabelle einen geringeren Wert als die **Hälfte des Sachbezugswertes**, kann dieser geringe Wert angesetzt werden.[292]

Mini-Sachbezug		
Anzahl der gefahrenen Kilometer	CO_2 Grenzwert überschritten	CO_2 Grenzwert unterschritten
ohne Chauffeur	0,67 pro gefahrene km	0,50 pro gefahrene km
mit Chauffeur	0,96 pro gefahrene km	0,72 pro gefahrene km

Tab 17: Grenzwerte für den Mini-Sachbezug

Beispiel 5 zum Sachbezug – Kfz

Ein Kfz wird im Jahr 2018 erstmalig angeschafft. Der CO_2-Emissionswert beträgt 122 g pro km. Die Anschaffungskosten sind EUR 45.000.

Der Dienstnehmer fährt durchschnittlich 80 km privat mit dem Firmenauto.

Lösung

Für 2018 und Folgejahre kommt der begünstigte Sachbezugswert von 1,5 % zur Anwendung, weil der CO_2-Emissionsgrenzwert für 2018 von 122 g pro km unterschritten wird.

Der Sachbezugswert errechnet sich wie folgt:

Der halbe Sachbezugswert: EUR 45.000 × 1,5% × 50% = EUR 337,50 (Vergleichswert)

EUR 0,50 × 80 (km) = EUR 40

Es sind die EUR 40 anzusetzen, da dieser Wert geringer ist als der Vergleichswert.

---

292 LStR Rz 170.

8.8.3.5. Fahrten zwischen Wohnung und Arbeitsstätte

Als **Privatfahrten** gelten auch Fahrten zwischen Wohnung und Arbeitsstätte.[293]

Stellt der Betrieb einem oder einigen Mitarbeitern für die **tägliche Fahrt** zwischen **Wohnung** und **Arbeitsstätte** einen firmeneigenen Pkw zur Verfügung, sind folgende Fallkonstellationen möglich:[294]

- Fallkonstellation 1: Wird **einem Arbeitnehmer** ein firmeneigenes Kfz zur Verfügung gestellt, damit er andere Arbeitnehmer auf der Wegstrecke Wohnung–Arbeitsstätte befördert, entsteht den mitbeförderten Arbeitnehmern kein Aufwand, sodass ein **Pendlerpauschale nicht** zusteht, aber **auch kein Sachbezugswert** zuzurechnen ist. Beim Arbeitnehmer, dem der Pkw zur Verfügung gestellt wurde und der diesen Pkw auch für Privatfahrten nutzen kann, ist ein Sachbezugswert zuzurechnen. In diesem Fall hat der Fahrer Anspruch auf ein allfälliges Pendlerpauschale sowie den Pendlereuro.
- Fallkonstellation 2: Wird **mehreren Personen** zur gemeinsamen Nutzung für Fahrten zwischen Wohnung und Arbeitsstätte ein firmeneigenes Kfz überlassen und ist eine andere private Nutzung des Pkw nicht auszuschließen, ist der **Sachbezugswert** für das Fahrzeug im Ausmaß der **tatsächlichen Nutzung** den zur Nutzung berechtigten Bediensteten zuzurechnen. Erfolgt bspw die tatsächliche Nutzung für drei Arbeitnehmer jeweils im Ausmaß von einem Drittel, dann ist jedem Arbeitnehmer ein Sachbezugswert in Höhe von einem Drittel zuzurechnen. In diesem Fall steht den Arbeitnehmern **das Pendlerpauschale** zu.
- Fallkonstellation 3: Mehreren Personen wird ein Kfz für Baustellenfahrten zur Verfügung gestellt. Eine private Nutzung ist nicht zulässig. In diesem Fall liegt für alle beförderten Arbeitnehmer **Werkverkehr** vor. Der Nachweis der ausschließlichen beruflichen Nutzung (auch beim Fahrer) ist zu erbringen.

8.8.3.6. Kostenbeiträge des Arbeitnehmers

Kostenbeiträge des Arbeitnehmers an den Arbeitgeber mindern grundsätzlich den Sachbezugswert. Dies gilt sowohl für **laufenden Kostenersatz** (pauschal oder kilometerabhängig) als auch für einen **einmaligen Kostenbeitrag** bei der **Anschaffung des Fahrzeuges** durch den Arbeitgeber.

Bei **einmaligen Kostenbeiträgen** ist der Kostenbeitrag zuerst von den tatsächlichen Anschaffungskosten in Abzug zu bringen, davon der Sachbezug zu berechnen und dann erst der Höchstbetrag von EUR 720 bzw EUR 960 Euro (bzw der halbe Sachbezug EUR 360 bzw EUR 480) zu berücksichtigen.

293 LStR Rz 175.
294 LStR Rz 10184.

Beispiel zum einmaligen Kostenbeitrag

Ein Kfz (Anschaffungsjahr 2017) hat einen CO_2-Emissionswert von 124g pro km. Die Anschaffungskosten betragen EUR 16.000 und der einmalige Kostenbeitrag EUR 1.500. Wie hoch ist der Sachbezug?

Lösung

Da der CO_2-Emissionswert 124g pro km beträgt, ist ein Sachbezug von 1,5 % der Anschaffungskosten anzusetzen.

Dieser errechnet sich wie folgt:

EUR 16.000 (Anschaffungskosten) – EUR 1.500 (Kostenbeitrag) = EUR 14.500, davon 1,5 % = EUR 217,50

Bei einem **laufenden Kostenbeitrag** ist zuerst der Sachbezugswert von den tatsächlichen Anschaffungskosten zu berechnen.

Davon ist dann der Kostenbeitrag abzuziehen und danach ist erst der Höchstbetrag von EUR 720 bzw EUR 960 Euro (bzw EUR 360 bzw EUR 480) zu berücksichtigen.

Trägt der Arbeitnehmer Treibstoffkosten selbst, kann der Sachbezugswert deshalb nicht gekürzt werden.[295]

Beispiel 1 zum laufenden Kostenbeitrag

Ein Kfz (Anschaffungsjahr 2017) hat einen CO_2-Emissionswert von 124g pro km. Die Anschaffungskosten betragen EUR 36.000 und der laufende Kostenbeitrag pro Jahr EUR 250. Wie hoch ist der Sachbezug?

Lösung

Da der CO_2-Emissionswert 124g pro km beträgt, ist ein Sachbezug von 1,5 % der Anschaffungskosten anzusetzen. Dieser errechnet sich wie folgt:

EUR 36.000 (Anschaffungskosten) × 1,5 % = EUR 540 – EUR 250 = EUR 290

Die **betriebliche Angemessenheitsprüfung**[296] für Pkw und Kombis ist für den Bereich der Sachbezugsbewertung beim Arbeitnehmer unbeachtlich. Laufende und einmalige Kostenbeiträge des Arbeitnehmers sind **daher vor Wahrnehmung des Höchstbetrages** von EUR 720 (bzw EUR 360) oder EUR 960 (bzw EUR 480) zu berücksichtigen.[297]

Praxistipp

Wenn der Arbeitnehmer einen Kostenbeitrag für das Zurverfügungstellen eines Firmenautos **leistet** und dadurch den Ansatz eines **Sachbezugswertes verringert** oder sogar ausschließt, führt dies zu einem Ausschluss des Pendlerpauschales.[298]

295 LStR Rz 186.
296 § 20 Abs 1 Z 2 lit b EStG.
297 LStR Rz 187.
298 LStR Rz 267.

Wenn von der „**Zurverfügungstellung eines arbeitgebereigenen Kraftfahrzeuges**" ist Rede ist, die zum Versagen des Pendlerpauschales führt, kann dieser Ausschließungsgrund nicht schon dann verneint werden, wenn der Arbeitnehmer einen Kostenbeitrag in Höhe des lohnsteuerlichen Sachbezuges leistet.[299]

Ein Zurverfügungstellen eines arbeitgebereigenen Kfz kann erst dann verneint werden, wenn die Überlassung des Fahrzeugs zu fremdüblichen Bedingungen erfolgt.[300]

Die Kostenbeiträge mindern grundsätzlich den Sachbezugswert, ausgenommen Treibstoffkosten.

8.8.3.7. Mehrere Dienstnehmer verwenden verschiedene Fahrzeuge

Benützen verschiedene Arbeitnehmer abwechselnd arbeitgebereigene Kfz, sind bei Berechnung des Sachbezugswertes der Durchschnittswert der Anschaffungskosten aller Fahrzeuge und der Durchschnittswert des auf die Fahrzeuge anzuwendenden Prozentsatzes anzusetzen. In die Durchschnittsberechnung dürfen nur solche Fahrzeuge einbezogen werden, die vom Kreis der betroffenen Arbeitnehmer im Wesentlichen gleichmäßig benutzt werden. Dies gilt unter anderem auch für Autoverkäufer.[301]

Beispiel zum Sachbezug – Kfz, mehrere Dienstnehmer verwenden verschiedene Fahrzeuge

Mehrere Kfz wurden mit folgenden Werten erstmalig angeschafft:

- Kfz A, Anschaffungsjahr: 2015, Anschaffungswert: EUR 45.000, CO_2-Emissionswert: 122 g pro km, Sachbezug: 1,5 % der Anschaffungskosten
- Kfz B, Anschaffungsjahr: 2016, Anschaffungswert: EUR 36.000, CO_2-Emissionswert: 136 g pro km, Sachbezug: 2 % der Anschaffungskosten
- Kfz C, Anschaffungsjahr: 2016, Anschaffungswert: EUR 23.000, CO_2-Emissionswert: 122 g pro km, Sachbezug: 1,5 % der Anschaffungskosten

Wie hoch ist der Sachbezug?

Lösung

- **Gesamtwert der Anschaffungskosten:** EUR 45.000 + EUR 36.000 + EUR 23.000 = EUR 104.000
- **Durchschnittswert:** EUR 104.000 : 3 = EUR 34.666,66
- **Gesamtwert des Sachbezugs:** 5 %
- **Durchschnittswert:** 5 % : 3 = 1,67 %
- **Sachbezugswert:** EUR 34.666 × 1,67 % = EUR 578,92

8.8.3.8. Ein Dienstnehmer verwendet verschiedene Fahrzeuge

Hat ein Dienstnehmer den Vorteil der unentgeltlichen Nutzung mehrerer Kfz für Privatfahrten (zB zwei oder mehrere Pkw, Pkw und Motorrad), ist ein Sachbezugswert unter Berücksichtigung der CO_2-Emissionsgrenzen für jedes einzelne

299 VwGH 21.10.2020, Ro 2019/15/0185.
300 *Knechtl*, SWK 2021, 1213 ff.
301 LStR Rz 183.

Kfz anzusetzen. Bei entsprechend hohen Anschaffungskosten der Kfz ist es daher möglich, dass der Höchstbetrag von EUR 960 bzw EUR 720 mehrmals für jeden einzelnen Pkw oder für Pkw und Motorrad anzusetzen ist.[302]

Beispiel zum Sachbezug – Kfz

Dem Dienstnehmer stehen 2018 zwei Autos zur Verfügung:

- Kfz A, Anschaffungsjahr: 2016, Anschaffungswert: EUR 36.000, CO_2-Emissionswert: 136 g pro km, Sachbezug: 2 % der Anschaffungskosten
- Kfz B, Anschaffungsjahr: 2016, Anschaffungswert: EUR 23.000, CO_2-Emissionswert: 122 g pro km, Sachbezug: 1,5 % der Anschaffungskosten

Lösung

Insgesamt ergibt sich ein Sachbezugswert von EUR 36.000 × 2 % + EUR 23.000 × 1,5 % = EUR 1.065.

8.8.4. Privatnutzung des firmeneigenen Kfz-Abstellplatzes bzw -Garagenplatzes

Besteht für den Arbeitnehmer die Möglichkeit, während der Arbeitszeit in Bereichen, die einer **Parkraumbewirtschaftung** unterliegen, auf einem Abstellplatz oder Garagenplatz des Arbeitgebers zu parken, ist ein Sachbezug von EUR 14,53 monatlich anzusetzen.[303]

Gelegentliches Parken auch außerhalb der Arbeitszeit führt zu keinem höheren Wert. Die Bereitstellung eines Garagenplatzes in der Nähe der Wohnung des Arbeitnehmers, der ständig – auch außerhalb der Arbeitszeit – zur Verfügung steht, fällt nicht unter diese Regelung und ist individuell zu bewerten.[304]

Für Körperbehinderte, die zur Fortbewegung ein eigenes Kfz besitzen und Anspruch auf den Pauschbetrag über außergewöhnliche Belastungen haben, ist kein Sachbezugswert zuzurechnen.

8.8.5. Carsharing

Zuschüsse des Arbeitgebers für die Nutzung von **CO_2-emissionsfreien Fahrzeugen** für nicht beruflich veranlasste Fahrten im Rahmen von Carsharing bis zu EUR 200 Euro pro Kalenderjahr sind steuerfrei.[305]

Der Zuschuss muss direkt an den Carsharing-Anbieter oder in Form von Gutscheinen geleistet werden.

Der Arbeitgeber kann den Zuschuss entweder direkt an den Anbieter der Fahrzeuge leisten oder dem Arbeitnehmer einen Gutschein zur Verfügung stellen. In

302 LStR Rz 183a.
303 LStR Rz 188.
304 LStR Rz 194.
305 § 3 Abs 1 Z 35 EStG.

beiden Fällen muss vom Arbeitgeber sichergestellt werden, dass mit dem Zuschuss ausschließlich Fahrzeuge mit einem CO_2-Emissionswert von 0 genutzt werden können.[306]

8.8.6. Aufladen emissionsfreier Kraftfahrzeuge

Stellt der Arbeitgeber dem Arbeitnehmer ein emissionsfreies Kraftfahrzeug für nicht beruflich veranlasste Fahrten einschließlich Fahrten zwischen Wohnung und Arbeitsstätte zur Verfügung, ist für das unentgeltliche Aufladen dieses Kraftfahrzeuges beim Arbeitgeber ein **Sachbezugswert** von **null** anzusetzen.

Ersetzt oder trägt der Arbeitgeber die Kosten für das Aufladen dieses Kraftfahrzeuges, ist keine Einnahme anzusetzen, wenn die Kosten des Aufladens an einer öffentlichen Ladestation nachgewiesen werden oder die vom Arbeitnehmer verwendete Ladeeinrichtung die Zuordnung der Lademenge zu diesem Kraftfahrzeug sicherstellt. Die Höhe des Kostenersatzes muss auf Basis des von der Energie-Control Austria für die Regulierung der Elektrizitäts- und Erdgaswirtschaft (E-Control) für das erste Halbjahr des vorherigen Kalenderjahres festgelegten durchschnittlichen Strom-Gesamtpreises (Cent pro kWh) der Haushaltspreise (öffentliches Netz) ermittelt werden.[307]

8.8.7. Zinsersparnis bei zinsverbilligten oder unverzinslichen Gehaltsvorschüssen und Arbeitgeberdarlehen

Für den geldwerten Vorteil aus unverzinslichen oder zinsverbilligten Gehaltsvorschüssen und Arbeitgeberdarlehen ist, soweit der Gehaltsvorschuss oder das Arbeitgeberdarlehen den Betrag von EUR 7.300 insgesamt nicht übersteigen, kein Sachbezugswert anzusetzen.[308]

Bei einem Darlehen ist vom übersteigenden Betrag in Höhe der Zinsersparnis ein Sachbezug in Höhe von **1 % pro Jahr** (Wert 2023) vom aushaftenden Betrag zu berechnen.[309]

Beispiel zur Zinsersparnis

Ein Dienstgeber gewährt dem Mitarbeiter ein nicht verzinstes Darlehen in Höhe von EUR 11.000.

Lösung

Nach Abzug der EUR 7.300 verbleibt ein verzinsliches Darlehen in Höhe von EUR 3.700, das mit 1 % zu verzinsen ist. Für einen Monat ergibt sich ein Betrag von EUR 3.700 × 1 % / 12 (Monate) = EUR 3,08.[310]

306 LStR Rz 92m.
307 § 4c Abs 1 Sachbezugswerteverordnung.
308 § 3 Abs 1 Z 20 EStG.
309 § 5 Sachbezugswerteverordnung.
310 LStR Rz 207d.

8.8.8. Mitarbeiterrabatt

Mitarbeiterrabatte sind ein **geldwerter Vorteil**, der aus dem verbilligten oder kostenlosen Bezug von Waren oder Dienstleistungen entsteht. Dieser geldwerte Vorteil ist grundsätzlich als Sachbezug zu versteuern.[311]

Von der Einkommensteuer sind jedoch **Mitarbeiterrabatte** unter folgenden Voraussetzungen **befreit**:[312]

- Der **Mitarbeiterrabatt** wird **allen** oder **bestimmten Gruppen** von Arbeitnehmern eingeräumt.
- Die kostenlos oder verbilligt bezogenen Waren oder Dienstleistungen dürfen vom Arbeitnehmer weder **verkauft** noch zur Einkünfteerzielung verwendet und nur in einer solchen Menge gewährt werden, die einen Verkauf oder eine Einkünfteerzielung tatsächlich ausschließen.
- Er übersteigt im **Einzelfall nicht 20 %** (dabei handelt es sich um eine Freigrenze).
- Übersteigt der Mitarbeiterrabatt 20 %, sind Mitarbeiterrabatte insoweit steuerfrei, als ihr **Gesamtbetrag EUR 1.000 im Kalenderjahr** nicht übersteigt (dabei handelt es sich um einen Freibetrag).

Der Mitarbeiterrabatt ist von jenem Endpreis zu berechnen, zu welchem der Arbeitgeber die Ware oder Dienstleistung fremden Letztverbrauchern im allgemeinen Geschäftsverkehr anbietet. Endpreis ist jener Preis, von welchem übliche Kundenrabatte bereits abgezogen wurden.[313]

Beispiel 1 zum Mitarbeiterrabatt

Ein Unternehmer verkauft eine Ware an fremde Personen im allgemeinen Geschäftsverkehr um EUR 300. An seine Mitarbeiter verkauft der Unternehmer die Waren um EUR 240.

Lösung

Es ist kein Sachbezug anzusetzen, da der Preisnachlass EUR 60 beträgt und somit 20 % nicht übersteigt.

Beispiel 2 zum Mitarbeiterrabatt

Ein Unternehmer verkauft eine Ware an fremde Personen im allgemeinen Geschäftsverkehr um EUR 300. An seine Mitarbeiter verkauft der Unternehmer die Waren um EUR 220.

Lösung

Es wird ein Preisnachlass von EUR 80 und somit iHv mehr als 20 % gewährt, jedoch ist der Freibetrag von EUR 1.000 zu berücksichtigen. Daher ist in diesem Fall kein Sachbezug anzusetzen.

311 § 15 Abs 2 Z 3 lit a EStG.
312 § 3 Abs 1 Z 21 EStG.
313 LStR Rz 103.

9. Homeoffice

9.1. Arbeitsrechtliche Regelungen

9.1.1. Begriff des Homeoffice

Arbeit im Homeoffice liegt vor, wenn ein Arbeitnehmer regelmäßig Arbeitsleistungen in der **Wohnung** erbringt.[314]

Wohnung ist ein Wohnhaus, ein Nebenwohnsitz sowie der Wohnsitz naher Angehöriger oder einer Lebensgefährtin.

Außerhalb dieser Bereiche liegende berufliche Aktivitäten (zB Kaffeehaus, Schwimmbad, Restaurants, Vereinslokale oder öffentliche Flächen wie zB Parkanlagen) fallen hingegen nicht unter den Begriff Homeoffice.[315]

9.1.2. Vereinbarung von Homeoffice

Arbeit im Homeoffice ist zwischen dem Arbeitnehmer und dem Arbeitgeber aus Beweisgründen **schriftlich** zu **vereinbaren**.

Praxistipp

Auch eine nicht schriftliche Homeoffice-Vereinbarung ist gültig, sofern diese mündlich abgeschlossen wurde oder stillschweigend akzeptiert wurde.

Voraussetzung für die steuerlichen Begünstigungen iZm Homeoffice ist eine Vereinbarung zwischen Arbeitgeber und Arbeitnehmer. Diese Vereinbarung kann eine kollektivvertragliche oder individuelle Vereinbarung, aber auch eine Betriebsvereinbarung sein. Auch eine Homeoffice-Tätigkeit auf Basis einer Dienstanweisung durch den Arbeitgeber ist als Vereinbarung zu werten.[316]

Homeoffice kann einseitig weder vom Dienstgeber angeordnet noch vom Dienstnehmer eingefordert werden. Jedoch muss aufgrund der Dienstgeberfürsorgepflicht bzw der Dienstnehmertreuepflicht der andere Vertragspartner dem Wunsch auf Homeoffice zustimmen, sofern kein begründetes Interesse dagegensprechen.

9.1.3. Digitale Arbeitsmittel

Der Arbeitgeber hat grundsätzlich die für das regelmäßige Arbeiten im Homeoffice erforderlichen **digitalen Arbeitsmittel** bereitzustellen.

314 § 2h AVRAG.
315 *Zischka*, PVP 2021, 120.
316 Vgl LStR Rz 277d.

Von diesem Grundsatz kann durch Vereinbarung abgewichen werden, wenn der Arbeitgeber die **angemessenen** und **erforderlichen** Kosten, für die vom Arbeitnehmer für die Erbringung der Arbeitsleistung zur Verfügung gestellten digitalen Arbeitsmittel **trägt**. Die Kosten können auch pauschaliert abgegolten werden.[317]

Der Kostenersatz durch den Dienstgeber kann durch eine Einzelvereinbarung oder durch eine Betriebsvereinbarung erfolgen.

Praxistipp

Digitale Arbeitsmittel sind IT-Hardware (Computer, Drucker, Tastatur, Bildschirm, Drucker, Mobiltelefon etc) und -Software sowie die notwendige Datenverbindung.

9.1.4. Beendigung von Homeoffice

Die Homeoffice-Vereinbarung kann von einer Arbeitsvertragspartei bei Vorliegen eines **wichtigen Grundes** unter Einhaltung einer Frist von einem Monat zum Letzten eines Kalendermonats gelöst werden. Beispiele für wichtige Gründe sind: eine wesentliche Veränderung der Betriebsstruktur oder eine neue Wohnsituation des Dienstnehmers. Die Vereinbarung kann eine Befristung sowie Kündigungsregelungen beinhalten.[318]

9.1.5. Unfallversicherungsschutz bei Arbeiten im Homeoffice

Bei Arbeiten im Homeoffice gilt die Privatwohnung als **auswärtige Arbeitsstelle**.[319]

Daher gelten als Arbeitsunfälle auch Unfälle, die sich im zeitlichen und ursächlichen Zusammenhang mit der die Versicherung begründenden Beschäftigung in der Wohnung (Homeoffice) ereignen.[320]

Da der Gesetzgeber die Beschäftigung in der Wohnung (Homeoffice) mit einer **Arbeitsstätte** gleichstellt, sind auch folgende Unfälle Arbeitsunfälle:

- Unfälle auf einem mit dem Homeoffice **zusammenhängenden Weg** zur oder von der Arbeitsstätte,[321]
- Unfälle auf einem **Weg** von der Arbeitsstätte oder der Wohnung zu einer Untersuchungs- oder Behandlungsstelle (**Arztbesuch**, Ambulatorium, Krankenanstalt),[322]

317 § 2h Abs 3 AVRAG.
318 § 2h Abs 4 AVRAG.
319 § 2 Abs 3 ASchG.
320 § 175 Abs 1b ASVG.
321 § 175 Abs 2 Z 1 ASVG.
322 § 175 Abs 2 Z 2 ASVG.

- Unfälle bei einer mit der Beschäftigung zusammenhängenden Verwahrung, Beförderung, Instandhaltung und Erneuerung des **Arbeitsgerätes**, auch wenn dieses vom Versicherten beigestellt wird,[323]
- Unfälle bei einer mit der Beschäftigung zusammenhängenden Inanspruchnahme von **gesetzlichen beruflichen Vertretungen** (zB Kammer) oder **Berufsvereinigungen**;[324]
- Unfälle auf einem Weg von der Arbeitsstätte, den der Versicherte zurücklegt, um während der Arbeitszeit, einschließlich der in der Arbeitszeit liegenden gesetzlichen sowie kollektivvertraglich oder betrieblich vereinbarten **Arbeitspausen**, in der Nähe der Arbeitsstätte oder in seiner Wohnung **lebenswichtige persönliche Bedürfnisse zu befriedigen**, anschließend auf dem Weg zurück zur Arbeitsstätte sowie bei dieser Befriedigung der lebensnotwendigen Bedürfnisse, sofern sie in der Nähe der Arbeitsstätte, jedoch außerhalb der Wohnung des Versicherten erfolgt,[325]

Praxistipp

Einkäufe zum Mittagessen bzw Mittagessen im Gasthaus sind unfallversicherungsrechtlich geschützt, wenn diese vom Homeoffice aus angetreten werden. Unfälle bei Einkäufen nach Beendigung der Arbeit fallen bereits aufgrund der allgemeinen Regelung nicht unter die Schutzregelung von Arbeitsunfällen.

- Unfälle auf einem mit der unbaren Überweisung des Entgelts zusammenhängenden Weg von der Arbeitsstätte oder der Wohnung zu einem **Geldinstitut** zum Zweck der Behebung des Entgelts und anschließend auf dem Weg zurück zur Arbeitsstätte oder zur Wohnung,[326]

Praxistipp

Der Weg zu einem Bankomaten, um dort Bargeld zu Lasten des Gehaltskontos zu beheben, steht nicht unter dem Schutz der gesetzlichen Unfallversicherung, selbst wenn es sich um die erste Bargeldbehebung nach der Entgeltüberweisung handelt.[327]

- Unfälle auf einem Weg eines Versicherten zur oder von der Arbeitsstätte mit dem Zweck, ein Kind zu einer **Kinderbetreuungseinrichtung**, zur Tagesbetreuung, in fremde Obhut oder zu einer **Schule** zu bringen oder von dort abzuholen, sofern ihm für das Kind eine Aufsichtspflicht zukommt.[328]

323 § 175 Abs 2 Z 5 ASVG.
324 § 175 Abs 2 Z 6 ASVG.
325 § 175 Abs 2 Z 7 ASVG.
326 § 175 Abs 2 Z 8 ASVG.
327 OGH 19.1.2021, 10 Ob S 132/20i.
328 § 175 Abs 2 Z 10 ASVG.

9.2. Steuerrechtliche Regelungen

Die **Überlassung digitaler Arbeitsmittel** sowie die Gewährung einer **Home-Office Pauschale** von bis zu maximal EUR 300 stellen keine Einkünfte aus unselbständiger Arbeit dar und sind daher nicht steuerpflichtig. Die Homeoffice-Pauschale beträgt bis zu EUR 3,00 pro Tag im Homeoffice und steht für maximal 100 Tage steuerfrei zu.[329]

Werbungskosten sind Ausgaben für ergonomisch geeignetes Mobiliar (insbesondere Schreibtisch, Drehstuhl, Beleuchtung) eines in der Wohnung eingerichteten Arbeitsplatzes sind bis zu insgesamt EUR 300 (Höchstbetrag pro Kalenderjahr). Diese stehen nur dann dem Arbeitnehmer zu, wenn zumindest 26 Homeoffice-Tage erbracht worden sind.[330]

Übersteigen die Anschaffungs- oder Herstellungskosten insgesamt den Höchstbetrag, kann der Überschreitungsbetrag innerhalb des Höchstbetrages jeweils ab dem Folgejahr bis zum Kalenderjahr (nach aktueller Rechtslage) 2023 geltend gemacht werden.

Soweit das Homeoffice-Pauschale[331] den Höchstbetrag von EUR 3 pro Homeoffice-Tag nicht erreicht, ist die **Differenz** auf EUR 3 als Werbungskosten absetzbar.

Praxistipp

Ein Homeoffice-Tag ist kein Pendlertag. Für die Berechnung des Pendlerpauschales kommt es darauf an, wie oft in einem Kalendermonat tatsächlich zur Arbeit gefahren wird.

9.2.1. Überlassung digitaler Arbeitsmittel

Der Wert der digitalen Arbeitsmittel, die der Arbeitgeber dem Arbeitnehmer für seine berufliche Tätigkeit unentgeltlich überlässt, ist **nicht** sachbezugspflichtig (lohnsteuer-, sozialversicherungs- und lohnebenkostenfrei).

9.2.2. Homeoffice-Pauschale

Das Homeoffice-Pauschale beträgt bis zu EUR 3,00 pro Tag, an dem der Arbeitnehmer seine berufliche Tätigkeit auf Grund einer mit dem Arbeitgeber getroffenen **Vereinbarung** ausschließlich in der Wohnung ausübt (Homeoffice-Tag); es steht für höchstens 100 Tage im Kalenderjahr zu.[332]

329 § 26 Abs 9 EStG.
330 § 26 Z 9 lit a EStG.
331 § 26 Z 9 lit a EStG.
332 § 26 Abs 9a EStG.

Als Homeoffice-Tage gelten nur jene Tage, an denen die **gesamte berufliche Tätigkeit** ausschließlich in der **Wohnung** ausgeübt wird. Das Arbeitsausmaß (Vollzeit/Teilzeit) des Arbeitnehmers ist in diesem Zusammenhang nicht relevant.[333]

Praxistipp

Wie lange an einem Tag im Homeoffice gearbeitet wird, ist nicht wesentlich, entscheidend ist, dass die gesamte Arbeitsleistung an diesem Tag im Homeoffice erbracht wird.

Beispiel

A arbeitet von 8 Uhr bis 12 Uhr in seiner Wohnung in Ansfelden und fährt von dort aus um 12 Uhr auf Dienstreise nach Linz, wo er bis 16 Uhr im Außendienst (Kundenbesuche) verrichtet.

Lösung

Es liegt keine ausschließliche Tätigkeit im Homeoffice vor, daher liegt kein Homeoffice-Tag vor.

Beispiel

A arbeitet von 8 Uhr bis 12 Uhr in seiner Wohnung und ist am Nachmittag außer Dienst, da er sich Zeitausgleich nimmt.

Lösung

Die berufliche Tätigkeit fand ausschließlich in der Wohnung statt, wodurch ein Homeoffice-Tag vorliegt.

Wird an einem Arbeitstag wegen Krankheit oder Urlaub nicht gearbeitet, liegt kein Homeoffice-Tag vor. Erfolgt hingegen nach einigen Stunden Arbeit im Homeoffice ein Arztbesuch und danach findet keine Arbeit mehr statt, liegt ein Homeoffice-Tag vor.

Soweit das Homeoffice-Pauschale den Höchstbetrag von EUR 3,00 pro Homeoffice-Tag nicht erreicht, ist die Differenz auf EUR 3,00 als Werbungskosten zu berücksichtigen.[334] Diese „Differenzwerbungskosten“ sind als zusätzliche Werbungskosten bei der Arbeitnehmerveranlagung anzusetzen.

Beispiel

A arbeitet an 46 Tagen im Homeoffice. Der Dienstgeber zahlt eine Homeoffice-Pauschale in Höhe von EUR 2,00 pro Homeoffice-Tag.

Lösung

Der Dienstnehmer kann die Differenz zwischen EUR 3,00 und EUR 2,00 = EUR 1,00 im Rahmen seiner Arbeitnehmerveranlagung geltend machen. 46 Tage × EUR 1,00 = EUR 46.

333 LStR Rz 277c.

334 § 16 Abs 1 Z 7a lit b EStG.

9.2.3. Kosten für ergonomisch geeignetes Mobiliar

Werbungskosten sind auch „**Ausgaben** für **ergonomisch geeignetes Mobiliar** (insbesondere Schreibtisch, Drehstuhl, Beleuchtung) eines in der Wohnung eingerichteten Arbeitsplatzes bis zu insgesamt 300 Euro (Höchstbetrag pro Kalenderjahr), wenn der Arbeitnehmer zumindest **26 Homeoffice-Tage**[335] im Kalenderjahr geleistet hat."[336]

Übersteigen die Anschaffungs- oder Herstellungskosten insgesamt den Höchstbetrag, kann der Überschreitungsbetrag innerhalb des Höchstbetrages jeweils ab dem Folgejahr bis zum Kalenderjahr 2023 geltend gemacht werden.

Diese Werbungskosten werden nicht auf die allgemeine Werbungskosten-Pauschale angerechnet.

Von dieser Regelung umfasste Gegenstände unterliegen nicht der Abschreibung. Stattdessen steht grundsätzlich der Abzug der vollen Anschaffungs- oder Herstellungskosten zu, wird dabei aber der jährliche Höchstbetrag von EUR 300 überschritten, kann der übersteigende Teil in die nächsten Jahre (nach aktueller Rechtslage bis 2023) vorgetragen werden. Voraussetzung in den Folgejahren ist, dass die 26 Homeoffice-Tage erreicht werden.

9.2.4. Homeoffice-Pauschale und digitale Arbeitsmittel

Die **Ausgaben für digitale Arbeitsmittel** (Computer, Drucker, Tastatur, Bildschirm etc), zur Verwendung eines in der Wohnung eingerichteten Arbeitsplatzes sind, um das **Homeoffice-Pauschale** zu **kürzen**.

Zusätzlich sind die digitalen Arbeitsmittel um die Differenz zwischen der tatsächlich ausbezahlten Homeoffice-Pauschale und dem maximal möglichen Höchstbetrag von EUR 3,00 pro Homeoffice-Tag, die als **Werbungskosten** im Rahmen der Arbeitnehmerveranlagung zu berücksichtigen sind, zu kürzen.[337]

Beispiel

Der Dienstnehmer kauft 2021 ein Notebook um EUR 1.500. Die Nutzungsdauer beträgt 3 Jahre. Der Dienstnehmer hat 2021 36 Tage im Homeoffice gearbeitet. Der Dienstgeber hat pro Homeoffice-Tag EUR 3,00 gezahlt.

Lösung

Ohne besonderen Nachweis kann auf Grund der Erfahrungen des täglichen Lebens davon auszugehen sein, dass die private Nutzung eines beruflich verwendeten, im Haushalt des Steuerpflichtigen stationierten Computers mindestens 40 % beträgt.[338]

EUR 1.500 × 60 % = EUR 900 : 3 = EUR 300

335 § 26 Z 9 lit a EStG.
336 § 16 Abs 1 Z 7a lit a EStG.
337 § 16 Abs 1 Z 7a lit b EStG.
338 Vgl LStR Rz 339.

Die jährliche Abschreibung beträgt EUR 300.

Die abzuziehende (steuerfreie) Homeoffice Pauschale beträgt = EUR 3,00 × 36 Tage = EUR 108.

Von der jährlichen Abschreibung in Höhe von EUR 300 ist das steuerfreie Homeoffice-Pauschale in Höhe von EUR 108 zu kürzen. Im Rahmen der Arbeitnehmerveranlagung sind als Werbungskosten EUR 192 zu berücksichtigen.

10. Überstunden und Überstundenzuschläge

10.1. Arbeitsrechtliche Bestimmungen

Überstundenarbeit liegt vor, wenn die **tägliche Normalarbeitszeit** von 8 Stunden, die **wöchentliche Normalarbeitszeit** von 40 Stunden oder die durch Arbeitsbereitschaft verlängerte Normalarbeitszeit überschritten wird und kein Modell einer flexiblen Arbeitszeitgestaltung (zB Gleitzeitvereinbarung, Durchrechnungsmodell) vereinbart wurde.

Für die richtige Entlohnung der Überstunden muss der Wert einer **Überstunde**, der **Überstundengrundlohn**, ermittelt werden.

10.1.1. Überstundengrundlohn

Der **Überstundengrundlohn** errechnet sich aus dem Monatslohn oder Monatsgehalt dividiert durch den **Überstundenteiler**.

Dieser **Überstundenteiler** ist in der Regel im Kollektivvertrag festgelegt. Gibt es keinen vertraglich vereinbarten Teiler, lässt sich der entsprechende Wert über die **durchschnittliche monatliche Normalarbeitszeit** berechnen.

Fixe Monatslöhne müssen auf den Stundenlohn zurückgerechnet werden.

Die pro Monat durchschnittlich angefallenen Wochen sind **4,33 Wochen**. Die 4,33 Wochen ergeben sich, indem 52 Wochen pro Jahr durch 12 Monate dividiert werden.

Normalarbeitszeit	Berechnung des Teilers	Teiler	Teiler (gerundet)
38 Stunden	38 (Stunden) × 4,33 (Wochen)	164,67	165
38,5 Stunden	38,5 (Stunden) × 4,33 (Wochen)	166,83	167
40 Stunden	40 Stunden × 4,33 (Wochen)	173,33	173

Tab 18: Umrechnung Normalarbeitszeit in Monatsteiler bzw Überstundenteiler

Der Kollektivvertrag kann für die Errechnung eines Überstundengrundlohnes eines Dienstnehmers einen günstigeren Teiler festlegen.

Beispielsweise ist der Teiler beim Kollektivvertrag für Angestellte im Handel 158, für Arbeiter im eisen- und metallverarbeitenden Gewerbe 143.

Beispiel zum Überstundengrundlohn

Das Monatsgehalt beträgt EUR 2.690. Der Überstundenteiler ist laut Kollektivvertrag 165. Wie hoch ist der Überstundengrundlohn?

Lösung

Der Überstundengrundlohn errechnet sich aus dem Monatslohn oder Monatsgehalt, dividiert durch den Überstundenteiler: EUR 2.690 : 165 = EUR 16,30.

Nach der Auslegung des OGH ist die **Überstundenarbeit** die Fortsetzung der Normalarbeit. Aus diesem Grundsatz leitet sich ab, dass dem Dienstnehmer während der Überstundenarbeit jenes Entgelt bzw jene Entgeltbestandteile ausbezahlt werden, die ihm während der normalen Arbeitszeit gebühren (**Normallohn**).

Dieser Begriff des **Normallohns** wird nach der Rechtsprechung extensiv ausgelegt. Das bedeutet, dass dem Dienstnehmer auch die Entgeltbestandteile wie Zulagen, Zuschläge, Prämien und Provisionen zustehen.

Der Überstundenarbeit als Berechnungsbasis des Zuschlages ist der auf die einzelne Arbeitsstunde entfallende Normallohn zugrunde zu legen. Bei Akkord-, Stück- und Gedinglöhnen ist dieser nach dem Durchschnitt der letzten 13 Wochen zu bemessen. Durch Kollektivvertrag kann auch eine andere Berechnungsart vereinbart werden.[339]

Nicht zu dem Begriff Nominallohn zählen klassische Aufwandsentschädigungen, Sonderzahlungen, Sachbezüge, außerordentliche Entgeltbestandteile wie zB Kinderzulagen.[340]

Werden leistungsbezogene Entgelte wie **Provisionen** und **Prämien** ausbezahlt, stellt sich die Frage nach der richtigen Abrechnung.

Bei **Provisionen** ist als Überstundengrundlohn nur der entsprechende Anteil eines allfälligen fixen Bestandteils zu berücksichtigen. Der aufgrund der Verkaufstätigkeit **variable Anteil** der Provision wird **nicht** in den Überstundengrundlohn einbezogen. Der Grund liegt darin, dass die während der Überstunden erbrachte Verkaufstätigkeit bereits durch die Provision abgegolten ist.[341] Das **Überstundenentgelt** ist ein **Zeitentgelt** und die **Provision** ist ein **Leistungsentgelt**.[342]

Beispiel zu Überstunden und Provision

Ein Angestellter hat ein Monatsgehalt von EUR 2.690. Die Provision beträgt EUR 880. Die Normalstunden betragen 40 Stunden pro Woche. In diesem Monat leistet der Angestellte 10 Überstunden an einem Werktag, die mit einem Zuschlag mit 50 % abgerechnet werden. Wie hoch sind der Überstundengrundlohn und der Überstundenzuschlag?

Lösung

Der Überstundengrundlohn errechnet sich aus dem (fixen) Monatsgehalt ohne Provision: 40 Stunden pro Woche × 4,33 = 173 (gerundet): EUR 2.690 : 173 = EUR 15,55 pro Stunde.

Für die Berechnung des Überstundenzuschlags wird auch die Provision berücksichtigt. Dabei wird die Provision durch die insgesamt geleisteten Stunden 183 (173 Stunden + 10 Überstunden) dividiert und mit den Überstunden multipliziert: EUR 880 : 183 = EUR 4,81.

339 § 10 Abs 3 AZG.
340 *Artner*, PVP 2019, 248.
341 OGH 19.12.2002, 8 ObA 135/02i.
342 *Artner*, PVP 2019, 244.

Überstundengrundlohn: EUR 15,55 × 10 = EUR 155,50

Überstundenzuschlag: EUR 4,81 + EUR 15,55 = EUR 20,36 × 10 × 50 % (Überstundenzuschlag) = EUR 101,80

Summe: EUR 257,30

Prämien, die laufend bezahlt werden, unabhängig davon, ob es sich um fixe oder schwankende Bezüge handelt, sind **Teil des Normallohns** und daher in die Bemessungsgrundlage für den Überstundengrundlohn einzubeziehen. Kann jedoch die Prämie nur zu einem bestimmten Zeitpunkt ermittelt werden, liegt eine Sonderzahlung vor. Derartige Zahlungen sind kein laufendes Entgelt und fallen laut Rechtsprechung **nicht unter den Normallohnbegriff**.[343]

10.1.2. Überstundenzuschlag unter der Woche (normale Überstunden)

Für **Überstundenarbeit** gebührt ein Zuschlag von **50 %**, auch wenn die Überstunden in Zeit abgegolten werden.[344]

10.1.3. Überstundenzuschlag in der Nacht und an Sonn- und Feiertagen

Für Überstunden in der Nacht, bspw ab 20:00 bis 6:00 Uhr, und an Sonn- und Feiertagen gebührt meist ein höherer Zuschlag, der sich nach dem jeweiligen Kollektivvertrag bestimmt; in der Regel ist es ein **100%iger Zuschlag**.

10.2. Sozialversicherungsrechtliche Bestimmungen

Überstundengrundlöhne und **Überstundenzuschläge** sind in der Sozialversicherung voll beitragspflichtig.

10.3. Lohnsteuerpflicht von Überstundengrundlohn und Überstundenzuschlägen

10.3.1. Lohnsteuerpflicht von Überstundengrundlohn

Der **Überstundengrundlohn** ist immer lohnsteuerpflichtig.

10.3.2. Überstundenzuschlag unter der Woche (normale Überstunden)

Die ersten **zehn Überstunden** im Monat im Ausmaß von höchstens **50 % des Grundlohnes**, insgesamt **höchstens jedoch EUR 86 monatlich**, sind steuerfrei.[345]

343 *Artner*, PVP 2019, 246.
344 § 10 Abs 1 AZG.
345 § 68 Abs 2 EStG.

Praxistipp

Als steuerlich begünstigte **Überstundenzuschläge** gelten auch **Zuschläge für Mehrarbeit**, die sich aufgrund der verkürzten kollektivvertraglichen Normalarbeitszeit ergibt.

Dies gilt jedoch **nicht** für **Mehrarbeitszeitzuschläge** mit einer **Teilzeitbeschäftigung**. Diese Zuschläge sind auch dann steuerpflichtig, wenn sie für eine Mehrarbeit geleistet werden, die an einem Sonn-, Feiertag oder in der Nacht erbracht wird.[346]

Beispiel zu Mehrstunden und Überstunden

Ein Arbeiter mit Stundenlohn von EUR 14 leistet 6,5 Mehrstunden (jeweils 1,5 Mehrstunden pro Woche) und 10 Überstunden bei einer 38,5-Stunden-Woche. Die Mehrstunden und die Überstunden werden mit demselben Stundensatz abgerechnet.

Es wird ein Überstundenzuschlag von 50 % verrechnet.

Dem Steuerpflichtigen stehen kein Alleinverdienerabsetzbetrag und kein Alleinerzieherabsetzbetrag zu. Der Steuerpflichtige hat keine Kinder.

Lösung

- **Monatsgrundlohn:** EUR 14 × 167 (Stunden) = EUR 2.338
- **Mehrstunden:** EUR 14 × 6,5 (Stunden) = EUR 91
- **Überstundengrundlohn:** EUR 14 × 10 (Stunden) = EUR 140
- **Überstundenzuschlag:** EUR 140 × 50 % = EUR 70 (gem § 68 Abs 2 EStG steuerfrei)
- **Bruttolohn:** EUR 2.338 + EUR 91 + EUR 140 + EUR 70 = EUR 2.639
- **Sozialversicherungspflichtig inklusive AK-Umlage und Wohnbauförderung ist der gesamte Bruttolohn:** EUR 2.639 × 18,12 % = EUR 478,19
- **Lohnsteuerpflichtig ist der Bruttolohn abzüglich Sozialversicherung und der steuerfreien Überstundenzuschläge:** EUR 2.639 – EUR 478,19 – EUR 70 = EUR 2.090,81
- **Lohnsteuer:** EUR 2.090,81 × 30,00 % – EUR 357,63 = EUR 269,61
- **Nettoauszahlungsbetrag**: EUR 2.639 – EUR 478,19 – EUR 269,61 = EUR 1.891,20

Beispiel zu Mehrstunden und Überstunden mit unterschiedlichem Teilungsfaktor

Ein Angestellter bekommt einen Monatslohn von EUR 2.100. Er leistet 6,5 Mehrstunden und 10 Überstunden mit einem Zuschlag von 50 %.

Der Monatsteiler für die Mehrstunden ist 167 und der Überstundenteiler 158.

Lösung

- **Monatsgrundlohn:** EUR 2.100
- **Mehrstunden:** Für die Errechnung der Mehrstunden wird der Monatsteiler angewandt, da diese keine Überstunden sind: EUR 2.100 : 167 = EUR 12,57 × 6,5 (Stunden) = EUR 81,73
- **Überstundengrundlohn:** EUR 2.100 : 158 = EUR 13,29 × 10 (Stunden) = EUR 132,90
- **Überstundenzuschlag:** EUR 132,90 × 50 % = EUR 66,45 (gem § 68 Abs 2 EStG steuerfrei)
- **Bruttolohn:** EUR 2.100 + EUR 81,73 + EUR 132,90 + EUR 66,45 = EUR 2.381,08
- **Sozialversicherungspflichtig inklusive AK-Umlage und Wohnbauförderung ist der gesamte Bruttolohn:** EUR 2.381 × 18,12 % = EUR 431,45

346 LStR Rz 1146.

- **Lohnsteuerpflichtig ist der Bruttolohn abzüglich Sozialversicherung und der steuerfreien Überstundenzuschläge:** EUR 2.381,08 – EUR 431,45 – EUR 66,45 = EUR 1.883,18
- **Lohnsteuer:** EUR 1.883,10 × 30,00 % – EUR 357,63 = EUR 207,63
- **Nettoauszahlungsbetrag**: EUR 2.381,08 – EUR 431,45 – EUR 207,63 = EUR 1.742,00

Beispiel 1 zum Höchstbeitrag der steuerfreien Überstundenzuschläge

Es werden in einem Monat 18 Überstunden mit einem 50%igen Zuschlag abgerechnet. Der Überstundengrundlohn beträgt EUR 12.

Lösung

Da nur **Zuschläge** für **10 Überstunden lohnsteuerfrei** sind, wird der steuerfreie Betrag wie folgt ermittelt:

EUR 6 × 10 (Stunden) = EUR 60

Die Lohnsteuerbemessungsgrundlage wird um 60 EUR reduziert.

Beispiel 2 zum Höchstbeitrag der steuerfreien Überstundenzuschläge

Es werden in einem Monat 7 Überstunden mit einem 50%igen Zuschlag abgerechnet. Der Überstundengrundlohn beträgt EUR 30.

Lösung

Es werden 7 Überstunden mit 50%igen Zuschlag geleistet. Die Grenze von 10 Stunden, die steuerfrei sind, wird dadurch nicht überschritten. Der Überstundenzuschlag in Höhe von 50% ist EUR 15. Jedoch ist der Wert für die 7 Überstunden mit EUR 105 (EUR 15 × 7 [Stunden]) höher als der **Grenzwert von EUR 86**. Die Lohnsteuerbemessungsgrundlage wird um EUR 86 reduziert.

10.3.3. Überstundenzuschlag in der Nacht

Pro Monat steht für **Überstundenzuschläge für Sonntags-, Feiertags- und Nachtarbeit** und mit diesen Arbeiten zusammenhängende Überstundenzuschläge, die gemeinsam mit Schmutz-, Erschwernis- und Gefahrenzulagen anfallen, ein **Freibetrag von EUR 360** zu.[347]

Als **Nachtarbeit** gelten

- zusammenhängende Arbeitszeiten (Blockzeit) von mindestens 3 Stunden,
- die aufgrund betrieblicher Erfordernisse und
- zwischen 19:00 Uhr und 7:00 Uhr erbracht werden müssen.[348]

Ein **erhöhter Freibetrag von EUR 540** pro Monat steht Arbeitnehmern zu, wenn die Normalarbeitszeit im Lohnzahlungszeitraum **überwiegend** als **Nachtarbeit** gewertet wird.[349]

347 § 68 Abs 1 EStG.
348 § 68 Abs 6 EStG.
349 § 68 Abs 6 EStG.

Beispiel 1 zu Überstunden in der steuerlichen Nacht

Ein Mitarbeiter, dessen Normalarbeitszeit 38,5 Wochenstunden sind, leistet in einer Woche an zwei Tagen Mehr- bzw Überstunden von **17:00 Uhr bis 19:00 Uhr**. Wie werden Mehrarbeit, Überstundengrundlohn und Überstundenzuschlag abgerechnet, wenn er einen Lohn von EUR 1.600 bekommt und der Monatsteiler 167 für die Mehrarbeit und der Überstundenteiler 158 sind? Die Mehrstunden werden ohne einen Zuschlag abgerechnet.

Lösung

Von den **4 Stunden**, die der Mitarbeiter in dieser Woche länger arbeitet, sind 1,5 Stunden Mehrstunden; diese werden ohne Zuschlag abgerechnet. Die Mehrstunden von 1,5 Stunden stehen nur einmal pro Woche zu.

Die weiteren 2,5 Überstunden werden mit einem Zuschlag von 50 % abgerechnet. Der Zuschlag ist im Rahmen der gesetzlichen Möglichkeiten steuerfrei.[350]

- **Monatsgrundlohn:** EUR 1.600
- **Mehrstunden:** EUR 1.600 : 167 = EUR 9,58 × 1,5 (Stunden) (17:00 bis 18:30 Uhr am ersten Tag) = EUR 14,37
- **Überstundengrundlohn:** EUR 1.600 : 158 = EUR 10,13 × 2,5 (Stunden) (18:30 bis 9:00 Uhr am ersten Tag und von 17:00 bis 19:00 Uhr am zweiten Tag) = EUR 25,33
- **Überstundenzuschlag mit 50 %:** EUR 25,33 × 50 % = EUR 12,66 (gem § 68 Abs 2 EStG steuerfrei)
- **Bruttolohn:** EUR 1.600 + EUR 14,37 + EUR 25,33 + EUR 12,66 = EUR 1.652,36
- **Sozialversicherungspflichtig inklusive AK-Umlage und Wohnbauförderung ist der gesamte Bruttolohn:** EUR 1.652,36 × 15,12 % = EUR 249,84 [15,12 % wegen der Reduktion der Arbeitslosenversicherung Dienstnehmeranteil]
- **Lohnsteuerpflichtig ist der Bruttolohn abzüglich Sozialversicherung und der steuerfreien Überstundenzuschläge:** EUR 1.652,36 – EUR 249,84 – EUR 12,66 = EUR 1.389,86
- **Lohnsteuer:** EUR 1.389,86 × 20 % – EUR 197,08 = EUR 80,89

Beispiel 2 zu Überstunden in der steuerlichen Nacht

Ein Mitarbeiter, dessen Normalarbeitszeit 38,5 Wochenstunden sind, leistet in einer Woche an zwei Tagen Mehr- bzw Überstunden **von 17:00 Uhr bis 21:00 Uhr**. Die Überstunden bis 20:00 Uhr werden laut Kollektivvertrag mit 50%igem Zuschlag und ab 20:00 Uhr mit einem Zuschlag von 100 % ausbezahlt.

Wie werden die Mehrarbeit, Überstundengrundlohn und Überstundenzuschlag abgerechnet, wenn er einen Lohn von EUR 1.600 bekommt und der Monatsteiler 167 und der Überstundenteiler 158 sind?

Lösung

Von den **8 Stunden**, die der Mitarbeiter in dieser Woche länger arbeitet, sind 1,5 Stunden Mehrstunden, die ohne Zuschlag abgerechnet werden. Die Mehrstunden von 1,5 Stunden stehen nur einmal pro Woche zu und nicht verbrauchte Mehrstunden können nicht in die nächste Woche vorgetragen werden.

Die weiteren Überstunden bis 20:00 Uhr werden mit einem Zuschlag von 50 % ausbezahlt, die Überstunden bis 21:00 Uhr mit einem Zuschlag von 100 %.

350 § 68 Abs 2 EStG.

Der 50%ige Zuschlag ist unter der Berücksichtigung des § 68Abs 2 EStG lohnsteuerfrei.[351]

Der 100%ige Zuschlag ist nur dann steuerfrei, wenn innerhalb der steuerlichen Nacht (19:00 bis 7:00 Uhr) während **drei zusammenhängender Stunden** gearbeitet wurde. Da das **nicht vorliegt**, sind von dem 100%igen Zuschlag nur 50 % steuerfrei.[352]

- **Monatsgrundlohn:** EUR 1.600
- **Mehrstunden:** EUR 1.600 : 167 = EUR 9,58 × 1,5 (Stunden) (17:00 bis 18:30 Uhr am ersten Tag) = EUR 14,37
- **Überstundengrundlohn:** EUR 1.600 : 158 = EUR 10,13 × 6,5 (Stunden) (18:30 bis 21:00 Uhr am ersten Tag und 17:00 bis 21:00 Uhr am zweiten Tag) = EUR 65,85
- **Überstundenzuschlag mit 50 %:** EUR 10,13 × 4,5 (Stunden) (18:30 bis 20:00 Uhr am ersten Tag und 17:00 bis 20:00 Uhr am zweiten Tag) × 50 % = EUR 22,79
- **Überstundenzuschlag mit 100 %:** EUR 10,13 × 2 (Stunden) (jeweils von 20:00 bis 21:00 Uhr am ersten und zweiten Tag) × 100 % = EUR 20,26, davon nur 50 % (EUR 10,13) steuerfrei, da dies nicht in die steuerliche Nacht fällt (gem § 68 Abs 2 EStG steuerfrei)
- **Bruttolohn:** EUR 1.600 + EUR 14,37 + EUR 65,85 + EUR 22,79 + EUR 20,26 = EUR 1.723,27
- **Sozialversicherungspflichtig inklusive AK-Umlage und Wohnbauförderung ist der gesamte Bruttolohn: :** EUR 1.723,27 × 15,12 % = EUR 260,56 [15,12 % wegen der Reduktion der Arbeitslosenversicherung Dienstnehmeranteil]
- **Lohnsteuerpflichtig ist der Bruttolohn abzüglich Sozialversicherung und der steuerfreien Überstundenzuschläge:** EUR 1.723,27 – EUR 260,56 – EUR 22,79 – EUR 10,13 = EUR 1.429,79
- **Lohnsteuer:** EUR 1.429,79 × 20 % – EUR 197,08 = EUR 88,88

Beispiel 3 zu Überstunden in der steuerlichen Nacht

Ein Mitarbeiter, dessen Normalarbeitszeit 38,5 Wochenstunden sind, leistet in einer Woche an zwei Tagen Überstunden **von 17:00 Uhr bis 22:00 Uhr**. Die Überstunden bis 20:00 Uhr werden laut Kollektivvertrag mit 50%igem Zuschlag und ab 20:00 Uhr mit einem Zuschlag von 100 % ausbezahlt. Die Mehrstunden werden ohne Zuschlag abgerechnet.

Wie werden die Mehrarbeit, Überstundengrundlohn und Überstundenzuschlag abgerechnet, wenn er einen Lohn von EUR 1.600 bekommt und der Monatsteiler 167 und der Überstundenteiler 158 sind?

Lösung

Von den **10 Stunden**, die der Mitarbeiter in dieser Woche länger arbeitet, sind 1,5 Stunden Mehrstunden, die ohne Zuschlag abgerechnet werden. Die Mehrstunden von 1,5 Stunden stehen nur einmal pro Woche zu und nicht verbrauchte Mehrstunden können nicht in die nächste Woche vorgetragen werden.

Die weiteren Überstunden bis 20:00 Uhr werden mit einem Zuschlag von 50 % ausbezahlt, die Überstunden bis 22:00 Uhr mit einem Zuschlag von 100 %.

Der 50%ige Zuschlag ist unter der Berücksichtigung des § 68Abs 2 EStG lohnsteuerfrei.[353]

351 § 68 Abs 2 EStG.
352 § 68 Abs 2 EStG.
353 § 68 Abs 2 EStG.

Der 100%ige Zuschlag ist nur dann steuerfrei, wenn innerhalb der steuerlichen Nacht (19:00 bis 7:00 Uhr) drei zusammenhängende Stunden gearbeitet wurde. Da das **vorliegt**, kommt der Freibetrag von EUR 360 zur Anwendung.[354]

- **Monatsgrundlohn:** EUR 1.600
- **Mehrstunden:** EUR 1.600 : 167 = EUR 9,58 × 1,5 (Stunden) (**17:00 bis 18:30 Uhr am ersten Tag**) = EUR 14,37
- **Überstundengrundlohn:** EUR 1.600 : 158 = EUR 10,13 × 8,5 (Stunden) = EUR 86,11
- **Überstundenzuschlag mit 50 %:** EUR 10,13 × 2,5 (Stunden) (**18:30 bis 19:00 Uhr am ersten Tag** und **17:00 bis 19:00 Uhr am zweiten Tag**) × 50 % = EUR 12,66 (gem § 68 Abs 2 EStG steuerfrei)
- **Überstundenzuschlag mit 50 %:** EUR 10,13 × 2,0 (Stunden) (19:00 bis 20:00 Uhr am ersten Tag und 19:00 bis 20:00 Uhr am zweiten Tag) × 50 % = EUR 10,13 (gem § 68 Abs 1 EStG steuerfrei)
- **Überstundenzuschlag mit 100 %:** EUR 10,13 × 4 (Stunden) (20:00 bis 22:00 Uhr am ersten und am zweiten Tag) × 100 % = EUR 40,52 (gem § 68 Abs 1 EStG steuerfrei)
- **Bruttolohn:** EUR 1.600 + EUR 14,37 + EUR 86,11 + EUR 12,66 + EUR 10,13 + EUR 40,52 = EUR 1.763,79
- **Sozialversicherungspflichtig inklusive AK-Umlage und Wohnbauförderung ist der gesamte Bruttolohn:** EUR 1.763,79 × 15,12 % = EUR 266,69 [15,12 % wegen der Reduktion der Arbeitslosenversicherung Dienstnehmeranteil]
- **Lohnsteuerpflichtig ist der Bruttolohn abzüglich Sozialversicherung und der steuerfreien Überstundenzuschläge:** EUR 1.763,79 – EUR 266,69 – EUR 12,66 – EUR 10,13 – EUR 40,52 = EUR 1.433,79
- **Lohnsteuer:** EUR 1.433,79 × 20 % – EUR 197,08 = EUR 89,68

Praxistipp

Als **Nachtarbeit** gelten zusammenhängende Arbeitszeiten (**Blockzeit**) von mindestens 3 Stunden, die aufgrund betrieblicher Erfordernisse und zwischen 19:00 und 7:00 Uhr erbracht werden müssen.[355]

Zuschläge für nicht im Rahmen einer Blockzeit geleisteten Nachtarbeit können grundsätzlich nicht mit dem Freibetrag von EUR 360 steuerfrei behandelt werden, es sei denn, es handelt sich um ein Tätigwerden auf Grund der **Rufbereitschaft**. Die Steuerfreiheit der Zuschläge für die Nachtarbeit steht auch dann zu, wenn die Blockarbeitszeit von **drei Stunden nicht** erreicht wird.[356]

10.3.4. Feiertagsruhe

Die Feiertagsruhe ist an den Feiertagen, die im Feiertagsruhegesetz aufgezählt sind, einzuhalten. Es sind dies:

- 1. Jänner,
- 6. Jänner,
- Ostermontag,

354 § 68 Abs 1 EStG.
355 § 68 Abs 6 EStG.
356 LStR Rz 1159.

- 1. Mai,
- Christi Himmelfahrt,
- Pfingstmontag,
- Fronleichnam,
- 15. August,
- 26. Oktober,
- 1. November,
- 8. Dezember,
- 25. Dezember,
- 26. Dezember.

Der 24.12. und der 31.12. sowie der Ostersonntag sind keine Feiertage im Sinne des Feiertagsruhegesetzes.

Nachdem der Europäische Gerichtshof die bis 2019 geltende Feiertagsregelung für den Karfreitag für einzelne Religionsgruppen, wie beispielsweise die Angehörigen der evangelischen Kirchen AB und HB, der Altkatholischen Kirche und der Methodistenkirche als gleichheitswidrig eingestuft hat, wurde stattdessen der persönliche Feiertag für alle Arbeitnehmer eingeführt. Der Reformationstag gilt hingegen nicht als Feiertag. Für Arbeitnehmer, die der israelitischen Glaubensgemeinschaft in Österreich angehören, gilt gemäß einem Kollektivvertrag aus dem Jahr 1953 der Versöhnungstag als arbeitsfreier Tag, soweit der Anspruch auf Freistellung spätestens eine Woche vorher begehrt wird und der Freistellung nicht betriebliche Gründe entgegenstehen.

Eine **Ausnahme** von der Feiertagsruhe besteht nur dann, wenn dies durch

- das ARG (zB Abschluss-, Reinigungs-, Instandhaltungsarbeiten),
- eine Verordnung des zuständigen Ministers (zB Tourismus),
- eine Verordnung des Landeshauptmannes (zB Fremdenverkehrsregionen) oder
- einen Kollektivvertrag erlaubt ist.

Bei einer Beschäftigung in Branchen, wo eine Ausnahme von der Feiertagsruhe besteht, muss dem Arbeitnehmer kein Ersatz für die am Feiertag nicht eingehaltene **Feiertagsruhe** gewährt werden.

10.3.5. Überstundenzuschlag an Feiertagen

Pro Monat steht für **Überstundenzuschläge für Sonntags-, Feiertags- und Nachtarbeit** und mit diesen Arbeiten zusammenhängende Überstundenzuschläge, die gemeinsam mit Schmutz-, Erschwernis- und Gefahrenzulagen anfallen, ein **Freibetrag von EUR 360** zu.[357]

357 § 68 Abs 1 EStG.

Jeder Mitarbeiter, egal ob er an einem Feiertag arbeitet oder nicht, erhält das **Monatsentgelt** in voller Höhe. Darin ist auch das Entgelt für den Feiertag enthalten.

Wenn ein Mitarbeiter tatsächlich am Feiertag arbeitet, erhält er zusätzlich zum Monatsentgelt für jede am Feiertag geleistete Arbeitsstunde eine Abgeltung in Höhe des **Feiertagsarbeitsentgelts (Feiertagsgrundlohn)**.

Ob für die Feiertagsarbeit ein **Feiertagszuschlag** verrechnet werden muss, ist nicht ganz einfach zu beurteilen und muss folgendermaßen beantwortet werden:[358]

- **Der Feiertag fällt auf einen Tag, auf den eine Normalarbeitszeit entfällt:** Fällt der Feiertag auf einen Wochentag, an dem der Arbeitnehmer normalerweise arbeitet (wäre kein Feiertag) = Normalarbeitszeit, so ist für die Stundenanzahl, die innerhalb dieser Normalarbeitszeit liegt, das **Feiertagsarbeitsentgelt (Feiertagsgrundlohn)** ohne Zuschlag zu zahlen.
  Wenn an solchen in die Normalarbeitszeit fallenden Feiertagen auch noch Überstunden geleistet werden, so sind diese Überstunden mit einem normalen steuerpflichtigen **Feiertagsarbeitsentgelt (Feiertagsgrundlohn)** und einem **Feiertagszuschlag**, der unter den lohnsteuerlichen Voraussetzungen steuerfrei ist, abzugelten.[359]
- **Der Feiertag fällt auf einen Tag, auf den keine Normalarbeitszeit entfällt:** Fällt der Feiertag auf einen Tag, auf den keine Normalarbeitszeit entfällt (zB arbeitsfreier Samstag), und erbringt der Arbeitnehmer an diesem Tag Dienstleistungen, so sind diese mit einem normal steuerpflichtigen **Feiertagsarbeitsentgelt (Feiertagsgrundlohn)** und mit einem **steuerfreien Feiertagszuschlag**[360] abzugelten.
- Fällt der Feiertag auf einen **Sonntag**, sind die Regeln für den **Feiertag** anzuwenden. Im Handel zB ist bei Arbeitern und auch bei Angestellten davon auszugehen, dass es keine Normalarbeitszeit am **Sonntag** gibt. Dann ist die geleistete Arbeitszeit am Sonntag generell als Überstunden (**Feiertagsgrundlohn**) zu sehen und mit einem Überstundenzuschlag (**Feiertagszuschlag**) im Ausmaß von 100 % zu entlohnen. Handelt es sich um eine erlaubte Sonntagsarbeit (zB Hotel-/Gastgewerbe), ist zu überprüfen, in welcher Form die Abgeltung der Normalarbeitszeit vereinbart wurde und ob die geleistete Arbeit als Normalarbeitszeit zu werten ist.

Wie die Abrechnung im Detail zu erfolgen hat, entnimmt man dem entsprechenden Kollektivvertrag.

Feiertagsarbeitsentgelt, **Feiertagszuschlag** und **Feiertagsgrundlohn** sind zur Gänze **sozialversicherungspflichtig**.

---

358 *Hofbauer/Krammer*, Lohnsteuer 2017, Rz 618.
359 § 68 Abs 1 EStG.
360 § 68 Abs 1 EStG.

Beispiel zu Überstunden am Feiertag

Ein Arbeitnehmer im Handel arbeitet am Feiertag von 8:00 bis 18 Uhr (10 Stunden). Die Normalarbeitszeit für diesen Feiertag ist 9:00 bis 17:00 Uhr (8 Stunden). Der Kollektivvertrag für Angestellte sieht einen Zuschlag für Überstunden am Feiertag in Höhe von 100 % vor. Wie wird die Arbeit an diesem Feiertag abgerechnet?

Lösung

Der Arbeitnehmer erhält das ungekürzte Monatsgehalt (**Feiertagentgelt**) und ein **Feiertagsarbeitsentgelt** für 8 Stunden in Höhe der Entlohnung für Normalarbeitszeit jedoch ohne Zuschlag.
Der Grund liegt darin, dass der Feiertag auf einen Wochentag entfällt, an dem der Arbeitnehmer normalerweise gearbeitet wird.
Für die weiteren 2 Stunden erhält der Arbeitnehmer für die Überstundenarbeit eine Überstundenentlohnung (Überstundengrundlohn = Feiertagsgrundlohn), die lohnsteuerpflichtig ist, und einen Überstundenzuschlag iHv 100 %, der im Umfang der gesetzlichen Möglichkeiten lohnsteuerfrei ist.[361]
Der Grund liegt darin, dass an diesen 2 Stunden, auch wenn kein Feiertag vorliegt, an diesem Tag nicht gearbeitet wird.

10.3.6. Überstundenzuschlag am Sonntag

Überstundenzuschläge an Sonntagen sind bis zu einem **Freibetrag von EUR 360** pro Monat steuerfrei.[362]

Von diesem Freibetrag sind auch die **Nachtarbeit, Feiertagsarbeit** und Arbeit mit **Schmutz-, Erschwernis- und Gefahrenzulagen** umfasst.

Beispiel zu Überstunden am Sonntag

Ein Mitarbeiter, dessen Normalarbeitszeit 38,5 Wochenstunden sind, leistet in einer Woche am Sonntag Überstunden von **10.00 bis 16.00 Uhr**. Wie werden die Mehrarbeit, Überstundengrundlohn und Überstundenzuschlag abgerechnet, wenn er einen Lohn von EUR 1.600 bekommt und der Monatsteiler für die Mehrstunden 167 und der Überstundenteiler 158 sind?

Lösung

Die **6 Stunden**, die der Mitarbeiter in dieser Woche am Sonntag arbeitet, sind keine Mehrstunden, da ein Zuschlag von 100 % verrechnet wird. Diese 6 Stunden sind Überstunden mit einem 100%igen Zuschlag.

- **Monatsgrundlohn:** EUR 1.600
- **Sonntagsgrundlohn:** EUR 1.600 : 158 = EUR 10,13 × 6 (Stunden) = EUR 60,76
- **Sonntagszuschlag mit 100 %:** EUR 10,13 × 6 (Stunden) × 100 % = EUR 60,76 (gem § 68 Abs 1 EStG steuerfrei)
- **Bruttolohn:** EUR 1.600 + EUR 60,76 + EUR 60,76 = EUR 1.721,52
- **Sozialversicherungspflichtig inklusive AK-Umlage und Wohnbauförderung ist der gesamte Bruttolohn:** EUR 1.721,52 × 15,12 % = EUR 260,29 [15,12 % wegen der Reduktion der Arbeitslosenversicherung Dienstnehmeranteil]
- **Lohnsteuerpflichtig ist der Bruttolohn abzüglich Sozialversicherung und des steuerfreien Sonntagszuschlags:** EUR 1.712,52 – EUR 260,29 – EUR 60,76 = EUR 1.391,47
- **Lohnsteuer:** EUR 1.391,47 × 20 % – EUR 197,08 = EUR 81,21

361 § 68 Abs 1 EStG.
362 § 68 Abs 1 EStG.

11. Schmutz-, Erschwernis- und Gefahrenzulagen (SEG-Zulagen)

Diese Zulagen, die für Arbeiten unter besonderen, erschwerenden Bedingungen als Entschädigungen für einen bestimmten Aufwand, der durch die Arbeit entstanden ist, gewährt werden, sind Entgeltbestandteil. Sie werden zusätzlich zum Arbeitslohn ausbezahlt und sind im Gesetz, Kollektivvertrag oder in einer Betriebsvereinbarung geregelt.

Voraussetzung, dass die Schmutz-, Erschwernis- und Gefahrenzulagen **lohnsteuerfrei** sind, ist, dass sie zusammen mit Zuschlägen für Sonntags-, Feiertags- und Nachtarbeit und mit diesen Arbeiten zusammenhängenden Überstundenzuschläge EUR 360 monatlich nicht übersteigen.[363]

In der **Sozialversicherung** sind die Erschwernis- und die Gefahrenzulage beitragspflichtig.[364] Die Schmutzzulage ist nur dann nicht sozialversicherungspflichtig, soweit sie steuerfrei ist.[365]

Lohnsteuerfrei sind die Schmutz-, Erschwernis und Gefahrenzulagen nur dann, wenn sie geleistet werden:

- aufgrund **gesetzlicher** Vorschriften,
- aufgrund von **Gebietskörperschaften** erlassener Dienstordnungen,
- aufgrund **aufsichtsbehördlich genehmigter Dienst-(Besoldungs-)Ordnungen** der Körperschaften des öffentlichen Rechts,
- aufgrund der vom **Österreichischen Gewerkschaftsbund** für seine Bediensteten festgelegten Arbeitsordnung,
- aufgrund von **Kollektivverträgen** oder Betriebsvereinbarungen, die aufgrund besonderer kollektivvertraglicher Ermächtigungen abgeschlossen worden sind,
- aufgrund von **Betriebsvereinbarungen**, die wegen Fehlens eines kollektivvertragsfähigen Vertragsteiles abgeschlossen werden,
- innerbetrieblich für alle **Arbeitnehmer** oder bestimmte Gruppen von Arbeitnehmern.[366]

Beispiel zu Schmutz-, Erschwernis und Gefahrenzulagen

Ein Arbeiter erhält im Jänner für eine 38,5-Stunden-Woche einen Grundlohn in Höhe von EUR 1.950. Weiters erhält er eine Schmutzzulage in Höhe von EUR 0,40/Stunde, eine Erschwerniszulage von EUR 1,42/Stunde und eine Gefahrenzulage in Höhe von 8 % des Grundlohns. Wie hoch ist der Nettolohn?

363 § 68 Abs 1 EStG.
364 § 49 Abs 3 Z 2 ASVG.
365 § 68 Abs 1, 5 und 7 EStG.
366 § 68 Abs 5 EStG.

Lösung

Zum Grundlohn werden die Schmutzzulage, die Erschwerniszulage und die Gefahrenzulage hinzugezählt. In der **Sozialversicherung** sind diese Zulagen mit Ausnahme der Schmutzzulage beitragspflichtig.[367] Die Schmutzzulage ist nur dann nicht sozialversicherungspflichtig, soweit sie nicht der Lohnsteuerpflicht unterliegt.

- **Grundlohn:** EUR 1.950
- **Schmutzzulage:** EUR 0,40 × 38,5 (Stunden) × 4,33 (Wochen) = EUR 66,68
- **Erschwerniszulage:** EUR 1,42 × 38,5 (Stunden) × 4, 33 (Wochen) = EUR 236,72
- **Gefahrenzulage:** EUR 1.950 × 8 % = EUR 156
- **Bruttolohn:** EUR 1.950 + EUR 66,68 + EUR 236,72 + EUR 156 = EUR 2.409,40
- **Sozialversicherungspflichtig inklusive AK-Umlage und Wohnbauförderung ist der gesamte Bruttolohn abzüglich der sozialversicherungsfreien Schmutzzulage:** EUR 2.409,40 – EUR 66,68 = EUR 2.342,72 × 18,12 % = EUR 424,50

Voraussetzung, dass die Schmutzzulage **lohnsteuerfrei** ist, ist, dass sie zusammen mit Zuschlägen für Sonntags-, Feiertags- und Nachtarbeit und mit diesen Arbeiten zusammenhängende Überstundenzuschlägen EUR 360 monatlich nicht übersteigt. Da die Schmutzzulage und die Zuschläge zusammen EUR 360 übersteigen, ist von dem Gesamtbetrag von EUR 459,40 der Freibetrag von EUR 360 abzuziehen.

- **Lohnsteuerpflichtig ist der Bruttolohn abzüglich Sozialversicherung und des Freibetrags von EUR 360** (gem § 68 Abs 1 EStG steuerfrei): EUR 2.409,40 – EUR 424,50 – EUR 360 = EUR 1.624,50
- **Lohnsteuer:** EUR 1.624,50 × 30 % – EUR 357,63 = EUR 129,72
- **Nettobezug:** EUR 2.409,40 – EUR 424,50 – EUR 129,72 = EUR 1.855,18

367 § 49 Abs 3 Z 2 ASVG.

12. Eintritt eines Mitarbeiters

12.1. Arbeitsvertrag (Dienstvertrag)

Verpflichtet sich jemand zu einer Arbeitsleistung für einen anderen, liegt ein **Arbeitsvertrag** oder **Dienstvertrag** vor. Er ist zweiseitig verbindlich, da beide Vertragspartner (Arbeitgeber und Arbeitnehmer) sowohl Rechte als auch Pflichten haben.

Der **Arbeitsvertrag** regelt die Rechte und Pflichten von Arbeitnehmern und Arbeitgebern, soweit sie durch Gesetz oder Kollektivvertrag nicht zwingend festgelegt sind.

Der Abschluss des Arbeitsvertrages ist normalerweise an keine Formvorschrift gebunden. Aus diesem Grunde kann er nicht nur schriftlich, sondern auch mündlich oder sogar durch eine schlüssige Handlung zustande kommen, Letzteres zB dadurch, dass jemand Arbeitsleistungen für einen anderen erbringt und dieser die Leistungen annimmt. Gibt es jedoch **keinen** schriftlichen Arbeitsvertrag, dann muss der Arbeitgeber dem Arbeitnehmer einen **Dienstzettel** aushändigen.

12.2. Dienstzettel

Der Dienstzettel ist eine schriftliche Aufzeichnung über die wesentlichen Rechte und Pflichten aus dem Arbeitsverhältnis. Der Arbeitgeber hat dem Arbeitnehmer unverzüglich nach Beginn des Arbeitsverhältnisses eine schriftliche Aufzeichnung über die wesentlichen Rechte und Pflichten aus dem Dienstvertrag zu übergeben. Der Dienstgeber ist zur Ausstellung eines Dienstzettels verpflichtet.

Ein Dienstzettel muss nicht ausgestellt werden, wenn das Arbeitsverhältnis nicht länger als 1 Monat dauert oder wenn ein schriftlicher Arbeitsvertrag ausgehändigt wird, der alle Angaben eines Dienstzettels enthält.

Die notwendigen **Angaben eines Dienstzettels** sind:[368]

- Name und Anschrift des Arbeitgebers und des Arbeitnehmers,
- Beginn des Arbeitsverhältnisses,
- bei Arbeitsverhältnissen auf bestimmte Zeit das Ende des Arbeitsverhältnisses,
- allfällige Einstufung in ein generelles Schema,
- vorgesehene Verwendung,
- Anfangsgrundbezug,
- Kollektivvertrag, Satzung, Mindestlohntarif, festgesetzte Lehrlingsentschädigung, Betriebsvereinbarung,
- Name und Anschrift der Betrieblichen Vorsorgekasse,

368 § 2 Abs 2 AVRAG.

Folgende **Angaben** können auch durch Verweis auf **Gesetze**, **Kollektivverträge**, **Betriebsvereinbarungen** oder **betriebsübliche Reiserichtlinien** erfolgen:

- Dauer der Kündigungsfrist und Kündigungstermin,
- gewöhnlicher (oder wechselnder) Arbeitsort,
- Fälligkeit des Entgelts,
- Urlaubsausmaß,
- vereinbarte tägliche oder wöchentliche Normalarbeitszeit.

12.3. Voraussetzung für die Anmeldung bei der Sozialversicherung

12.3.1. Beitragskontonummer

Um die korrekte Anmeldung des Dienstnehmers bei der Gesundheitskasse durchführen zu können, benötigt der Dienstgeber eine **Beitragskontonummer**, die er über Antrag vom Krankenversicherungsträger erhält.

Sollte noch keine Beitragskontonummer vorhanden sein, ist diese rechtzeitig vor der Durchführung der ersten Anmeldung zu beantragen. Meldungen ohne Beitragskontonummer können vom Sozialversicherungsträger nicht entgegengenommen und bearbeitet werden.

Die Abrechnung der Sozialversicherungsbeiträge ist grundsätzlich sowohl nach dem **Selbstabrechnungs-** bzw **Lohnsummenverfahren** als auch nach dem **Beitragsvorschreibeverfahren** möglich.

Primär wird jedoch das **Selbstabrechnungsverfahren** angewendet. Dabei werden die Dienstgeber- als auch die Dienstnehmerbeiträge vom Arbeitgeber selbst berechnet. Die Einzahlung der Beiträge erfolgt ohne Vorschreibung auf Grund der mBGM.

Praxistipp

Der Dienstgeber hat jede bei ihm beschäftigte voll- oder teilversicherte Person vor Dienstantritt bei der zuständigen Krankenversicherung **anzumelden** und binnen si ben Tagen nach dem Ende der Pflichtversicherung **abzumelden**.[369]

12.3.2. Versicherungsnummer-Anforderung

Voraussetzung für die Erstattung der Sozialversicherungsmeldung ist neben dem Vorhandensein einer Beitragskontonummer des Dienstgebers, dass für die abzurechnende Person eine **Versicherungsnummer** vergeben wurde. Die zehnstellige

369 § 33 Abs 1 ASVG.

Versicherungsnummer stellt einen wichtigen Ordnungsbegriff in der Sozialversicherung dar. Diese Nummer kann der e-card entnommen werden.

Bei Personen, die erstmals in Österreich eine Beschäftigung aufnehmen und über keine Versicherungsnummer verfügen, muss spätestens im Rahmen der elektronischen Erstattung der Anmeldung die Versicherungsnummer mit der neuen Meldung „**Versicherungsnummer anfordern**" beantragt werden. Die Anforderung der Versicherungsnummer hat spätestens zeitgleich mit der Erstattung der Anmeldung zu erfolgen.

Wenn Sie nicht wissen, ob eine Versicherungsnummer vergeben wurde, besteht über das Web-BE-Portal die Möglichkeit der Abfrage der Versicherungsnummer des zukünftigen Dienstnehmers.[370] Die Meldung „Versicherungsnummer anfordern" ist nur dann notwendig, wenn die Abfrage zu keinem Ergebnis geführt hat.

Nach der Neuvergabe der Versicherungsnummer erhält der Ersteller der Meldung (Dienstgeber) über das **SV-Clearingsystem** die Bekanntgabe der neuen Versicherungsnummer des Dienstnehmers, die in die Lohnverrechnung übernommen wird.

Verfügt eine zu meldende Person noch über keine Versicherungsnummer, kann die **aktuelle Adresse** mit der Meldung „Versicherungsnummer anfordern" bekanntgegeben werden. Eine zusätzliche Adressmeldung ist in diesem Fall nicht erforderlich. Wird jedoch im Rahmen von „Versicherungsnummer anfordern" eine falsche Adresse eingegeben, ist diese mittels „**Adressmeldung Versicherter**" zu korrigieren.

12.3.3. Adressmeldung Versicherter

Die Adresse eines Versicherten ist dem Krankenversicherungsträger mittels elektronischer Meldung mit der „**Adressmeldung Versicherter**" bekanntzugeben.

Für jede **erstmalige Neuanmeldung** eines Versicherten wird die Adressmeldung jedoch an den Krankenversicherungsträger im Rahmen von „Versicherungsnummer anfordern" durchgeführt.

Wird im Rahmen von „Versicherungsnummer anfordern" eine **falsche Adresse** eingegeben, muss diese mittels „**Adressmeldung Versicherter**" korrigiert werden.

Ändert sich die Anschrift während einer aufrechten Pflichtversicherung, ist jede Adressänderung innerhalb von sieben Tagen nach deren Bekanntwerden mit der „**Adressmeldung Versicherter**" zu melden.

370 www.sozialversicherung.at/webeku.

12.4. Anmeldung

12.4.1. Vor-Ort-Anmeldung

Obwohl jede Anmeldung zur Pflichtversicherung über elektronische Datenfernübertragung zu erfolgen hat, kann in bestimmten Ausnahmefällen eine „Vor-Ort-Anmeldung“ **vor Arbeitsantritt** mittels Telefax oder Telefon durchgeführt werden.

Das ist ausschließlich dann **möglich**, wenn die meldepflichtige Stelle

- über keine EDV-Ausstattung und keinen Internetzugang verfügt und ihre Personalverrechnung auch nicht von einer anderen Stelle (zB Wirtschaftstreuhänder) durchführen lässt oder
- ihre Personalverrechnung von einer anderen Stelle (zB Wirtschaftstreuhänder) durchführen lässt und diese nicht mehr erreichbar ist.

Eine „Vor-Ort-Anmeldung“ ist auch erlaubt, wenn ein wesentlicher Teil der Datenfernübertragung für längere Zeit ausgefallen ist und eine rechtzeitige Anmeldung vor Arbeitsantritt nicht möglich gewesen wäre.

Wurde eine „Vor-Ort-Anmeldung“ erstattet, ist eine elektronische Anmeldung binnen **sieben Tagen** ab dem Beginn der Pflichtversicherung nachzuholen.

Sinnvollerweise wird die neue „reduzierte Anmeldung“ vor Arbeitsantritt mittels elektronischer Datenfernübertragung durchgeführt. Das spart einige Arbeitsschritte und dient der Verwaltungsvereinfachung.

12.4.2. Die reduzierte Anmeldung – Anmeldung 1. Teil

Der übliche Weg der Anmeldung erfolgt in zwei Schritten. Die **reduzierte Anmeldung** ist der erste Teil der Anmeldung und mit der **ersten mBGM nach dem Eintritt** wird die Anmeldung abgeschlossen.

Der Grundsatz, dass die Anmeldung **vor** dem Dienstantritt zu erfolgen hat, hat sich auch durch die mBGM nicht geändert.

In der Regel (Ausnahme: Vor-Ort-Anmeldung; siehe dort) ist nur noch eine offizielle Anmeldung vor Dienstantritt, die „reduzierte Anmeldung“ notwendig. Die **reduzierte Anmeldung** umfasst folgende Daten:

- die Daten des Dienstgebers (Beitragskontonummer) und der zuständige Versicherungsträger des Dienstgebers,
- den Namen des Beschäftigten,
- die Versicherungsnummer oder das Geburtsdatum der Person und den Referenzwert der Versicherungsnummer anfordern,
- den Tag der Beschäftigungsaufnahme,

- den Versicherungsumfang (Vorliegen einer Voll- oder Teilversicherung),
- den Beschäftigungsbereich (Arbeiter, Angestellter),
- den Beginn der Betrieblichen Vorsorge,
- ein Auswahlfeld, ob ein freies Dienstverhältnis vorliegt.

Die „reduzierte Anmeldung" muss zwingend elektronisch übermittelt werden.

12.4.3. Erste mBGM nach Eintritt – Anmeldung 2. Teil

Mit der ersten mBGM nach dem Eintritt werden die Angaben der übermittelten Anmeldung sowie Art und Umfang der Versicherung betätigt oder korrigiert. Erst durch die erste mBGM wird die gesetzliche **Anmeldeverpflichtung** abgeschlossen.

Mit der ersten mBGM wird die Anmeldung bestätigt oder korrigiert und die noch fehlenden Anmeldedaten werden übermittelt, dies gilt als **Anmeldung 2. Teil**.

12.4.4. Anmeldeprozess

Grundsätzlich ist auf der Anmeldung eine gültige Versicherungsnummer anzugeben. Ist noch keine Versicherungsnummer bekannt, ist diese spätestens zeitgleich mit der Erstattung der Anmeldung mittels der Meldung „**Versicherungsnummer anfordern**" zu beantragen. Dem Ersteller der Meldung wird die Versicherungsnummer über das SV-Clearingsystem bekanntgegeben.

Ist bei der Anmeldung die Versicherungsnummer noch nicht bekannt, ist auf der Anmeldung zwingend neben dem **Geburtsdatum** der **Referenzwert der Meldung** „Versicherungsnummer anfordern" anzugeben.

Wurde der **Referenzwert der Meldung** „Versicherungsnummer anfordern" zum Zeitpunkt der Anmeldung noch nicht übermittelt, ist eine Nachmeldung mittelt der Meldung „**Richtigstellung Anmeldung**" erforderlich.

Praxistipp

Der Referenzwert der Versicherungsnummer anfordern wird im Hintergrund (zB durch die Lohnverrechnungssoftware oder ELDA) automatisch vergeben und dient der eindeutigen Zuordnung jeder elektronisch erstatteten Meldung.

Nach erfolgter Anmeldung ist dem Dienstgeber unverzüglich eine Abschrift der Anmeldung auszuhändigen. Andernfalls liegt eine Ordnungswidrigkeit vor, die von der Bezirksverwaltungsbehörde mit einer Verwaltungsstrafe geahndet werden kann.

Beispiel zur Anmeldung

Eine am 15.3.1974 geborene Person wird von einem Dienstgeber erstmals mit 8.1.2023 als Angestellte zur Teilversicherung in der Unfallversicherung gemeldet. Da der Betreffende noch über keine Versicherungsnummer verfügt, erstattet der Dienstgeber vor der Anmeldung zusätzlich die Meldung „Versicherungsnummer Anfordern". Für diese Meldung wurde vom Lohnverrechnungsprogramm automatisch der Referenzwert 123456789012 generiert.

Lösung

Da der Dienstnehmer erstmals bei diesem Dienstgeber beschäftigt wird, wäre die aktuelle Adresse des Versicherten mit der „**Adressmeldung Versicherter**" zu melden. Für jede **erstmalige Neuanmeldung** eines Versicherten wird die Adressmeldung jedoch an den Krankenversicherungsträger im Rahmen von „**Versicherungsnummer anfordern**" durchgeführt, daher ist in diesem Fall die „Adressmeldung Versicherter" nicht erforderlich.

Feldbezeichnung	Feldbelegung
Versicherungsnummer	
Geburtsdatum	15. März 74
Referenzwert der VSNR-Anforderung	123456789012
Anmeldedatum, Beschäftigungsbeginn	8. Jänner 2023
Beschäftigungsbereich	Angestellte
Geringfügigkeit	Ja
Freier Dienstvertrag	Nein
Betriebliche Vorsorge	8. Februar 2023

12.4.5. Richtigstellung Anmeldung

Diese **Meldung** dient:

- der Korrektur eines **unrichtigen Beginnes** der Pflichtversicherung,
- der Korrektur eines **unrichtigen Beginnes** der Betrieblichen Vorsorge,
- **Nachmeldung des Referenzwertes** der „Anforderung der Versicherungsnummer".

Beispiel 1 zur Richtigstellung Anmeldung

Eine am 15.3.1974 geborene Person wird von einem Dienstgeber mit 8.1.2023 als Angestellte zur Teilversicherung in der Unfallversicherung gemeldet und mit 8.2.2023 zur Betrieblichen Vorsorge gemeldet.

Die Versicherungsnummer 123456789022 wurde inzwischen vom Krankenversicherungsträger vergeben und dem Dienstgeber über das SV-Clearingsystem bekanntgegeben.

Es wurde festgestellt, dass die Betroffene ihre Tätigkeit erst mit 10.1.2023 aufnehmen wird.

Lösung

Feldbezeichnung	Feldbelegung
Versicherungsnummer	123456789022
Geburtsdatum	
Referenzwert der VSNR-Anforderung	
Anmeldedatum, Beschäftigungsbeginn	8. Jänner 2023
Richtiges Anmeldedatum	10. Jänner 2023
Betriebliche Vorsorge	10. Februar 2023

Beispiel 2 zur Richtigstellung Anmeldung

Eine am 15.3.1974 geborene Person wird von einem Dienstgeber mit 8.1.2023 als Angestellte zur Teilversicherung in der Unfallversicherung gemeldet und mit 8.2.2023 zur Betrieblichen Vorsorge gemeldet.

Der Versicherte unterliegt entgegen der seinerzeitigen Annahme bereits am 8.1.2023 der Betrieblichen Vorsorge, weil er innerhalb von zwölf Monaten vor dem aktuellen Arbeitsverhältnis beim selben Dienstgeber beschäftigt war.

Die Versicherungsnummer ist bekannt.

Lösung

Feldbezeichnung	Feldbelegung
Versicherungsnummer	123456789022
Geburtsdatum	
Referenzwert der VSNR-Anforderung	
Anmeldedatum, Beschäftigungsbeginn	8. Jänner 2023
Richtiges Anmeldedatum	8. Jänner 2023
Betriebliche Vorsorge	8. Jänner 2023

12.4.6. Storno der Anmeldung

Erfolgt eine Anmeldung zu Unrecht, weil beispielsweise die Beschäftigung wider Erwarten nicht aufgenommen wurde oder ein anderer Krankenversicherungsträger zuständig ist, ist die bereits erstattete Meldung zu stornieren.

12.5. Anmeldung bei der Gemeinde

Auf schriftlichen Antrag der Abgabepflichtigen wird von der kontoführenden Stelle der Gemeinde ein Abgabenkonto eröffnet. Anschließend ergeht eine Mitteilung über die Abgabenkontonummer und die Kommunalsteuer und die Dienstgeberabgabe der Gemeinde Wien (U-Bahn-Steuer) können abgerechnet werden.

13. Berechnung des laufenden Nettobezuges

Die richtige Ermittlung des Nettobezuges setzt voraus, dass zunächst die richtige Einstufung des Arbeitnehmers erfolgt.

Ein **Arbeiter** ist eine Person, die überwiegend körperliche Tätigkeiten auszuführen hat. Diese Person erhält einen **Lohn**. Ein **Angestellter** ist eine Person, der überwiegend kaufmännische Tätigkeiten auszuführen hat. Diese Person erhält ein **Gehalt**. Bei beiden spricht man steuerrechtlich von Bezug.

Die Höhe dieses Bezuges ist im Kollektivvertrag oder in der Betriebsvereinbarung, sofern es einen Betriebsrat gibt, festgelegt und stellt einen Mindestbezug dar. Gibt es keinen Betriebsrat, ist eine Einzeldienstvereinbarung zwischen Arbeitgeber und Arbeitnehmer abzuschließen.

13.1. Volle Abrechnungsperiode

Von einer **vollen Abrechnungsperiode** spricht man, wenn der Beitragszeitraum einen gesamten Kalendermonat umfasst.

13.2. Gebrochene Abrechnungsperiode

Von einer **gebrochenen Abrechnungsperiode** spricht man, wenn das Dienstverhältnis während eines Kalendermonats beginnt oder endet. In diesem Monat ist der Grundbezug anteilsmäßig zu berechnen. Wie diese anteilsmäßige Berechnung zu erfolgen hat, steht oft im Kollektivvertrag; fehlt diese, ist der Monatsbezug durch 30 (Tage) zu dividieren und mit der Anzahl der bezahlten Kalendertage zu multiplizieren.

Bei Ein- und Austritt während eines Kalenderjahres wird die Lohnsteuer für jenen Zeitraum ermittelt, für den der Bezug tatsächlich anfällt. Die Lohnsteuer ist nicht nach den Monatslohnsteuertabellen, sondern nach der **Tageslohnsteuertabelle** zu ermitteln.

Wird hingegen eine **Urlaubsersatzleistung** oder eine **Kündigungsentschädigung** ausbezahlt, ist für die Lohnsteuer, unabhängig von dem Zeitraum, für den die Urlaubsersatzleistung oder die Kündigungsentschädigung gewährt wird, der **monatliche Lohnsteuerzeitraum** anzuwenden. Die Lohnsteuer ist daher nach den **Monatslohnsteuertabellen** zu ermitteln.

Beispiel 1 zum Eintritt eines Dienstnehmers während des Monats

Ein Dienstnehmer tritt am 9.1. in das Unternehmen ein und erhält für den gesamten Kalendermonat EUR 400. Das Dienstverhältnis ist unbefristet. Wie hoch ist der Grundbezug im Jänner?

Lösung

Er arbeitet von 9.1. bis 31.1. Das sind insgesamt 23 Tage (inkl 9.1. und inkl 31.1.). Der Grundbezug beträgt daher: EUR 400 : 30 (Tage) × 23 (Tage) = EUR 306,67.

Beispiel 2 zum Eintritt eines Dienstnehmers während des Monats

Ein echter Dienstnehmer tritt am 16.9. in das Unternehmen ein. Er hat keine Kinder. Der Monatsbezug ist EUR 3.400. Wie hoch ist das Nettogehalt (nach Abzug der Sozialversicherung und der Lohnsteuer)?

Lösung

- Er arbeitet im September **15 Tage**. Der Grundbezug beträgt daher: EUR 3.400 : 30 (Tage) × 15 (Tage) = EUR 1.700.
- Bei einer **monatlichen Beitragsgrundlage** kommt es zu einer Reduktion des Arbeitslosenversicherungsbeitrags von 3 % auf 0 %.
- **Sozialversicherungspflichtig inklusive AK-Umlage und Wohnbauförderung ist der gesamte Bruttolohn**: EUR 1.700 × 15,12 % = EUR 257,04 Arbeitslosenversicherung Dienstnehmeranteil]
- Bei Ein- und Austritt während eines Kalendermonats wird die Lohnsteuer für jenen Zeitraum ermittelt, für den der Bezug tatsächlich anfällt. Dies ergibt sich wie folgt: EUR 1.700 – EUR 257,04 = EUR 1.442,96 für 15 Tage; pro Tag sind es EUR 96,197.
- Aufgrund der Tageslohnsteuertabelle für Arbeitnehmer errechnet sich die Lohnsteuer pro Tag wie folgt: EUR 96,197 × 41 % – EUR 21,762 = EUR 17,68.
- Die Lohnsteuer für 15 Tage beträgt EUR 17,68 × 15 (Tage) = EUR 265,18.

Beispiel zum Austritt eines Dienstnehmers während des Monats

Ein Dienstnehmer tritt am 18.10. aus. Der Monatsbezug ist EUR 1.800 und er erhält für den gesamten Kalendermonat EUR 400. Das Dienstverhältnis ist unbefristet. Wie hoch ist der Grundbezug im Oktober?

Lösung

Er arbeitet im Oktober 18 Tage. Der Grundbezug beträgt daher: EUR 1.800 : 30 (Tage) × 18 (Tage) = EUR 1.080.

14. Sonderzahlungen

14.1. Arbeitsrechtliche Bestimmungen

Sonderzahlungen sind eine besondere Form des Entgelts, die alljährlich in größeren Zeiträumen gewährt werden. Darunter fallen in erster Linie das **Weihnachtsgeld** und das **Urlaubsgeld**, aber auch das **Bilanzgeld** und das **Jubiläumsgeld** gehören dazu.

Das Urlaubsgeld wird auch Urlaubszuschuss, Urlaubsbeihilfe oder 14. Gehalt genannt.

Das Weihnachtsgeld wird auch Weihnachtsremuneration oder 13. Gehalt genannt.

Sonderzahlungen werden neben den laufenden Bezügen geleistet. Die Höhe sowie der Auszahlungszeitpunkt sind nach arbeitsrechtlichen Grundsätzen zu beurteilen und werden in Kollektivverträgen, Betriebsvereinbarungen und Einzelverträgen geregelt. Auch die Berechnungsart der Sonderzahlung richtet sich nach der anzuwendenden Rechtsnorm.

Für die Höhe der Sonderzahlung gibt es folgende Möglichkeiten:

- **der monatliche Bruttobezug (Grundlohn):** Ist geregelt, dass die Sonderzahlung auf Basis von Wochenlöhnen, die ständig variieren, zu ermitteln ist, ist ein **durchschnittlicher Wochenlohn** anzusetzen. Der Durchschnittszeitraum ergibt sich ebenfalls aus dem Kollektivvertrag und beträgt bei Fehlen einer diesbezüglichen Bestimmung einen Lohndurchschnitt der letzten 13 Wochen.
- **der monatliche Bruttobezug (Grundlohn) zuzüglich Überstunden:** Regelmäßig geleistete Überstunden und Prämien müssen nur dann im Urlaubs- oder Weihnachtsgeld enthalten sein, wenn dies im Kollektivvertrag steht oder vereinbart ist. Der Kollektivvertrag kann auch vorsehen, dass Entgelte für Überstunden im Durchschnitt der letzten drei Monate sowie Provisionen im Durchschnitt der letzten zwölf Monate einzubeziehen sind.
- **der monatliche Bruttobezug (Grundlohn) zuzüglich sämtlicher Zulagen, Überstunden, Sachbezüge: Sämtliche Zulagen**, die Entgeltcharakter haben, sind in die Berechnung einzubeziehen; Zulagen, die steuerfreie Aufwandsentschädigung darstellen, allerdings nicht.

Der **Urlaubszuschuss** wird meistens im Juni, die **Weihnachtsremuneration** im November ausbezahlt, außer der Kollektivvertrag sieht etwas anderes vor.

Einem Dienstnehmer, dessen Dienstverhältnis nicht ein volles Kalenderjahr dauert, weil es während des Jahres beginnt oder beendet wird, steht die Sonderzahlung in der Regel nur im aliquoten Ausmaß zu.

Bei **unterjährigem Dienstverhältnis-Ende** ist zu unterscheiden, ob das Dienstverhältnisende

- **vor Fälligkeit** der **Sonderzahlung** oder
- **nach Fälligkeit** der **Sonderzahlung** erfolgt.

Zusätzlich ist zu unterscheiden, ob der Dienstnehmer ein Angestellter oder ein Arbeiter ist.

Dienstverhältnisende vor Fälligkeit der Sonderzahlung bei Angestellten:

Hat der ausscheidende Angestellte die Sonderzahlungen noch nicht erhalten, so hat er bei Auflösung des Dienstverhältnisses Anspruch auf Auszahlung einer aliquoten Sonderzahlung.[371]

Dienstverhältnisende nach Fälligkeit der Sonderzahlung bei Angestellten:

Hat der ausscheidende Angestellte zu viel an Sonderzahlung erhalten, muss dies aliquot **zurückverrechnet** werden, außer der Kollektivvertrag oder der Einzelvertrag sieht etwas Gegenteiliges vor.

Praxistipp

Der KV-**Metallgewerbe Angestellte** sieht sowohl bei Dienstverhältnisende vor Fälligkeit als auch bei Dienstverhältnisende nach Fälligkeit eine Aliquotierung vor: Angestellte, die das 13. oder 14. Monatsgehalt bereits erhalten haben, aber noch vor Ablauf des Kalenderjahres ausscheiden, ist der verhältnismäßig zu viel bezahlte Anteil, der auf den restlichen Teil des Kalenderjahres entfällt, bei der Endabrechnung in Abzug zu bringen.

Dienstverhältnisende vor Fälligkeit der Sonderzahlung bei Arbeitern:

Bei Arbeitern kommt es auf den jeweiligen Kollektivvertrag an. Die meisten Kollektivverträge enthalten ebenfalls einen aliquoten Anspruch auf Sonderzahlung. Jedoch sehen viele Kollektivverträge vor, dass bei einer berechtigten Entlassung aus Verschulden des Arbeitnehmers oder bei Austritt ohne wichtigen Grund der Sonderzahlungsanspruch entfällt.

Praxistipp

Der **Kollektivvertrag-Metallgewerbe Arbeiterinnen und Arbeiter** sieht zB vor, dass der Anspruch auf Sonderzahlung bei Beendigung des Arbeitsverhältnisses **vor Fälligkeit** der Sonderzahlungen **entfällt**, wenn

a) eine Entlassung aus Verschulden des Arbeitnehmers (§ 82 GewO) oder
b) ein Austritt ohne wichtigen Grund erfolgt.

371 § 16 AngG.

Dienstverhältnisende nach Fälligkeit der Sonderzahlung bei Arbeitern:

Manche Kollektivverträge enthalten eine Rückverrechnung der **anteilig zu viel erhaltenen Sonderzahlung** bei Kündigung durch den Arbeitnehmer, berechtigte Entlassung aus Verschulden des Arbeitnehmers, unberechtigtem Austritt ohne wichtigen Grund.

Praxistipp

Der **Kollektivvertrag-Metallgewerbe Arbeiterinnen und Arbeiter** sieht Folgendes vor:

Arbeitnehmer, deren Arbeitsverhältnis **nach Fälligkeit** der Sonderzahlung jedoch vor Ablauf des Kalenderjahres endet, haben **den auf den restlichen Teil des Kalenderjahres** entfallenden Anteil des Urlaubszuschusses dann **zurückzuzahlen** (zu viel erhaltenen Teil zurückzuzahlen), **wenn** das Arbeitsverhältnis auf eine der nachstehenden Arten aufgelöst wird:

a) Kündigung durch den Arbeitnehmer,
b) berechtigte Entlassung aus Verschulden des Arbeitnehmers (§ 82 GewO),
c) unberechtigten Austritt ohne wichtigen Grund.

Manche Kollektivverträgt lassen eine **Rückverrechnung** der kompletten Sonderzahlung zu.

Die **aliquote Sonderzahlung wird berechnet**, indem durch 12 (Monate) dividiert und mit der Anzahl der Monate im Unternehmen multipliziert wird (Bruttobezug / 12 [Monate] × Anzahl der Monate im Unternehmen). Wird das Unternehmen während des Monats verlassen, wird durch 365 (Tage) dividiert und mit der Anzahl der Tage im Unternehmen multipliziert (Bruttobezug / 365 [Tage] × Anzahl der Tage im Unternehmen).

Beispiel 1 zu aliquoten Sonderzahlungen

Das Dienstverhältnis beginnt am 1.2. Es besteht ein jährlicher Anspruch auf Urlaubszuschuss und Weihnachtsremuneration. Der Monatsbezug beträgt EUR 2.500.

Lösung

Der aliquote Anspruch auf Urlaubszuschuss beträgt EUR 2.500 / 12 (Monate) × 11 (Monate) = EUR 2.291,67.

Der aliquote Anspruch auf Weihnachtsremuneration beträgt EUR 2.500 / 12 (Monate) × 11 (Monate) = EUR 2.291,67.

Beispiel 2 zu aliquoten Sonderzahlungen

Das Dienstverhältnis beginnt am 10.6. Es besteht ein jährlicher Anspruch auf Urlaubszuschuss und Weihnachtsremuneration. Der Monatsbezug beträgt EUR 2.500.

Beispiel zum Jahressechstel

Ein Dienstnehmer erhält im März eine einmalige Prämie von EUR 7.500. Der monatliche Bruttobezug beträgt EUR 3.000.

Lösung

Das Jahressechstel beträgt bei regelmäßigem Bezug zwei Monatsgehälter: EUR 6.000. In der Sozialversicherung ist die gesamte Prämie ein laufender Bezug und bis zur jährlichen Höchstbeitragsgrundlage für Sonderzahlungen beitragspflichtig.

Bei **Dienstnehmern (echten und frei)** werden von Sonderzahlungen keine **Arbeiterkammerumlage** und keine **Wohnbauförderungsbeitrag** eingehoben. In Kärnten wird die Landarbeiterkammerumlage auch von den Sonderzahlungen (bis EUR 11.100 jährlich) berechnet.

Gehalt bis EUR 11.700 jährlich (Wert für 2023)	Arbeitnehmeranteil in %	Arbeitgeberanteil in %	Gesamtbetrag
Arbeitslosenversicherung	3,00	3,00	6,00
Krankenversicherung	3,87	3,78	7,65
Pensionsversicherung	10,25	12,55	22,80
Unfallversicherung		1,10	1,10
Zwischensumme	**17,12**	**20,43**	**37,55**
Insolvenzentgeltsicherungszuschlag		0,10	0,10
Arbeiterkammerumlage			0,00
Wohnbauförderungsbeitrag			0,00
Gesamt	**17,12**	**20,53**	**37,65**

Tab 19: Sozialversicherungsbeiträge Sonderzahlungen für Dienstnehmer

Der **Arbeitslosenversicherungsbeitrag** für Personen mit geringem Entgelt entfällt oder sinkt, wenn die monatliche Beitragsgrundlage folgende Grenzen nicht überschreitet:

Monatliche Beitragsgrundlage 2023 in EUR	Arbeitslosenversicherungsbeitrag in %	Rückverrechnung in %
bis 1.885	0	–3
1.885,01 bis 2.056	1	–2
2.056,01 bis 2.228	2	–1
über 2.228,	3	0

Tab 20: Arbeitslosenversicherungsbeiträge für Niedrigverdiener

Ist eine Prämie als **Sonderzahlung** zu behandeln, richtet sich die Abrechnung grundsätzlich nach dem **Fälligkeitstermin**. Wird die Sonderzahlung aber bereits vor der Fälligkeit ausbezahlt, ist der Auszahlungsmonat heranzuziehen.

Erhält der Dienstnehmer auch nach dem arbeitsrechtlichen Ende des Beschäftigungsverhältnisses noch Prämienzahlungen, so unterliegen diese ebenfalls der Beitragspflicht und sind rückwirkend jenem Zeitpunkt zuzuordnen, in dem der Anspruch entstand. Eine Aufrollung ist durchzuführen.

14.3. Lohnsteuerpflicht von Sonderzahlungen

Sonstige Bezüge, die nicht regelmäßig, sondern insbesondere einmalig im Jahr (insbesondere 13. und 14. Monatsbezug und Belohnungen wie Bilanzgeld, Gewinnbeteiligungen oder Provisionen) neben einem **laufenden Arbeitslohn** von demselben Arbeitgeber ausbezahlt werden, sind steuerlich begünstigt.

Für die Beurteilung als sonstige Leistung ist die **nicht regelmäßige Auszahlungsform** entscheidend.[375] Wird der Urlaubszuschuss auf 12 Monate verteilt, ist dieser Bezug nicht begünstigt, sondern zum Tarif zu versteuern. Bei der Sozialversicherung bleibt der Urlaubszuschuss bzw Weihnachtsremuneration auch dann eine Sonderzahlung, wenn er monatlich ausbezahlt wird.

Das **Jahressechstel**, das ein Sechstel der bereits zugeflossenen, auf das Kalenderjahr umgerechneten laufenden Bezüge darstellt, ist

- nach Abzug der darauf entfallenden Sozialversicherung,
- des Freibetrages von EUR 620 und
- unter Berücksichtigung der Freigrenze von EUR 2.100

wie folgt zu besteuern:

Sonstiger Bezug in EUR	Einkommensteuer in %
bis 620	0
über 620 bis 25.000	6
über 25.000 bis 50.000	27
über 50.000 bis 83.333	35,75

Tab 21: Einkommensteuertarif für Sonderzahlungen

Die sonstigen Bezüge sind steuerfrei, wenn das Jahressechstel höchstens EUR 2.100 (Freigrenze) beträgt. Wird die Freigrenze von EUR 2.100 überschritten, steht immer

375 § 67 Abs 1 EStG.

noch der Freibetrag von EUR 620 zu. Der Freibetrag von EUR 620 und die Freigrenze von EUR 2.100 sind gleichzeitig zu berücksichtigen.

Die **Steuer für das Jahressechstel** wird durch Aufrollung neu berechnet, wenn das Jahressechstel den Betrag von EUR 2.100 übersteigt.[376] Die Ermittlung der Höhe des Jahressechstels wird dabei nicht geändert.[377]

Soweit die sonstigen Bezüge mehr als das Jahressechstel oder mehr als EUR 83.333 betragen, sind diese übersteigenden Bezüge im Auszahlungsmonat als laufender Bezug mit dem Lohnsteuertarif zu besteuern.[378] Diese Bezüge erhöhen nicht das Jahressechstel.[379]

14.3.1. Berechnung des normalen Jahressechstels

Das **Jahressechstel** stellt auf den laufenden Bruttobezug ab und wird wie folgt berechnet:

- **wenn auf Monate abgestellt wird:** bisher im Kalenderjahr zugeflossene laufenden Bruttobezüge / Anzahl der abgelaufenen Monate × 2 (Monate)
- **wenn auf Tage abgestellt wird:** bisher im Kalenderjahr zugeflossene laufenden Bruttobezüge / Anzahl der abgelaufenen Tage × 60 (Tage)

Zu den laufenden Bezügen zählen das laufende Entgelt, Sachbezüge, gewisse steuerfreie Leistungen des Arbeitgebers,[380] steuerpflichtige Tages- und Nächtigungsgelder, steuerfreie Sonntags- Feiertag- und Nachtarbeiterzuschläge,[381] steuerfreie Schmutz-, Erschwernis- und Gefahrenzulagen.

Nicht zu den laufenden Bezügen zählen steuerfreie Tages- und Nächtigungsgelder und steuerfreie Leistungen des Arbeitgebers.

Beispiel 1 zu Sonderzahlungen

Der Dienstnehmer bekommt monatlich einen **laufenden Bezug** von EUR 3.500. Im Juni erhält er das Urlaubsgeld und im November die Weihnachtsremuneration.

Lösung

Um auf das Jahressechstel im Juni zu kommen, müssen die bis Juni zugeflossenen Beträge (EUR 21.000 [3.500 × 6 (Monate)]) durch 6 (Monate) dividiert und mit 2 (Monaten) multipliziert werden:

EUR 21.000 / 6 (Monate) × 2 (Monate) = EUR 7.000

Das Jahressechstel beträgt EUR 7.000.

376 § 77 Abs 4 EStG.
377 LStR Rz 1193.
378 § 67 Abs 2 zweiter Satz EStG.
379 § 67 Abs 10 EStG.
380 § 3 Abs 1 Z 10, 11 und 15 a EStG.
381 § 68 EStG.

Beispiel 2 zu Sonderzahlungen

Der Dienstnehmer **beginnt** das Dienstverhältnis am 1.5. und bekommt monatlich einen **laufenden Bezug** von EUR 3.500. Im Juni erhält er das Urlaubsgeld und im November die Weihnachtsremuneration.

Lösung

Um auf das Jahressechstel im Juni zu kommen, müssen die bis Juni zugeflossenen Beträge (EUR 7.000 [3.500 × 2 (Monate)]) durch 6 (Monate) dividiert und mit 2 (Monaten) multipliziert werden:

EUR 7.000 / 6 (Monate) × 2 (Monate) = EUR 2.333

Beispiel 3 zu Sonderzahlungen

Der Dienstnehmer **beendet** das Dienstverhältnis am 31.5. und bekommt monatlich einen **laufenden Bezug** von EUR 3.500.

Lösung

Um auf das Jahressechstel im Mai zu kommen, müssen die bis Mai zugeflossenen Beträge (EUR 17.500 [3.500 × 5 (Monate)]) durch 6 (Monate) dividiert werden:

EUR 17.500 / 6 (Monate) = EUR 2.916

Beispiel 4 zu Sonderzahlungen

Der Dienstnehmer **bekommt einen schwankenden Bezug**:

Jänner:	EUR 3.500
Februar:	EUR 2.800
März:	EUR 4.200
April:	EUR 4.300
Mai:	EUR 3.600
Juni:	EUR 3.500
Juli:	EUR 4.100
August:	EUR 3.600
September:	EUR 3.400
Oktober:	EUR 3.800
November:	EUR 4.100
Dezember:	EUR 2.900

Im Juni erhält er das Urlaubsgeld und im November die Weihnachtsremuneration.

Lösung

Um auf das **Jahressechstel im Juni** zu kommen, müssen die bis Juni zugeflossenen Beträge durch 6 (Monate) dividiert und mit 2 (Monaten) multipliziert werden:

EUR 21.900 / 6 (Monate) × 2 (Monate) = EUR 7.300 Von diesem Jahressechstel wird angenommen, dass die Hälfte (EUR 3.650) als Urlaubsgeld ausbezahlt wurde.

Um auf das **Jahressechstel im November** zu kommen, müssen die bis November zugeflossenen Beträge durch 11 (Monate) dividiert und mit 2 (Monaten) multipliziert werden. Dabei sind die Beträge, die im Juni bereits zugeflossen sind, zu berücksichtigen.

EUR 40.900 / 11 (Monate) × 2 (Monate) = EUR 7.436,36

Da bereits im Juni EUR 3.650 zugeflossen sind, steht dem Dienstnehmer im November noch ein Betrag von EUR 3.786,36 zu.

Die Berechnung des „**normalen Jahressechstels**" erfolgt im **Zeitpunkt der Auszahlung** eines sonstigen Bezuges mittels Hochrechnung der laufenden Bezüge auf einen voraussichtlichen Jahresbezug. Für die Hochrechnung sind alle laufenden Bezüge, inklusive der mit dem sonstigen Bezug ausgezahlten laufenden Bezüge, heranzuziehen. Diese Regelung war **bis 2019** die Berechnungsgrundlage des Jahressechstels.

Beispiel 1 für die Berechnung des normalen Jahressechstels

Ein Arbeitnehmer tritt am 1.1.2019 in das Unternehmen ein. Das monatliche Gehalt beträgt EUR 3.000. Im Juni kommt es zur Auszahlung des Urlaubszuschusses. Der Arbeitnehmer scheidet am 31.8.2019 aus dem Unternehmen. Es gebührt ihm noch das Weihnachtsgeld.

Lösung

Ermittlung des normales Jahressechstel bis 31.8.2019: „Bisher im Kalenderjahr zugeflossene laufenden Bruttobezüge / Anzahl der abgelaufenen Monate x 2." EUR 3.000 × 8 = EUR 24.000

Die Jahressechstelberechnung erfolgt folgendermaßen: EUR 24.000 : 8 × 2 = EUR 6.000

Bis 31.12.2019 hätte der Sechstelrest EUR 3.000 betragen und wäre auch bei Auszahlung von EUR 3.000 im August steuerbegünstigt gewesen.

14.3.2. Berechnung des Kontrollsechstels

Ab dem Kalenderjahr 2020 hat der Arbeitgeber nicht nur im Zeitpunkt des Zuflusses eines sonstigen Bezuges ein Jahressechstel zu ermitteln, sondern zusätzlich noch zum **Zeitpunkt des Zuflusses des letzten laufenden Bezuges** im Kalenderjahr das Jahressechstel und somit die Besteuerung der Bezüge mit dem begünstigten Steuersatz zu überprüfen und gegebenenfalls den Überhang an Kontroll-Jahressechstel durch Aufrollung[382] zu korrigieren und zum Tarif[383] zu versteuern.

Das ist in der Regel im **Dezember** bzw bei unterjährigem Austritt im **Austrittsmonat**. Der Arbeitgeber hat sicherzustellen, dass maximal ein **Sechstel** der im Kalenderjahr zugeflossenen laufenden Bezüge begünstigt besteuert werden.

Die **Aufrollverpflichtung** bzw **Nachversteuerung** kommt nicht zur Anwendung, wenn ein Arbeitnehmer im Kalenderjahr Einkommensverluste bei den laufenden Bezügen hinnehmen muss.

Dies liegt in folgenden gesetzlich genannten Fällen vor:

- **Elternkarenz;**
- Bezug von **Krankengeld** aus der gesetzlichen Krankenversicherung;

382 § 77 Abs 4a Z 1 EStG.
383 § 67 Abs 10 EStG.

- Bezug von **Rehabilitationsgeld**;[384]
- **Pflegekarenz** oder **Pflegeteilzeit**;[385]
- **Familienhospizkarenz** oder **Familienhospizteilzeit**;[386]
- **Wiedereingliederungsteilzeit**;[387]
- **Grundwehrdienst**;[388]
- **Bezug von Altersteilzeitgeld**;[389]
- **Teilpension**;[390]
- **Beendigung des Dienstverhältnisses**, wenn im Kalenderjahr kein neues Dienstverhältnis bei demselben Arbeitgeber oder einem mit diesem verbundenen Konzernunternehmen eingegangen wird.

Diese Ausschlussgründe sind nur dann anzuwenden, wenn im laufenden Kalenderjahr insgesamt **mehr sonstige Bezüge** als das **Kontrollsechstel** mit den festen Steuersätzen versteuert wurden – und somit nur auf die **Nachversteuerung** aufgrund des Kontrollsechstels anzuwenden.

Praxistipp

Unterjährig bleibt es weiterhin möglich, begünstigende Gestaltungsformen bei der Auszahlung von laufenden und sonstigen Bezügen zu wählen. Diese sind jedoch gegebenenfalls am Jahresende zu korrigieren. Damit ergibt sich folgende Vorgangsweise seit 1.1.2020:

1. Zuerst ist das „**normale Jahressechstel**“ zu berechnen, wobei bei der Ermittlung auf die Freigrenze und den Freibetrag zurückgegriffen wird.
2. Danach wird in einem zweiten Schritt im Dezember oder bei Austritt im Austrittsmonat das „**Kontrollsechstel**“ berechnet und eventuell eine „**Sechstelaufrollung**“ durchgeführt. Das Gesetz spricht vom „**Aufrollen**“, sodass eine Korrektur des jeweiligen Monats erfolgen muss, in dem die nachzuversteuernde Sonderzahlung gewährt wurde.[391]

Beispiel zu Berechnung des Jahressechstels – Überhang an Kontroll-Jahressechstel

Ein Arbeitnehmer tritt am 1.1.2022 in das Unternehmen ein. Das monatliche Gehalt beträgt EUR 3.000. Im Juni kommt es zur Auszahlung des Urlaubszuschusses. Der Arbeitnehmer scheidet am 31.8.2022 aus dem Unternehmen aus. Es gebührt ihm noch das Weihnachtsgeld. Bei Austritt ist bereits bekannt, dass am 1. November 2022 ein Wiedereintritt erfolgt.Lösung

384 § 143a ASVG.
385 § 14c oder § 14d AVRAG.
386 § 14c oder § 14d AVRAG.
387 § 13a AVRAG.
388 § 20 Wehrgesetz oder § 6a Zivildienstgesetz.
389 § 27 AlVG.
390 § 27a AlVG.
391 § 77 Abs 4a Z 1 oder Z 2 EStG.

1. **Ermittlung des normalen Jahressechstels** bis 31.8.2022: Bisher im Kalenderjahr zugeflossene laufende Bruttobezüge / Anzahl der abgelaufenen Monate × 2. EUR 3.000 × 8 = EUR 24.000
   Die Jahressechstelberechnung erfolgt folgendermaßen: EUR 24.000 : 8 × 2 = EUR 6.000
2. **Ermittlung des Kontrollsechstels** und **eventuell Durchführung einer Sechstelaufrollung**: EUR 24.000 : 6 = EUR 4.000. Von dem Kontrollsechstel wurden bereits im Urlaubszuschuss EUR 3.000 ausgeschöpft. Für das anteilige Weihnachtsgeld stehen nur mehr EUR 1.000 zur Verfügung, der Rest des Weihnachtsgeldes wird zum „normalen Tarif" versteuert.

Wenn im Kalenderjahr kein neues Dienstverhältnis bei demselben Arbeitgeber oder einem mit diesem verbundenen Konzernunternehmen eingegangen wird, kommt eine **Aufrollverpflichtung** bzw **Nachversteuerung** nicht zur Anwendung.

Wenn im laufenden Kalenderjahr insgesamt **weniger sonstige Bezüge** als das **Kontrollsechstel** mit den festen Steuersätzen[392] versteuert wurden, hat der Arbeitgeber ab dem Kalenderjahr 2021 den nicht ausgeschöpften Differenzbetrag auf das Kontrollsechstel durch **Aufrollen** mit dem **festen Steuersatz** zu versteuern.

Diese Regelung kann nur für tatsächlich geleistete sonstige Bezüge zur Anwendung kommen, die auch sämtliche Voraussetzungen der Qualifikation als **sonstige Bezüge**[393] erfüllen, aber im Zeitpunkt der Auszahlung nicht Deckung im Jahressechstel findet (Sechstelüberschreitung).

Jener Teil der sonstigen Bezüge, der im Zeitpunkt der Auszahlung aufgrund einer Sechstelüberschreitung zum laufenden Tarif besteuert wurde, der dann aber im Kontrollsechstel Deckung findet (zB aufgrund einer Gehaltserhöhung), wird i3m Dezember (bzw bei Beendigung des Dienstverhältnisses) durch Aufrollung zum begünstigten Tarif für sonstige Bezüge besteuert. Eine Aufrollung zugunsten der Arbeitnehmer ist, unabhängig davon, ob ein Ausnahmetatbestand[394] vorliegt, jedenfalls vorzunehmen.

Beispiel zu Berechnung des Jahressechstels – Nicht ausgeschöpfte Kontroll-Jahressechstel

Das Gehalt beträgt von Jänner 2023 bis Oktober 2023 EUR 2.500 Euro monatlich. Das Urlaubsgeld im Juni beträgt EUR 2.500.

Das Gehalt ab November 2023 beträgt EUR 2.800. Das Weihnachtsgeld im November beträgt EUR 2.800.

392 § 67 Abs 1 EStG.

393 § 67 Abs 1 und 2 EStG.

394 § 77 Abs 4 Z 1 EStG: Ausnahmetatbestände: Elternkarenz, Bezug von Krankengeld aus der gesetzlichen Krankenversicherung, Bezug von Rehabilitationsgeld, Pflegekarenz oder Pflegeteilzeit, Familienhospizkarenz oder Familienhospizteilzeit, Wiedereingliederungsteilzeit, Grundwehrdienst, Bezug von Altersteilzeitgeld, Teilpension, Beendigung des Dienstverhältnisses, wenn im Kalenderjahr kein neues Dienstverhältnis bei demselben Arbeitgeber oder einem mit diesem verbundenen Konzernunternehmen eingegangen wird.

Lösung

Bei Auszahlung des Weihnachtsgeldes kommt es im November zu einer Sechstelüberschreitung und ein Teil des Weihnachtsgeldes, der sog Sechstelüberhang, ist zum laufenden Tarif zu besteuern.

Jahressechstel bei Berechnung des Weihnachtsgeldes im November

(EUR 2.500 × 10 + EUR 2.800) : 11 = EUR 2.527,27

Im Dezember muss aufgrund der Neuregelung bei Berechnung des Kontrollsechstels ein Teil des Sechstelüberhangs durch Aufrollung begünstigt besteuert werden.

Jahressechstel im Dezember (= Kontrollsechstel)

(EUR 2.500 × 10) + (EUR 2.800 × 2) = EUR 30.600 : 11 = EUR 2.781,82

15. Unterbrechung des Dienstverhältnisses

15.1. Mutterschutz

Dienstnehmerinnen haben, sobald ihnen ihre Schwangerschaft bekannt ist, dem Dienstgeber unter Bekanntgabe des voraussichtlichen Entbindungstermins Mitteilung zu machen. Der Dienstgeber hat seinerseits unverzüglich nach Kenntnis der Schwangerschaft dem **Arbeitsinspektorat** schriftlich Mitteilung zu erstatten. Eine Abschrift dieser Mitteilung ist der Dienstnehmerin zu übergeben.

Dienstnehmerinnen haben ab der Bekanntgabe ihrer Schwangerschaft einen besonderen **Kündigungs- und Entlassungsschutz**.

Der **Kündigungs- und Entlassungsschutz** beginnt mit Eintritt der Schwangerschaft. Der Kündigungsschutz dauert bis **vier Monate** nach der Entbindung. Wenn Dienstnehmerinnen nach dem Mutterschutz die **Karenz** in Anspruch nehmen, können sie bis **vier Wochen** nach Ende der **Karenz** nicht gekündigt werden. Auch bei Inanspruchnahme einer **Elternteilzeit** nach dem Mutterschutz gilt der Kündigungsschutz bis **vier Wochen** nach dem Ende der Elternteilzeit, jedoch höchstens bis zum vollendeten vierten Lebensjahr.

Vor der voraussichtlichen Entbindung besteht ein **absolutes Beschäftigungsverbot** (**Schutzfrist**) von **acht Wochen**. Diese dauert bis **acht Wochen** nach der **Entbindung**.

Bei Früh-, Mehrlingsgeburten und Kaiserschnittentbindungen erhöht sich diese Frist auf **12 Wochen**.

Während der Schutzfrist erhält die Dienstnehmerin **Wochengeld**, das von der zuständigen Krankenkasse ausbezahlt wird. Für die Geltendmachung dieses Anspruches bei der Krankenkasse muss der Arbeitgeber eine **Arbeits- und Entgeltsbestätigung** vorlegen.

Für **gesundheitsgefährdende Arbeiten** bestehen besondere Beschäftigungsbeschränkungen bzw -verbote. Für werdende und stillende Mütter bestehen im Wesentlichen ein Nachtarbeitsverbot, ein Sonntagsarbeitsverbot sowie ein Feiertagsarbeitsverbot. Auch sind die tägliche Arbeitszeit mit neun Stunden und die Wochenarbeitszeit mit 40 Stunden beschränkt.

Für die Berechnung des **Wochengeldes** ist der Nettobezug der letzten **drei Kalendermonate** zuzüglich eines Zuschlags für die Sonderzahlung heranzuziehen.

Die Vorlage einer **Arbeits- und Entgeltsbestätigung** für Wochengeld ersetzt die Abmeldung zur Pflichtversicherung. Wird im Anschluss an den Wochengeldbezug Karenzurlaub in Anspruch genommen, ist eine Abmeldung mit „Ende Entgelt“ sowie gegebenenfalls „Betriebliche Vorsorge Ende“ zu übermitteln. Die werdende

Mutter hat Anspruch auf **Freistellung vom Dienst**; wenn Leben oder Gesundheit der Mutter oder des Kindes gefährdet ist, kann unter Vorlage einer fachärztlichen Bestätigung bereits vor Beginn des absoluten Beschäftigungsverbots eine völlige Dienstfreistellung verfügt werden (**individuelles Beschäftigungsverbot**). Für die Zeit einer solchen Freistellung (Frühkarenz) wird von der zuständigen Krankenkasse ein **„erweitertes** bzw **vorgezogenes Wochengeld“** bezahlt.

Praxistipp,

Geringfügig Beschäftigte haben aus ihrer Pflichtversicherung in der Unfallversicherung **keinen Anspruch auf Wochengeld**. Deshalb ist der ehemalige Dienstgeber für die Dauer des **individuellen Beschäftigungsverbotes** verpflichtet, das volle Entgelt weiter zu leisten. Ab Beginn des generellen Beschäftigungsverbotes (Beginn der achten Woche vor der voraussichtlichen Entbindung) endet dieser Anspruch.

Die geringfügig Beschäftigten können sich freiwillig in der Pensions- und Krankenversicherung versichern lassen. In diesem Fall haben Sie Anspruch auf Kranken- und Wochengeld.

Sonderzahlungen für die schwangere echte Dienstnehmerin sind vor Antritt der Schutzfrist abzurechnen. Für die **Bemessung der Sonderzahlungen** gilt als Dienstzeit auch die Zeit der **Schutzfrist**, nicht jedoch die Zeit der **Karenz**.

Geringfügig beschäftigte Selbstversicherte (nur bei Selbstversicherung[395]) erhalten einen Fixbetrag in Höhe von EUR 10,35 pro Tag (Wert für das Jahr 2023).

15.2. Elternkarenz (Mütterkarenz und Väterkarenz)

Eltern haben im **Anschluss an die Schutzfrist**, die in der Regel 8 Wochen, bei Mehrlings- oder Frühgeburt bzw bei einem Kaiserschnitt 12 Wochen nach der Geburt des Kindes dauert, **Anspruch auf Karenz** gemäß MSchG bzw VKG.

Die Karenz endet spätestens mit Vollendung des **zweiten Lebensjahres** des Kindes. Das ist der Tag vor dem zweiten Geburtstag des Kindes.

Die Karenz kann von beiden Elternteilen in Anspruch genommen werden. Dabei ist zu beachten, dass diese **maximal zweimal zwischen den Karenzteilen gewechselt werden kann**. Daher sind insgesamt drei Karenzteile möglich.

Die Karenz eines jeder Karenzteiles muss zumindest **zwei Monate** betragen.

Während der Karenz und in den folgenden vier Wochen besteht ein **Kündigungs-** und **Entlassungsschutz**.

Der Vater hat dem Dienstgeber spätestens bis **acht Wochen nach der Geburt** des Kindes die Inanspruchnahme der Karenz und den entsprechenden Umfang bekanntzugeben.

395 § 19a ASVG.

Praxistipp
Während der Karenz ist eine geringfügige Beschäftigung möglich.

Darüber hinaus besteht die Möglichkeit, bis zu 13 Wochen pro Kalenderjahr über der Geringfügigkeitsgrenze zu arbeiten, mit Zustimmung des eigenen Arbeitgebers auch bei einem anderen Arbeitgeber (zB als Urlaubsvertretung).

15.3. Elternteilzeitbeschäftigung

Dieser gesetzliche Anspruch auf Teilzeitbeschäftigung besteht für Mütter und Väter bis längstens zum siebenten Geburtstag des Kindes. Diese Teilzeitbeschäftigung kann auch von beiden Eltern gleichzeitig in Anspruch genommen werden.

Elternteilzeit kann für jedes Kind nur einmal in Anspruch genommen werden und muss mindestens 2 Monate dauern.

Der Anspruch auf Elternteilzeit besteht bei Betrieben mit mehr als **20 Arbeitnehmern**. Voraussetzung ist, dass der Elternteil zumindest **drei Jahre** im Betrieb beschäftigt ist. Karenzzeiten nach dem MSchG und VKG werden eingerechnet.

Die wöchentliche Arbeitszeit muss dabei um mindestens 20 % reduziert werden, darf jedoch 12 Stunden pro Woche nicht unterschreiten. Diese Teilzeitbeschäftigung muss mindestens zwei Monate dauern.

Während der Elternteilzeit besteht ein **Kündigungs- und Entlassungsschutz**, der mit der Bekanntgabe der Teilzeitbeschäftigung, frühestens aber 4 Monate vor dem beabsichtigten Antritt der Teilzeitbeschäftigung beginnt und bis zu **vier Wochen** nach Ende der Elternteilzeit, spätestens aber vier Wochen nach Vollendung des **vierten Geburtstages des Kindes** dauert.[396]

15.4. Väterfrühkarenz

15.4.1. Papamonat

Bei Geburten, deren errechneter Geburtstermin nach dem 1.9.2019 liegt, besteht ein **gesetzlicher Anspruch** auf einen Papamonat (Anspruch auf Freistellung anlässlich der Geburt eines Kindes), wenn mit dem Kind ein gemeinsamer Haushalt besteht.

Auf Verlangen des Dienstnehmers (Vaters) ist zwischen der Geburt des Kindes und dem Ablauf des Beschäftigungsverbotes der Mutter nach der Geburt des Kindes eine Freistellung in der Dauer von **einem Monat** zu gewähren.

396 § 8f VKG.

Dieses Beschäftigungsverbot dauert bis acht Wochen nach der Entbindung. Bei Früh-, Mehrlingsgeburten und Kaiserschnittentbindungen erhöht sich diese Frist auf zwölf Wochen.

Der Papamonat ist ein unbezahlter Urlaub, der Vater kann jedoch eine Unterstützung, den **Familienzeitbonus** beantragen, der auf Geburten nach dem 28.2.2017 anzuwenden ist. Besteht kein Anspruch auf den Familienzeitbonus, liegt ein bis zu einem Monat währender unbezahlter Urlaub vor.

Der Dienstnehmer hat spätestens **drei Monate** vor dem errechneten Geburtstermin seinem Dienstgeber unter Bekanntgabe des Geburtstermins den voraussichtlichen Beginn der Freistellung anzukündigen. Kann die Vorankündigung der Freistellung auf Grund einer Frühgeburt nicht erfolgen, ist die Geburt unverzüglich anzuzeigen, spätestens eine Woche nach der Geburt bekannt zu geben.[397]

Der Dienstnehmer, der die Dienstfreistellung in Anspruch nimmt, hat einen **Kündigungs- und Entlassungsschutz**, der vier Wochen nach dem Ende der Freistellung endet.[398]

15.4.2. Frühkarenzmodelle für Väter

Berufstätige Väter haben die Möglichkeit, in den ersten Lebenswochen des Kindes ihr Dienstverhältnis zu unterbrechen und das neugeborene Kind gemeinsam mit der Mutter zu betreuen.[399]

Dabei sind **folgende Modelle** zu unterscheiden:

- Väterfrühkarenz mit Rechtsanspruch,
- vereinbarter Karenzurlaub.

15.4.2.1. Väterfrühkarenz mit Rechtsanspruch im öffentlichen Dienst

Es besteht zurzeit auf gesetzlicher Basis im **öffentlichen Dienst** ein **Väterfrühkarenzmodell**. Dieses Modell gilt für Bedienstete des Bundes sowie Bedienstete folgender Bundesländer: Burgenland, Niederösterreich, Oberösterreich, Steiermark, Tirol, Wien und Vorarlberg. Die Pflichtversicherung besteht weiter und es erfolgt **keine Abmeldung** bei der Sozialversicherung.[400]

15.4.2.2. Väterfrühkarenz mit Rechtsanspruch laut Kollektivvertrag

Gewisse **Kollektivverträge** regeln zurzeit die Väterfrühkarenz (zB Banken, Sparkassen). Dabei endet die Pflichtversicherung mit dem Tag **vor** Beginn der Väter-

397 § 1a Abs 3 VKG.
398 § 1a Abs 6 VKG.
399 DGservice Dezember 2016, Papamonat & Co. Frühkarenzmodelle für Väter, 10 ff.
400 § 290 VBG bzw gleichartige Landesgesetze.

frühkarenz. Die **Abmeldung** erfolgt innerhalb von sieben Tagen nach Ende der Pflichtversicherung. Die Wiederanmeldung erfolgt vor Arbeitsantritt.

Der **Abmeldegrund** ist „Karenz nach Mutterschutzgesetz bzw Väterkarenzgesetz".

15.4.3. Vereinbarter Karenzurlaub

15.4.3.1. Karenzurlaub bis zu einem Monat

Wird ein Karenzurlaub bis zu einem Monat vereinbart, besteht die **Pflichtversicherung weiter**. Der **Dienstnehmer** trägt während dieser Zeit den gesamten Kranken-, Pensions-, Unfall- und Arbeitslosenversicherungsbeitrag sowie gegebenenfalls den Schlechtwetterentschädigungsbeitrag.

Der **Dienstgeber** hat den Insolvenzentgeltsicherungszuschlag und gegebenenfalls den Nachtschwerarbeitsbeitrag weiter zu zahlen.

Der Wohnbauförderungsbeitrag, die Arbeiterkammerumlage und die Landarbeiterkammerumlage entfallen. Eine Ausnahme besteht für Steiermark und Kärnten, wo die Landarbeiterkammerumlage weiter zu entrichten ist.

Für die Zeit der Arbeitsunterbrechung fallen keine Beiträge zur Betrieblichen Vorsorge an. Die Betriebliche-Vorsorge-Zeit wird nicht unterbrochen.

15.4.3.2. Karenzurlaub länger als ein Monat

Wird der Karenzurlaub für länger als einen Monat vereinbart, endet die Pflichtversicherung mit dem Tag vor Beginn des vereinbarten Karenzurlaubes.

Die **Abmeldung** erfolgt innerhalb von sieben Tagen nach Ende der Pflichtversicherung. Die Wiederanmeldung erfolgt vor Arbeitsantritt.

Der **Abmeldegrund** ist „Länger als ein Monat währender unbezahlter Urlaub".

Für die Zeit der Arbeitsunterbrechung fallen keine Beiträge zur Betrieblichen Vorsorge an. Die Betriebliche-Vorsorge-Zeit **wird unterbrochen**.

15.5. Familienzeitbonus

Der **Familienzeitbonus** ist eine finanzielle Unterstützung für Väter während der **Familienzeit**. Das FamZeitbG trat am 1.3.2017 in Kraft und ist auf Geburten nach dem 28.2.2017 anzuwenden.

Familienzeit ist der Zeitraum zwischen 28 und 31 aufeinanderfolgenden Kalendertagen innerhalb von 91 Tagen ab der Geburt des Kindes. Der **Antrag auf Familienzeitbonus** kann ab der Geburt und auch während eines „Papamonats" oder eines unbezahlten Urlaubs unmittelbar nach der Geburt gestellt werden, muss jedoch spätestens am 91. Tag nach der Geburt beim Krankenversicherungsträger eingelangt sein.

Der Vater muss daher alle Erwerbstätigkeiten vorübergehend einstellen.

Nach der Familienzeit wird die Erwerbstätigkeit weitergeführt.

Der **Familienzeitbonus** beträgt EUR 23,91 (Wert für 2023) pro Tag und kann pro Geburt nur einmal bezogen werden. Bezieher eines Familienzeitbonus sind kranken- und pensionsversichert.[401]

Praxistipp

Ein **Gebührenurlaub** oder ein **Krankenstand** stellt keine Unterbrechung dar, daher gebührt für solche Zeiträume kein Familienzeitbonus.

Anspruchsberechtigt für den Familienzeitbonus sind Personen, die in den letzten **182 Tagen** unmittelbar vor Bezugsbeginn durchgehend eine **kranken- und pensionsversicherungspflichtige Erwerbstätigkeit** ausgeübt und in dieser Zeit keine Leistung aus der Arbeitslosenversicherung bezogen haben. Ausgenommen sind Unterbrechungen aufgrund einer Karenz nach dem VKG im Umfang von insgesamt 14 Tagen.

Die Pflichtversicherung besteht nicht weiter.[402] Es liegt kein unbezahlter Urlaub vor. Daher ist eine Abmeldung mit dem Tag vor Beginn der Familienzeit notwendig. Als **Abmeldegrund** ist „Sozialversicherungs-Ende – Beschäftigung aufrecht" anzugeben.

Während der Familienzeit sind keine Beiträge zur Betrieblichen Vorsorge zu leisten. Die Beitragspflicht endet mit dem Ende des Entgeltanspruches.

Ein gewährter Sachbezug ist in der Familienzeit sozialversicherungsrechtlich beitragsfrei.

Wird das Dienstverhältnis wiederaufgenommen, ist eine **Anmeldung** vor Arbeitsantritt erforderlich.

Praxistipp

Stellt sich im Nachhinein heraus, dass die Voraussetzungen für die Familienzeit nicht gegeben sind, liegt ein **unbezahlter Urlaub von einem Monat** vor und die **Pflichtversicherung besteht weiter**.[403]

Die **Abmeldung** von der Sozialversicherung ist zu stornieren. Der Dienstnehmer hat die Beiträge zur Gänze zu entrichten.

401 § 8 Abs 1 Z 1 lit g und § 8 Abs 1 Z 2 lit k ASVG.
402 § 11 Abs 3 lit a ASVG.
403 § 11 Abs 3 lit a ASVG.

16. Abmeldung bei der Sozialversicherung

Der Dienstgeber hat jede bei ihm beschäftigte voll- oder teilversicherte Person – pflichtversicherte Person nach dem ASVG bzw Beitragspflicht nach dem BMSVFG – binnen **sieben Tagen** nach dem Ende der Pflichtversicherung abzumelden.[404] Zwei Abschriften der Bestätigung von der vollständigen Abmeldung sind dem Dienstgeber zu übermitteln. Eine Abschrift ist vom Dienstgeber unverzüglich an den Dienstnehmer weiterzugeben.[405]

Die **Einführung der mBGM** bringt auch bei der elektronischen Abmeldung und die dadurch erfolgte Neuordnung des Melde- und Abrechnungssystems eine Änderung mit sich. Zahlreiche Datenfelder müssen wie bei der „reduzierten Anmeldung" seit 1. Jänner 2019 nicht mehr befüllt werden. Diese werden der Sozialversicherung seit 1. Jänner 2019 über die mBGM gemeldet.

16.1. Inhalt und Aufbau der Anmeldung

Bei der **Abmeldung** ist das Datum des „**Endes des Entgeltanspruches**" und das arbeitsrechtliche „**Ende des Beschäftigungsverhältnisses**" einzutragen.

Bei der „**Unterbrechen des Dienstverhältnisses**" wie bspw bei Karenzurlaub, Präsenzdienst, der Fall endet der **Entgeltanspruch**, aber das **arbeitsrechtliche Beschäftigungsverhältnis** bleibt aufrecht. In diesem Fall ist nur das „**Ende des Entgeltanspruches**" anzugeben.

Wenn Kündigungsentschädigung und Urlaubsersatzleistung anfallen, ist auf der Abmeldung die Zeit der Kündigungsentschädigung vor der Zeit der Urlaubsersatzleistung anzuführen. Das Ende des Entgeltanspruches muss dabei mit dem Datum übereinstimmen, bis zu dem die Pflichtversicherung verlängert wird.

Als die Daten des **Dienstgebers** ist die Beitragskontonummer anzugeben. Als die Daten des **Dienstnehmers** ist die zehnstellige Versicherungsnummer ohne Leerstellen anzugeben. Das Feld Geburtsdatum ist nur dann zwingend zu befüllen, wenn die angeforderte Versicherungsnummer noch nicht über das SV-Clearingsystem zurückgemeldet wurde. In diesem Fällen ist neben dem Geburtsdatum die **Referenzwert der Meldung** „Versicherungsnummer anfordern" zu übermitteln.[406]

Das **Abmeldedatum** ist der Tag an dem der Entgeltanspruch endet. Bei einer Kündigungsentschädigung bzw Urlaubsersatzleistung ist der letzte Tag der dadurch bedingten Verlängerung der Pflichtversicherung einzutragen.

404 § 33 Abs 1 ASVG
405 § 41 Abs 5 ASVG
406 DGService 10/2018, Monatliche Beitragsgrundlagenmeldung, 27 ff.

Bei **Ende Beschäftigungsverhältnis** ist der Tag des arbeitsrechtlichen Endes des Beschäftigungsverhältnisses einzutragen. Ist das Beschäftigungsverhältnis trotz Wegfall des Entgeltanspruches nach wie vor aufrecht, bleibt das Feld unbelegt. Das Ende des Beschäftigungsverhältnisses muss nicht mit dem Ende der Pflichtversicherung korrespondieren.

Der **Abmeldegrund** ist zwingend anzugeben. Trifft keine der zur Auswahl stehenden Abmeldegründe zu, ist die Abmeldung mit sonstigen Grund mit „Ende des Beschäftigungsverhältnisses" zu befüllen.

16.2. Richtigstellung Abmeldung

Mit dieser Meldungsart können die Inhalte der Abmeldung richtig gestellt. Die mit dieser Meldung übermittelten Daten ersetzen vollständig die ursprünglich getätigten Angaben. Das betrifft folgende Angaben:

- Ende des Beschäftigungsverhältnisses,
- Abmeldegrund,
- die Kündigungsentschädigung ab/bis,
- die Urlaubsersatzleistung ab/bis
- Ende der Betrieblichen Vorsorge

Beispiel zur Richtigstellung der Abmeldung

Das Dienstverhältnis eines vollversicherten Dienstnehmers endet arbeitsrechtlich am 15. Juni 2023 durch Dienstnehmerkündigung. Durch eine Kündigungsentschädigung verlängert sich die Pflichtversicherung bis 30. Juni 2023. Die Abmeldung mit dem Referenzwert „234567890" beinhaltet folgende Angaben:

Feldbezeichnung	Feldbelegung
Versicherungsnummer	123456789
Geburtsdatum	
Referenzwert der VSNR Anforderung	
Abmeldedatum, Beschäftigungsende	30. Juni 2023
Geringfügigkeit	Nein
Ende des Beschäftigungsverhältnis	15. Juni 2023
Abmeldegrund	Kündigung durch den Dienstgeber
Kündigungsentschädigung ab	16. Juni 2023
Kündigungsentschädigung bis	30. Juni 2023
Urlaubsersatzleistung ab	
Urlaubsersatzleistung bis	
Betriebliche Vorsorge Ende	30. Juni 2023

Nach durchgeführter Abmeldung stellt der Dienstgeber fest, dass zusätzlich bis 10. Juli eine Urlaubsentschädigung gebührt.

Lösung zur Abmeldung

Feldbezeichnung	Feldbelegung
Versicherungsnummer	123456789
Geburtsdatum	
Referenzwert der ursprünglichen Meldung	234567890
Abmeldedatum, Beschäftigungsende	10. Juli 2022
Geringfügigkeit	Nein
Ende des Beschäftigungsverhältnisses	15. Juni 2022
Abmeldegrund	Kündigung durch den Dienstgeber
Kündigungsentschädigung ab	16. Juni 2022
Kündigungsentschädigung bis	30. Juni 2022
Urlaubsersatzleistung ab	1. Juli 2022
Urlaubsersatzleistung bis	10. Juli 2022
Betriebliche Vorsorge Ende	10. Juli 2022

16.3. Storno der Abmeldung

Eine Stornierung der Abmeldung ist dann vorzunehmen, wenn die ursprüngliche Abmeldung zu Unrecht erfolgt ist. Die bereits erstattete Abmeldung wird storniert. Eine eigene Stornomeldung ist nicht notwendig.

Beispiel zur Storno der Abmeldung

Anstelle des Angestellten A wird der Angestellte B abgemeldet, Eine Stornierung ist vorzunehmen. Das ursprüngliche Ende der Pflichtversicherung von 30. Juni 2023, mit dem ursprünglichen Referenzwert 234567890 wurde auf 10. Juli 2023 korrigiert.

Lösung

Feldbezeichnung	Feldbelegung
Versicherungsnummer	123456789
Geburtsdatum	
Referenzwert der ursprünglichen Meldung	234567890
Anmeldedatum	10. Juli 2023

17. Arten der arbeitsrechtlichen Beendigung eines Dienstverhältnisses

Bei Beendigung des Arbeitsverhältnisses ist dem Dienstnehmer ein **Arbeitszeugnis**, das gebührenfrei ausgestellt wird auszuhändigen. Weigert sich der Arbeitgeber, ein Arbeitszeugnis auszustellen, kann der Arbeitnehmer dieses über das Arbeits- und Sozialgericht einklagen. Folgende Punkte sollte ein Arbeitszeugnis aufweisen:

- Name des Arbeitnehmers,
- Dauer des Arbeitsverhältnisses,
- Angaben über die Tätigkeit des Arbeitnehmers,
- Ort,
- Datum,
- Unterschrift des Arbeitgebers.

In einem Arbeitszeugnis dürfen keine für den Arbeitnehmer nachteiligen Aussagen getroffen werden.

Arbeitnehmer haben bei Beendigung Anspruch auf eine vollständige Endabrechnung und die Auszahlung offener Entgeltansprüche.

17.1. Auflösung während der Probezeit

Während der Probezeit kann ein Arbeitsverhältnis **jederzeit** sowohl vom Arbeitnehmer als auch vom Arbeitgeber **aufgelöst werden**. Es muss dazu weder eine Frist noch ein Termin eingehalten werden. Es müssen auch **keine Kündigungsgründe** angegeben werden. Während der Probezeit gibt es keinen Kündigungsschutz und keinen Entlassungsschutz.

Die Probezeit darf maximal **einen Monat** betragen. Eine Ausnahme besteht für Lehrlinge. Bei diesen gilt eine Probezeit von **drei Monaten**.

Die Probezeit muss zwischen Arbeitnehmer und Arbeitgeber vereinbart werden, außer die Kollektivverträge sehen eine Probezeit vor.

Ist eine Probezeit vereinbart, die länger als einen Monat oder länger als eine im Kollektivvertrag vorgesehene Probezeit ist, gilt der überschießende Zeitraum in der Regel als befristetes Arbeitsverhältnis.

17.2. Zeitablauf bei einem befristeten Dienstverhältnis

Dienstverhältnisse, die auf bestimmte Zeit abgeschlossen sind, enden automatisch mit Ablauf dieser Zeit, ohne dass eine Auflösungserklärung notwendig ist. Wird über den vereinbarten Ablauf der Vertragszeit hinaus weitergearbeitet, dann geht dieses Arbeitsverhältnis in ein auf unbestimmte Zeit geltendes Arbeitsverhältnis über.

Die Befristung des Dienstverhältnisses schließt eine Kündigung dieses Dienstverhältnisses durch den Dienstgeber oder durch den Dienstnehmer vor ihrem vertraglich festgelegten Ende durch Zeitablauf grundsätzlich aus. Jedoch ist bei einem befristeten Dienstverhältnis eine Kündigung zu einem früheren Zeitpunkt ausnahmsweise dann zulässig, wenn zwischen den Dienstgeber und den Dienstnehmer eine Kündigungsmöglichkeit vereinbart wurde.

Eine **Befristung** wird oft aus **sachlich gerechtfertigten Gründen** vorgenommen. Das ist dann, wenn die Befristung bspw im Interesse des Arbeitnehmers oder zu Ausbildungszwecken erfolgt oder zur Erprobung notwendig ist, weil eine längere als die gesetzliche oder kollektivvertragliche Probezeit vereinbart werden soll.

Sachlich gerechtfertigt ist eine Befristung auch dann, wenn der Arbeitsvertrag etwa befristet für die Zeit der Saison abgeschlossen wird.

Besonderes ist bei **Kettenarbeitsverträgen** und **Folgebefristungen** zu beachten. Ein Kettenarbeitsvertrag liegt dann vor, wenn ein befristetes Arbeitsverhältnis unmittelbar an ein befristetes Arbeitsverhältnis anschließt, sobald dieses befristete Arbeitsverhältnis endet. Eine Folgebefristung wiederum ist dann gegeben, wenn vereinbart wird, ein weiteres befristetes Arbeitsverhältnis mit **kurzer zeitlicher Unterbrechung** an ein befristetes Arbeitsverhältnis anzuschließen.

Kettenarbeitsverträge und Folgebefristungen sind grundsätzlich verboten und nur erlaubt, wenn eine sachliche Rechtfertigung aufgrund besonderer wirtschaftlicher oder sozialer Gründe vorliegt. Wirtschaftliche Gründe wären bspw ein saisonales Arbeitsverhältnis, eine unvorhergesehene Projektverlängerung, ein sozialer Grund wäre bspw, dem Arbeitnehmer eine zweite Chance zu gewähren.

Kann der Dienstgeber jedoch keine besonderen sachlichen Rechtfertigungsgründe nachweisen, sind aufeinanderfolgende befristete Arbeitsverträge als **sittenwidrige Kettenarbeitsverträge** anzusehen und werden wie **unbefristete Arbeitsverhältnisse** behandelt, mit der Folge, dass das Arbeitsverhältnis den allgemeinen Kündigungsbeschränkungen unterliegt.

17.3. Einvernehmliche Auflösung

Grunderfordernis der einvernehmlichen Lösung ist die **Einigung** des Arbeitgebers und Arbeitnehmers, das Dienstverhältnis zu einem bestimmten Zeitpunkt zu beenden. Dabei müssen weder **Kündigungsfristen** noch **Kündigungstermine** eingehalten werden.

Für die einvernehmliche Auflösung gibt es, mit einigen wenigen Ausnahmen, keine Formvorschriften. Die einvernehmliche Auflösung kann sowohl mündlich als auch schriftlich erfolgen. Aus Beweisgründen empfiehlt sich die Schriftform.

In Betrieben mit gewähltem **Betriebsrat** kann der Arbeitnehmer vor der Vereinbarung einer einvernehmlichen Auflösung eine Beratung mit dem Betriebsrat verlangen. In diesem Fall kann eine einvernehmliche Auflösung erst nach **zwei Arbeitstagen** gültig vereinbart werden. Für die Zeitspanne von zwei Arbeitstagen zählt der Tag, an dem die Beratung verlangt wird, nicht mit. Die Frist endet daher um 24:00 Uhr des zweiten Tages.

Die einvernehmliche Auflösung des Arbeitsverhältnisses mit **werdenden Müttern** sowie Arbeitnehmerinnen in **Mütterkarenz** und **Arbeitnehmern** in **Väterkarenz** muss schriftlich erfolgen.

17.4. Kündigung

Mit der Kündigung wird ein unbefristetes Dienstverhältnis **beendet**. Sie kann vom Arbeitgeber oder vom Arbeitnehmer ohne Angabe von Gründen ausgesprochen werden.

Die Kündigung kann sowohl mündlich als auch schriftlich erfolgen. Aus Beweisgründen empfiehlt sich die Schriftform.

Die **Kündigungsfrist** ist der Zeitraum, der zwischen dem Ausspruch der Kündigung und dem Ende des Arbeitsverhältnisses (Kündigungstermin) liegen muss. Die Kündigungsfrist beginnt mit dem dem Zugang der Kündigung folgenden Tag zu laufen. Während der Kündigungsfrist ist das Arbeitsverhältnis aufrecht und es trifft den Arbeitnehmer weiterhin die Arbeitspflicht und den Arbeitgeber die Entgeltpflicht.

Kündigungstermin ist der letzte Tag des Dienstverhältnisses somit der Termin, mit dem das Arbeitsverhältnis endgültig aufgelöst wird. Der Kündigungstermin ist der Zeitpunkt, an dem die Kündigungsfrist endet, also der letzte Tag des Arbeitsverhältnisses.

Die Kündigung ist rechtzeitig ausgesprochen, wenn zwischen dem Kündigungsausspruch und dem Kündigungstermin die jeweilige **Kündigungsfrist** eingehalten wird.

17.4.1. Allgemeiner Kündigungsschutz

Arbeitgeber können Arbeitnehmer grundsätzlich ohne Vorliegen von Kündigungsgründen kündigen. Es besteht daher für die Arbeitnehmer ein Schutz nur hinsichtlich der Kündigungsfristen und Kündigungstermine. Für bestimmte Arbeitsverhältnisse besteht aber ein zusätzlicher Kündigungsschutz.

Bei **betriebsratspflichtigen Betrieben** hat der Arbeitgeber den Betriebsrat **vor jeder Kündigung** darüber zu verständigen. Der Arbeitgeber hat den Betriebsrat vor jeder Kündigung darüber zu verständigen. Dieser kann innerhalb von **einer Woche** zur beabsichtigten Kündigung **Stellung** nehmen. Wird dieses Verfahren nicht eingehalten, ist die Kündigung rechtsunwirksam.

Der Betriebsrat hat im Falle der Kündigung eines Mitarbeiters folgende Möglichkeiten:

- Er kann der **Kündigung ausdrücklich zustimmen**. Der Arbeitnehmer kann die Kündigung binnen zwei Wochen ab Zugang der Kündigung bei Gericht selbst anfechten, jedoch nicht wegen **mangelnder sozialer Rechtfertigung (Sozialwidrigkeit)**, sondern nur mehr wegen **eines verpönten Motives**.
  Von einer **sozial ungerechtfertigten Kündigung** ist auszugehen, wenn dem Arbeitnehmer durch die Kündigung erhebliche soziale Nachteile entstehen, die bei einer Kündigung normalerweise nicht bestehen.[407]
  Ein **verpöntes Motiv** ist bspw eine Kündigung wegen des Beitritts zu oder der Mitgliedschaft oder Tätigkeit in einer Gewerkschaft oder wegen der bevorstehenden Einberufung des Arbeitnehmers zum Präsenzdienst oder Zuweisung zum Zivildienst oder wegen der Tätigkeit als Sicherheitsvertrauensperson.
- Er kann der **Kündigung widersprechen**. Der Betriebsrat hat auf Verlangen des gekündigten Arbeitnehmers die Kündigung binnen **einer Woche** bei Gericht anzufechten. Kommt der Betriebsrat dem Verlangen nicht nach, geht die Anfechtungsberechtigung auf den Arbeitnehmer über, der die Kündigung innerhalb von **zwei Wochen** nach Zugang der Kündigung selbst anfechten muss.
- Er kann **keine Stellungnahme** abgeben. Das Anfechtungsrecht kann der Arbeitnehmer innerhalb von zwei Wochen selbst wahrnehmen. Dem Betriebsrat steht kein Anfechtungsrecht zu.
- Gibt es in einem betriebsratspflichtigen Betrieb **keinen Betriebsrat**, so kann der Arbeitnehmer die Kündigung binnen **zwei Wochen** ab Zugang der Kündigung anfechten.
- In Betrieben, die **keinen Betriebsrat benötigen**, das sind Betriebe mit **weniger als fünf Arbeitnehmern**, kann eine Kündigung und auch die Entlassung nach dem ArbVG nicht angefochten werden.

Eine Kündigung kann bei Vorliegen bestimmter Gründe bei Gericht **angefochten** werden:

- **Anfechtung wegen Sozialwidrigkeit:** Eine Anfechtung aus diesem Grund ist möglich, wenn die Kündigung **sozial ungerechtfertigt** und der Arbeitnehmer bereits sechs Monate im Unternehmen beschäftigt ist. Eine Kündigung ist dann sozial ungerechtfertigt, wenn sie die wesentlichen Interessen des Arbeitnehmers beeinträchtigt.[408]

407 § 105 Abs 3 Z 2 ArbVG.
408 § 105 Abs 3 Z 2 ArbVG.

- **Anfechtung wegen eines verpönten Kündigungsmotivs:** Die Motive sind im ArbVG taxativ (abschließend) angeführt. Das wäre bspw eine Kündigung wegen des Beitritts zu oder der Mitgliedschaft oder Tätigkeit in einer Gewerkschaft oder wegen der bevorstehenden Einberufung des Arbeitnehmers zum Präsenzdienst oder Zuweisung zum Zivildienst oder wegen der Tätigkeit als Sicherheitsvertrauensperson.[409]
- Auch nach dem GlBG kann eine Kündigung angefochten werden, wenn diese aus einem der gesetzlich geschützten Gründe erfolgt ist, zB wegen des Geschlechts.

Bei älteren Arbeitnehmern sind bei der Prüfung, ob eine Kündigung sozial ungerechtfertigt ist, der Umstand einer **vieljährigen ununterbrochenen Beschäftigungszeit** im Betrieb sowie die wegen des höheren Lebensalters zu **erwartenden Schwierigkeiten bei der Wiedereingliederung** in den Arbeitsprozess besonders zu berücksichtigen. Das gilt jedoch erst ab einer Beschäftigungszeit von **zwei Jahren**.

17.4.2. Kündigung bei Angestellten und Arbeitern

Im Sinne einer Anpassung der Rechte der Arbeiter und Angestellten wurden die **Kündigungsfristen** und die **Kündigungstermine** der Arbeiter mit 1. Oktober 2021 an jene der Angestellte angeglichen. [410]

17.4.2.1. Kündigungsfristen bei Kündigung durch den Dienstgeber

Die vom Arbeitgeber einzuhaltende Kündigungsfrist verlängert sich entsprechend der Dauer der Dienstzugehörigkeit des Angestellten. Er kann unter Einhaltung folgender Kündigungsfristen das Arbeitsverhältnis beenden:[411, 412]

Dienstzeit	Kündigungsfrist
im 1. und 2. Jahr	6 Wochen
vom 3. bis zum 5. Jahr	2 Monate
vom 6. bis zum 15. Jahr	3 Monate
vom 16. bis zum 25. Jahr	4 Monate
ab dem 26. Jahr	5 Monate

Tab 22: Kündigungsfrist

Die Kündigungsfristen sind Mindestfristen; die Vereinbarung einer längeren Frist ist zulässig, jedoch keine Verkürzung.

409 § 105 Abs 3 Z 1 ArbVG.
410 Bis 30. September 2021 war die Kündigungsfrist 14 Tage.
411 § 20 Abs 2 AngG.
412 § 1159 Abs 2 ABGB.

Eine **Kündigung**, die während eines Krankenstandes ausgesprochen wird, ist arbeitsrechtlich zulässig. Dauert der Krankenstand jedoch länger als das Arbeitsverhältnis, so behält der Arbeitnehmer den Anspruch auf **Entgeltfortzahlung** für die Dauer des Krankenstandes.

17.4.2.2. Kündigungstermine bei Kündigung durch den Dienstgeber

Kündigungstermine für **Angestellte** sind jeweils die letzten Tage eines **Kalendervierteljahres** bzw Quartals. Das bedeutet, dass der Arbeitgeber Kündigungen von Angestellten derart aussprechen kann, dass deren Arbeitsverhältnisse unter Einhaltung der Kündigungsfrist am 31.3., 30.6., 30.9. bzw. 31.12. enden.

Von dieser Quartalskündigung kann durch

- Arbeitsvertrag,
- Betriebsvereinbarung oder
- Kollektivvertrag abgewichen werden.

Es kann jedoch vereinbart werden, dass die Kündigungsfrist am Fünfzehnten oder am Letzten eines Kalendermonats endet.[413]

17.4.2.3. Kündigungsfristen bei Kündigung durch den Dienstnehmer

Der Dienstnehmer (Angestellte und Arbeiter) kann das Dienstverhältnis unabhängig von seiner Dauer unter Einhaltung einer **Kündigungsfrist** von **einem Monat** zum Letzten eines jeden Kalendermonats lösen. Diese Kündigungsfrist kann durch eine Vereinbarung bis auf sechs Monate ausgedehnt werden.[414, 415]

17.4.2.4. Kündigungstermin bei Kündigung durch den Dienstnehmer

Der Dienstnehmer (Angestellte und Arbeiter) kann das Dienstverhältnis zum **Letzten** eines jeden Kalendermonats lösen. Diese Kündigungsfrist kann durch eine Vereinbarung bis auf sechs Monate ausgedehnt werden.

17.4.3. Postensuchtage

Im Fall einer Arbeitgeberkündigung haben Dienstnehmer Anspruch auf Freizeit während der Kündigungsfrist, und zwar im Ausmaß von **1/5 der wöchentlichen Arbeitszeit** (zB 7,7 Stunden bei einer 38,5-Stunden-Woche). Das sind die sog Postensuchtage. Diese Freizeit müssen die Dienstnehmer vom Arbeitgeber verlangen.

413 § 20 Abs 3 AngG.
414 § 20 Abs 4 AngG.
415 § 1159 Abs 4 ABGB.

Maßgeblich ist die gesetzliche, kollektivvertragliche oder vertraglich vereinbarte Kündigungsfrist, nicht jedoch eine allfällige längere „faktische" Kündigungsfrist, die dadurch entsteht, dass der Arbeitgeber die Kündigung vorzeitig ausspricht. Der Zeitraum, in dem die Postensuchtage konkret in Anspruch genommen werden, ist mit dem Arbeitgeber zu vereinbaren. Der Arbeitgeber darf den Anspruch allerdings nicht vereiteln.

Wird während der Kündigungsfrist auch Urlaub vereinbart, ist darauf zu achten, dass die Postensuchtage ebenfalls geltend gemacht werden.

Praxistipp

Ein Beispiel wäre, dass für Montag ein Postensuchtag vereinbart und von Dienstag bis Freitag Urlaub genommen wird.

17.5. Entlassung

Entlassung ist die **Beendigung des Arbeitsverhältnisses** mit **sofortiger Wirkung**. Dabei setzt der Dienstnehmer einen **wichtigen Grund**, der es dem Dienstgeber unmöglich macht, das Dienstverhältnis fortzusetzen.

Die Entlassung ist somit eine fristlose Beendigung des Arbeitsverhältnisses.

Die Gründe, die den Arbeitgeber zur Entlassung berechtigen, müssen derart schwerwiegender Natur sein, dass dem Arbeitgeber objektiv betrachtet die Weiterbeschäftigung des Arbeitnehmers auch nur für die Dauer der Kündigungsfrist unzumutbar ist.

Der Ausspruch der Entlassung hat unverzüglich nach Bekanntwerden eines Entlassungsgrundes zu erfolgen, da sonst das Recht auf Entlassung verwirkt ist.

Grundsätzlich beendet jede **Entlassung**, auch eine **unberechtigte Entlassung**, das Dienstverhältnis mit sofortiger Wirkung.

17.5.1. Folgen einer berechtigten Entlassung

Bei einer **berechtigten Entlassung** hat der Arbeitnehmer finanzielle Nachteile. **Arbeiter** verlieren in der Regel in Abhängigkeit vom anzuwendenden Kollektivvertrag die Sonderzahlungen (Urlaubs- und Weihnachtsgeld).

Angestellte haben jedenfalls Anspruch auf die anteiligen Sonderzahlungen.

Der Arbeitnehmer muss dem Arbeitgeber alle Schäden ersetzen, die ihre Ursache in seiner berechtigten Entlassung haben (Schadenersatzansprüche).

Darüber hinaus ruht bei einer verschuldeten Entlassung der Anspruch auf Arbeitslosengeld für die Dauer von 28 Tagen.

17.5.2. Folgen einer unberechtigten Entlassung

Grundsätzlich beendet auch eine unberechtigte Entlassung das Dienstverhältnis mit sofortiger Wirkung, ausgenommen Arbeitnehmer mit besonderem Entlassungsschutz. Arbeitnehmer erhalten jedoch alle Ansprüche, die sie bei einer termin- und fristgerechten Arbeitgeberkündigung erhalten hätten, die sog **Kündigungsentschädigung**.

Liegt **kein Entlassungsgrund** vor, kann die Entlassung vom Arbeitnehmer angefochten werden.

17.5.3. Gründe für eine Entlassung bei Angestellten

Das österreichische Arbeitsrecht zählt beispielhaft die **wichtigen Gründe** auf, die eine Entlassung rechtfertigen.[416] Demnach darf der Arbeitgeber einen Angestellten entlassen, wenn er:

- im Dienst untreu ist,
- sich einer Handlung schuldig macht, die ihn des Vertrauens des Arbeitgebers unwürdig erscheinen lässt,
- sich in seiner Tätigkeit ohne Wissen oder Willen des Dienstgebers von dritten Personen unberechtigte Vorteile zuwenden lässt,
- unfähig ist, die versprochenen oder die den Umständen nach angemessenen Dienste zu leisten,
- ohne Einwilligung des Dienstgebers ein selbständiges kaufmännisches Unternehmen betreibt oder im Geschäftszweig des Dienstgebers für eigene oder fremde Rechnung Handelsgeschäfte macht,
- ohne einen rechtmäßigen Hinderungsgrund (zB Krankheit, Unfall) während einer den Umständen nach erheblichen Zeit die Dienstleistung unterlässt oder sich beharrlich weigert, seine Dienste zu leisten,
- durch eine längere Freiheitsstrafe oder durch Abwesenheit während einer den Umständen nach erheblichen Zeit, ausgenommen wegen Krankheit oder Unglücksfalls, an der Verrichtung seiner Dienste gehindert ist,
- sich Tätlichkeiten, Verletzungen der Sittlichkeit oder erhebliche Ehrverletzungen gegen den Dienstgeber, dessen Stellvertreter, deren Angehörige oder gegen Mitbedienstete zuschulden kommen lässt.

17.5.4. Gründe für eine Entlassung bei Arbeitern

Das österreichische Arbeitsrecht zählt die **wichtigen Gründe**, die eine Entlassung rechtfertigen, für Arbeiter vollständig auf.[417] Demnach darf der Arbeitgeber einen Arbeiter entlassen, wenn er:

416 § 27 AngG.
417 § 82 GewO 1859.

- bei Abschluss des Arbeitsvertrages den Gewerbeinhaber durch Vorzeigung falscher oder verfälschter Ausweiskarten oder Zeugnisse hintergangen oder ihn über das Bestehen eines anderen den Hilfsarbeiter gleichzeitig verpflichtenden Arbeitsverhältnisses in einen Irrtum versetzt hat,
- zu der mit ihm vereinbarten Arbeit unfähig befunden wird,
- der Trunksucht verfällt und wiederholt fruchtlos verwarnt wurde,
- sich eines Diebstahls, einer Veruntreuung oder einer sonstigen strafbaren Handlung schuldig macht, welche ihn des Vertrauens des Gewerbeinhabers unwürdig erscheinen lässt,
- ein Geschäfts- oder Betriebsgeheimnis verrät oder ohne Einwilligung des Gewerbeinhabers ein der Verwendung beim Gewerbe abträgliches Nebengeschäft betreibt,
- die Arbeit unbefugt verlassen hat oder beharrlich seine Pflichten vernachlässigt oder die übrigen Hilfsarbeiter oder die Hausgenossen zum Ungehorsam, zur Auflehnung gegen den Gewerbeinhaber, zu unordentlichem Lebenswandel oder zu unsittlichen oder gesetzwidrigen Handlungen zu verleiten sucht,
- sich einer groben Ehrenbeleidigung, Körperverletzung oder gefährlichen Drohung gegen den Gewerbeinhaber oder dessen Hausgenossen oder gegen die übrigen Hilfsarbeiter schuldig macht oder ungeachtet vorausgegangener Verwarnung mit Feuer und Licht unvorsichtig umgeht,
- mit einer abschreckenden Krankheit behaftet ist oder durch eigenes Verschulden arbeitsunfähig wird,
- sich länger als 14 Tage im Gefängnis befindet.

17.5.5. Allgemeiner Entlassungsschutz

Der Arbeitgeber hat den Betriebsrat von jeder Entlassung eines Arbeitnehmers unverzüglich zu verständigen und innerhalb von **drei Arbeitstagen** nach erfolgter Verständigung auf Verlangen des Betriebsrates mit diesem die Entlassung zu beraten.[418]

Die Entlassung kann beim Arbeits- und Sozialgericht **angefochten** werden:

- **wegen Sozialwidrigkeit:** Wenn die Entlassung **sozial ungerechtfertigt** ist und der Arbeitnehmer bereits sechs Monate im Unternehmen beschäftigt ist, kann die Entlassung bei Gericht angefochten werden. Eine Entlassung ist dann sozial ungerechtfertigt, wenn sie die wesentlichen Interessen des Arbeitnehmers beeinträchtigt.[419]
- **wegen eines verpönten Entlassungsmotivs:** Die Motive sind im ArbVG taxativ (abschließend) angeführt. Das wäre bspw eine Entlassung wegen des Beitritts zu oder der Mitgliedschaft oder Tätigkeit in Gewerkschaften oder wegen der bevor-

418 § 106 Abs 1 ArbVG.
419 § 105 Abs 3 Z 2 ArbVG.

stehenden Einberufung des Arbeitnehmers zum Präsenzdienst oder Zuweisung zum Zivildienst oder wegen der Tätigkeit als Sicherheitsvertrauensperson.[420]

- **nach dem GlBG:** wenn diese aus einem der gesetzlich geschützten Gründe erfolgt ist, zB wegen des Geschlechts.

Der Betriebsrat kann auf Verlangen des entlassenen Arbeitnehmers binnen einer Woche nach Verständigung vom Ausspruch der Entlassung diese beim Gericht anfechten, wenn er der Entlassungsabsicht **ausdrücklich widersprochen** hat. Kommt der Betriebsrat dem Verlangen des Arbeitnehmers nicht nach, so kann dieser innerhalb von **zwei Wochen** nach Ablauf der für den Betriebsrat geltenden Frist die Entlassung selbst beim Gericht anfechten.[421]

17.6. Vorzeitiger Austritt

Ein vorzeitiger Austritt ist eine Beendigung des Arbeitsverhältnisses mit sofortiger Wirkung, sobald ein Arbeitnehmer den sofortigen Austritt erklärt hat.

Die Austrittsgründe, die den Arbeitnehmer zum Austritt berechtigen, müssen so schwerwiegend sein, dass objektiv betrachtet die weitere Erbringung der Dienstleistung auch nur für die Dauer der gesetzlichen oder vertraglich vereinbarten Kündigungsfrist unzumutbar ist.

17.6.1. Folgen eines berechtigten Austritts

Liegt ein Austrittsgrund vor, ist der Austritt **berechtigt**; liegt kein Austrittsgrund vor, ist der Austritt **unberechtigt**. Ein Austritt beendet das Arbeitsverhältnis mit sofortiger Wirkung.

17.6.2. Folgen eines unberechtigten Austritts

Auch ein unberechtigter vorzeitiger Austritt löst mit sofortiger Wirkung das Arbeitsverhältnis.

Bei einem unberechtigten Austritt verliert der Arbeiter sämtliche Ansprüche gegenüber dem Arbeitgeber, zudem drohen dem Arbeitnehmer Schadenersatzansprüche des Arbeitgebers.

17.6.3. Gründe für einen vorzeitigen Austritt für Angestellte

Das österreichische Arbeitsrecht zählt die **Gründe**, die einen Austritt eines Angestellten rechtfertigen, beispielhaft auf.[422] Angestellte sind zum Austritt berechtigt:

420 § 105 Abs 3 Z 1 ArbVG.
421 § 106 Abs 2 iVm § 105 Abs 4 ArbVG.
422 § 26 AngG.

- wenn der Angestellte zur Fortsetzung der Arbeit unfähig ist oder diese nicht mehr ohne Schaden für seine Gesundheit oder Sittlichkeit fortsetzen kann,
- wenn der Arbeitgeber das dem Angestellten zukommende **Entgelt ungebührlich schmälert** oder vorenthält (einer der häufigsten Fälle),
- wenn der Dienstgeber verweigert, den ihm zum Schutz des Lebens, der **Gesundheit** (eines der häufigen Fälle) oder der Sittlichkeit des Angestellten gesetzlich obliegenden Verpflichtungen nachzukommen,
- wenn der Dienstgeber sich Tätlichkeiten, Verletzungen der Sittlichkeit oder erhebliche Ehrverletzungen gegen den Angestellten oder dessen Angehörige zuschulden kommen lässt.

17.6.4. Gründe für einen vorzeitigen Austritt für Arbeiter

Das österreichische Arbeitsrecht zählt die **wichtigen Gründe**, die einen Austritt des Arbeiters rechtfertigen, vollständig (abschließend) auf.[423] Arbeiter sind zum Austritt berechtigt:

- wenn der Arbeiter die Arbeit nicht ohne erweislichen Schaden für die Gesundheit fortsetzen kann,
- wenn der Gewerbeinhaber sich einer tätlichen Misshandlung (das sind schuldhafte gegen den Körper gerichtete Handlungen) oder einer groben Ehrenbeleidigung gegen die Arbeitnehmer oder dessen Angehörige schuldig macht,
- wenn der Gewerbeinhaber den Arbeiter oder seine Angehörigen zu unsittlichen oder gesetzeswidrigen Handlungen zu verleiten versucht,
- wenn der Gewerbeinhaber das Entgelt ungebührlich vorenthält oder andere wesentliche Vertragsbedingungen verletzt,
- wenn der Gewerbeinhaber außerstande ist oder sich weigert, den Arbeiter zu bezahlen.

17.7. Tod

17.7.1. Tod des Arbeitnehmers

Der Arbeitnehmer ist verpflichtet, die Arbeitsleistung persönlich zu erbringen. Der Tod des Arbeitnehmers führt automatisch zur Auflösung des Arbeitsverhältnisses.

17.7.2. Tod des Arbeitgebers

Verstirbt der Arbeitgeber, führt dies nicht automatisch zur Beendigung bestehender Arbeitsverhältnisse. Die Erben treten in bestehende Arbeitsverhältnisse ein und sämtliche Rechte und Pflichten gehen auf die Erben über. Wollen die Erben

423 § 82a GewO.

bestehende Arbeitsverhältnisse nicht fortsetzen, müssen sie diese unter Einhaltung der Kündigungsfristen kündigen oder mit dem Arbeitnehmer eine einvernehmliche Lösung vereinbaren.

Verstirbt der Arbeitgeber ohne Erben, ist es Aufgabe des eingesetzten Notars, allfällig bestehende Arbeitsverhältnisse zu beenden bzw gegebenenfalls fortzusetzen.

18. Ansprüche bei Beendigung eines Dienstverhältnisses

18.1. Laufender Bezug

Wird das Dienstverhältnis während eines Kalendermonats beendet, steht dem Dienstnehmer der Grundbezug für diesen Monat nur **anteilsmäßig** zu. Wie diese anteilsmäßige Berechnung zu erfolgen hat, steht oft im Kollektivvertrag; fehlt diese, ist der Monatsbezug durch 30 (Tage) zu dividieren und mit der Anzahl der bezahlten Kalendertage zu multiplizieren.

Beispiel zum Austritt eines Dienstnehmers während des Monats

Ein Dienstnehmer tritt am 18.10. aus. Der Monatsbezug beträgt EUR 1.800. Das Dienstverhältnis ist unbefristet. Wie hoch ist der Grundbezug im Oktober?

Lösung

Er arbeitet im Oktober 18 Tage. Der Grundbezug berechnet sich daher:

EUR 1.800 : 30 (Tage) × 18 (Tage) = EUR 1.080

18.2. Sonderzahlungen

Einem Dienstnehmer, dessen Dienstverhältnis nicht ein volles Kalenderjahr dauert, weil es während des Jahres beginnt oder während des Jahres **beendet wird**, steht die Sonderzahlung in der Regel nur im **aliquoten Ausmaß zu.**

Hat der **ausscheidende Arbeitnehmer** die Sonderzahlungen noch nicht erhalten, so hat er bei Auflösung des Dienstverhältnisses Anspruch auf Auszahlung einer aliquoten Sonderzahlung. Hat der ausscheidende Arbeitnehmer zu viel an Sonderzahlung erhalten, muss dies aliquot zurückverrechnen werden, außer der Kollektivvertrag oder der Einzelvertrag sehen etwas Gegenteiliges vor.

Die **aliquote Sonderzahlung wird berechnet**, indem durch 12 (Monate) dividiert und mit der Anzahl der Monate im Unternehmen multipliziert wird (Bruttobezug / 12 [Monate] × Anzahl der Monate im Unternehmen). Wird das Unternehmen während des Monats verlassen, wird durch 365 (Tage) dividiert und mit der Anzahl der Tage im Unternehmen multipliziert (Bruttobezug / 365 [Tage] × Anzahl der Tage im Unternehmen).

Beispiel 1 zum Austritt eines Dienstnehmers und Berechnung der Sonderzahlung

Ein Dienstnehmer tritt am 30.9. aus dem Unternehmen aus. Der Monatsbezug ist EUR 2.800. Der Dienstnehmer hat im Juni bereits ein Monatsgehalt Urlaubsgeld erhalten. Berechnen Sie die Sonderzahlung anlässlich des Austritts.

Es ist vereinbart, dass der zu viel erhaltene Teil der Sonderzahlung bei Austritt gegenverrechnet wird.

Lösung

Der Dienstnehmer hat im Juni bereits das Urlaubsgeld für das gesamte Jahr in Höhe von EUR 2.800 erhalten. In unserem Beispiel ist vereinbart, dass der zu viel erhaltene Teil von Oktober bis Dezember gegenverrechnet wird.

Die anlässlich des Austritts zu zahlende **Weihnachtsremuneration** ist daher entsprechend zu kürzen:

Ermittlung der Weihnachtsremuneration

- **Weihnachtsremuneration von Jänner bis September:** EUR 2.800 : 12 (Monate) × 9 (Monate) = EUR 2.100
- **zu viel bezogenes Urlaubsgeld von Oktober bis Dezember:** EUR 2.800 : 12 (Monate) × 3 (Monate) = EUR 700
- **auszuzahlende Weihnachtsremuneration:** EUR 2.100 – EUR 700 = EUR 1.400

Anlässlich des Austritts ist zu überprüfen, ob die Sonderzahlungen höher als das Jahressechstel sind. Ist das der Fall, ist der übersteigende Betrag gemeinsam mit dem laufenden Bezug des Monats zu versteuern, in dem der Bezug ausbezahlt wird.

Ermittlung der Kontrollsechstel

Das **Jahressechstel** stellt auf den laufenden Bruttobezug ab und wird berechnet, indem die bisher im Kalenderjahr zugeflossenen laufenden Bruttobezüge durch die Anzahl der abgelaufenen Monate dividiert und mit zwei (Monaten) multipliziert wird.

- **laufende Bezüge von Jänner bis September:** EUR 2.800 × 9 (Monate) = EUR 25.200
- **Kontrollsechstel:** EUR 25.200 : 6 = EUR 4.200
- **verbleibende Jahressechstel:** Im Juni wurde ein Urlaubsgeld von EUR 2.800 ausbezahlt; das zu viel bezogene Urlaubsgeld in Höhe von EUR 700 wurde gegenverrechnet. Das Weihnachtsgeld wurde in Höhe von EUR 2.100 ausbezahlt.
- In unserem Fall wird das Jahressechstel nicht überschritten, daher ist die Weihnachtsremuneration mit dem begünstigten Steuersatz von 6 % zu besteuern.

Sozialversicherungsrechtliche Abrechnung der Weihnachtsremuneration

- **Sozialversicherungspflichtig ist die auszuzahlende Weihnachtsremuneration:** EUR 2.100 × 17,12 % = EUR 359,52

Lohnsteuerrechtliche Abrechnung der Weihnachtsremuneration

- **Lohnsteuerpflichtig ist die auszuzahlende Weihnachtsremuneration abzüglich Sozialversicherung:** EUR 2.100 – EUR 338,52 = EUR 1.761,48
- **Lohnsteuer:** Bei der Berechnung der Lohnsteuer für die Sonderzahlung ist die Freigrenze von EUR 2.100 nicht überschritten, daher sind die Sonderzahlungen steuerfrei.
- **Auszahlungsbetrag:** EUR 2.100 – EUR 359,52 = EUR 1.740,48

Abrechnung des laufenden Bezugs

- **Sozialversicherungspflichtig ist der gesamte Bruttolohn:** EUR 2.800 × 18,12 % = EUR 507,36
- **Lohnsteuerpflichtig ist der Bruttolohn abzüglich Sozialversicherung:** EUR 2.800 – EUR 507,36 = EUR 2.292,64
- **Lohnsteuer:** EUR 2.292,64 × 30 % – EUR 357,63 = EUR 330.16
- **Auszahlungsbetrag:** EUR 2.800 – EUR 507,36 – EUR 330,16 = EUR 1.962,48

18.3. Kündigungsentschädigung

18.3.1. Arbeitsrechtliche Regelung

Die Kündigungsentschädigung ist eine **pauschalierte Schadenersatzleistung** des Arbeitnehmers gegenüber dem Arbeitgeber. Ein Anspruch auf diese Leistung entsteht dadurch, dass das Arbeitsverhältnis durch Verschulden des Arbeitgebers vorzeitig beendet wurde. Die Kündigungsentschädigung gebührt für jene Ansprüche, die bis zur ordnungsgemäßen Beendigung des Arbeitsverhältnisses durch den **Arbeitgeber** bis zum nächstmöglichen Beendigungstermin angefallen wäre.[424]

Bei Vorliegen bestimmter Beendigungsgründe kann der Dienstnehmer vom Dienstgeber eine Kündigungsentschädigung einfordern.

Beispiele für den **Anspruch** auf Kündigungsentschädigung sind:

- **ungerechtfertigte Entlassung**,
- **frist**- oder **terminwidrige Kündigung**,
- berechtigter **vorzeitiger Austritt** aus Verschulden des Arbeitgebers.

Die **Höhe der Kündigungsentschädigung** richtet sich nach dem **Ausfallsprinzip**. Der Dienstnehmer soll finanziell so gestellt werden, wie er bei ordentlicher Auflösung des Dienstverhältnisses stünde. Er erhält jenes Entgelt, welches ihm während der fiktiven Kündigungsfrist zugestanden wäre.

Die Kündigungsentschädigung umfasst:

- die **regelmäßigen Ansprüche**,
- die **anteiligen Sonderzahlungen**,
- die Abgeltung eines erst während der fiktiven Kündigungsfrist entstehenden neuen bzw höheren **Urlaubsanspruches**,
- eine während der fiktiven Kündigungsfrist entstandene **höhere Abfertigung** (bei Abfertigung alt),
- **sonstige Entgeltbestandteile** wie **Überstundenentlohnung**, **Zulagen** und **Sachbezug**, sofern diese zum regelmäßigen Bestandteil gezählt werden.

Die **Kündigungsentschädigung** wird für den Zeitraum von der **Beendigung des Dienstverhältnisses** bis zum **regulären Kündigungstermin** ausbezahlt. Eine Kündigungsentschädigung führt zu einer Verlängerung der Pflichtversicherung genau um diesen Zeitraum. Die zum Zeitpunkt der Beendigung des Dienstverhältnisses fällig werdende Kündigungsentschädigung ist auf den Zeitraum der Kündigungsfrist aufzuteilen.

424 § 29 Abs 1 AngG.

Praxistipp

Steht dem Dienstnehmer sowohl eine **Kündigungsentschädigung** als auch eine **Urlaubsersatzleistung** für Urlaubsentgelt zu, ist für die Ermittlung des Verlängerungszeitraumes zuerst die **Kündigungsentschädigung** und anschließend die **Urlaubsersatzleistung** heranzuziehen.[425]

Die Kündigungsentschädigung steht für die ersten **drei Monate** in voller Höhe zu. Der Dienstnehmer erhält diesen Betrag sofort bei Beendigung des Dienstverhältnisses. Übersteigt die Kündigungsentschädigung einen Zeitraum von drei Monaten, sind die Fälligkeitstermine maßgeblich, die bei Weiterbestand des Dienstverhältnisses bestanden hätten.[426]

Praxistipp

Übersteigt der Zeitraum, für den die Kündigungsentschädigung gewährt wird, drei Monate, muss sich der Dienstnehmer **anrechnen** lassen, was er sich infolge des **Unterbleibens der Dienstleistung** erspart oder durch **anderweitige Verwendung** erworben oder zu **erwerben absichtlich versäumt** hat.

Das **arbeitsrechtliche Ende** ist der Tag, an dem das Dienstverhältnis endet, das **sozialversicherungsrechtliche Ende** verschiebt sich um den Zeitraum der Kündigungsentschädigung hinaus. Daher ist auf der Abmeldung bei **„Ende des Beschäftigungsverhältnisses"** das arbeitsrechtliche Ende des Arbeitsverhältnisses und bei **„Ende des Entgeltanspruches"** das sozialversicherungsrechtliche Ende der Pflichtversicherung einzugeben.

Ersatzansprüche des Arbeitgebers oder des Arbeitnehmers aus einer vorzeitigen Beendigung des Arbeitsverhältnisses, also auf Kündigungsentschädigung bzw Schadenersatz, müssen bei sonstigem Verfall binnen **sechs Monaten gerichtlich geltend** gemacht werden.[427]

18.3.2. Sozialversicherungspflicht der Kündigungsentschädigung

Die **Kündigungsentschädigung** unterliegt der **Beitragspflicht zur Sozialversicherung.**

Für die Zeit des Bezuges einer Kündigungsentschädigung besteht die Pflichtversicherung weiter, obwohl das Dienstverhältnis **arbeitsrechtlich** bereits beendet ist.

425 § 11 Abs 2 ASVG.
426 § 29 Abs 2 AngG.
427 § 34 AngG.

Die Beitragsgrundlage umfasst all jene Entgeltbestandteile (plus anteilige Sonderzahlungen), auf die der Dienstnehmer während der fiktiven Kündigungsfrist Anspruch gehabt hätte. Bisher beitragsfreie Bezugsbestandteile (zB Schmutzzulagen) werden im Rahmen der Kündigungsentschädigung beitragspflichtig.

Die Kündigungsentschädigung setzt sich aus einem **laufenden Teil**, der aus einem Grundbezug, eventuellen Überstunden, Zulagen und anteiligem Sachbezug besteht, sowie aus einem **Sonderzahlungsteil**, der aus dem anteiligen Urlaubs- und Weihnachtsgeld besteht, zusammen.

Der **laufende Teil der Kündigungsentschädigung** ist wie ein laufender Bezug und der Sonderzahlungsteil der Kündigungsentschädigung ist wie eine Sonderzahlung sozialversicherungsrechtlich abgerechnet.

Sozialversicherungsrechtlich fällt der **laufende Teil der Kündigungsentschädigung** in jenen Zeitraum, um den sich die Pflichtversicherung verlängert.

Der **Sonderzahlungsanteil der Kündigungsentschädigung** wird sozialversicherungsrechtlich dem Beitragszeitraum zugeordnet, in dem sie arbeitsrechtlich fällig ist. In der Regel wird das der Monat der arbeitsrechtlichen Beendigung sein.

18.3.3. Lohnsteuerpflicht der Kündigungsentschädigung

Kündigungsentschädigungen sind im Kalendermonat der Zahlung wie ein laufender Bezug nach dem **Lohnsteuertarif** zu versteuern.

Dabei ist bei der **Berechnung der Lohnsteuer folgendermaßen** vorzugehen: Von der gesamten Kündigungsentschädigung wird der Sozialversicherungsbeitrag abgezogen. Vom verbleibenden Betrag wird ein **Freibetrag** von 20 % abgezogen. Dieser **Freibetrag** ist mit einem Fünftel des Neunfachen der monatlichen Höchstbeitragsgrundlage begrenzt.[428]

In der Lohnsteuer ist die **Kündigungsentschädigung** wie ein **laufender Bezug** zu behandeln. Das bedeutet, dass kein Jahressechstel sowie kein Freibetrag und keine Freigrenze für die Sonderzahlung zur Anwendung kommen.

Wird die Kündigungsentschädigung im **Austrittsmonat** ausbezahlt, wird die Bemessungsgrundlage der Kündigungsentschädigung dem laufenden Bezug des Austrittsmonats hinzugerechnet.

Wird die Kündigungsentschädigung in einem Monat ausbezahlt, in dem der Dienstnehmer **keinen laufenden Bezug** mehr bekommt, sind unabhängig vom Zeitraum des Bezugs der Kündigungsentschädigung ein monatlicher Lohnzahlungszeitraum zu verwenden.

428 § 67 Abs 8 lit b EStG.

Die **Kündigungsentschädigung** umfasst sowohl das laufende Entgelt, auf das der Arbeitnehmer während der fiktiven Kündigungsfrist Anspruch gehabt hätte, als auch die anteiligen Sonderzahlungen sowie sonstige Entgeltbestandteile.[429]

Werden im Rahmen der Kündigungsentschädigung Bezüge ausbezahlt, die bei normaler Auszahlung beitragsfrei gewesen wären, sind diese als Bestandteil der Kündigungsentschädigung sozialversicherungspflichtig.

Werden im Monat der Auszahlung der Kündigungsentschädigung auch „normale" laufende Bezüge ausbezahlt, so sind diese mit der steuerpflichtigen Kündigungsentschädigung zusammenzurechnen und gemeinsam nach dem Monatstarif zu versteuern.

Praxistipp

Für die Berechnung der Lohnsteuer ist bei der **Kündigungsentschädigung** unabhängig vom Zeitraum, für den die Kündigungsentschädigung gewährt wird, der monatliche Lohnsteuerzeitraum maßgeblich. Daher ist die Lohnsteuer nach den **Monatslohnsteuertabellen** zu ermitteln.

18.3.4. Berechnung der Kündigungsentschädigung

Beispiel 1 zur Kündigungsentschädigung (Versteuerung gemeinsam mit dem laufenden Bezug des Austrittsmonats)

Ein Dienstnehmer wird zum 31.5.2023 ohne Einhaltung der vereinbarten Kündigungsfrist gekündigt. Der reguläre Kündigungstermin ist das Quartalsende, somit der 30.6.2023.

Das Monatsgehalt beträgt EUR 2.500. Der Dienstnehmer hat keine Kinder.

Die Kündigungsentschädigung wird **gemeinsam** mit dem Mai-Gehalt ausbezahlt.

Lösung

Der ausscheidende Dienstnehmer, dessen Dienstverhältnis nicht ein volles Kalenderjahr gedauert hat, hat Anspruch auf Sonderzahlung nur im aliquoten Ausmaß. Anlässlich der Kündigung ist folgende Abrechnung vorzunehmen bzw erhält der Dienstnehmer folgende Beträge:

Ermittlung und Abrechnung des laufenden Bezuges von 1. Mai–31. Mai

- **Gehalt Mai:** EUR 2.500
- **Sozialversicherung für den laufenden Bezug:** EUR 2.500 × 18,12 % = EUR 453

Ermittlung und Abrechnung der Sonderzahlung des laufenden Bezuges von 1. Jänner–31. Mai

- **anteiliges Weihnachtsgeld:** EUR 2.500 / 12 (Monate) × 5 (Monate) = EUR 1.041,66
- **anteiliges Urlaubsgeld:** EUR 2.500 / 12 (Monate) × 5 (Monate) = EUR 1.041,66
- **Sozialversicherung für die Sonderzahlung des laufenden Bezugs:** Da in diesem Monat weitere Sonderzahlungen ausbezahlt werden, ist keine Reduktion der Arbeitslosenversicherung bei der Berechnung der Sonderzahlung zu berücksichtigen: EUR 1.041,66 + EUR 1.041,66 = EUR 2.083,32 × 17,12 % = EUR 356,66

429 LStR Rz 1104a.

- **Lohnsteuer für die Sonderzahlungen des laufenden Bezuges:** Die Freigrenze von EUR 2.100 wurde nicht überschritten, daher ist die Lohnsteuer für die Sonderzahlung 0.

Ermittlung der Kündigungsentschädigung

- **-laufende Kündigungsentschädigung von 1. Juni–30. Juni:** EUR 2.500
- **Sozialversicherung für die Kündigungsentschädigung** wird im Juni beitragsrechtlich erfasst: EUR 2.500 × 18,12 % = EUR 453
- **anteiliges Weihnachtsgeld für die Kündigungsentschädigung:** 1/12 der Kündigungsentschädigung: EUR 2.500 / 12 (Monate) = EUR 208,33
- **anteiliges Urlaubsgeld für die Kündigungsentschädigung:** 1/12 der Kündigungsentschädigung: EUR 2.500 / 12 (Monate) = EUR 208,33
- **Sozialversicherung für die Sonderzahlungen der Kündigungsentschädigung:** Da in diesem Monat weitere Sonderzahlungen ausbezahlt werden, ist keine Reduktion der Arbeitslosenversicherung bei der Berechnung der Sonderzahlung zu berücksichtigen. EUR 208,33 + EUR 208,33 = EUR 416,66 × 17,12 % = EUR 71,33.

Abrechnung der Kündigungsentschädigung

- **Berechnung der Bemessungsgrundlage für die Lohnsteuer bei der Kündigungsentschädigung:** Die Kündigungsentschädigung ist im Kalendermonat der Zahlung wie ein laufender Bezug nach dem **Lohnsteuertarif** zu versteuern. Dabei ist bei der **Berechnung der Bemessungsgrundlage für die Lohnsteuer folgendermaßen** vorzugehen:
- Von der Kündigungsentschädigung wird der Sozialversicherungsbeitrag und vom verbleibenden Betrag ein **Freibetrag** von 20 % abgezogen. Dieser **Freibetrag** ist mit einem Fünftel des Neunfachen der monatlichen Höchstbeitragsgrundlage begrenzt:
- **laufende Kündigungsentschädigung:** EUR 2.500
- **abzüglich Sozialversicherung für die Kündigungsentschädigung:** EUR 453
- **zuzüglich anteiliges Weihnachtsgeld für die Kündigungsentschädigung:** EUR 208,33
- **zuzüglich anteiliges Urlaubsgeld für die Kündigungsentschädigung:** EUR 208,33
- **abzüglich Sozialversicherung für die Sonderzahlungen der Kündigungsentschädigung:** 71,33
- **Kündigungsentschädigung Bemessungsgrundlage für die Lohnsteuer**: EUR 2.392,33
- Von dem verbleibenden Betrag ist ein **Freibetrag** von 20 % abzuziehen.
- EUR 2.392,33 – EUR 478,47 (EUR 2.392,33 × 20 %) = EUR 1.913,86
- **Lohnsteuer für die Kündigungsentschädigung und den laufenden Bezug:** Da die Kündigungsentschädigung mit dem Mai-Gehalt ausbezahlt wird, sind die Bemessungsgrundlage für die Kündigungsentschädigung und die Bemessungsgrundlage für den laufenden Bezug zusammenzuzählen: EUR 1.913,86 + EUR 2.500 (laufender Bezug) – EUR 453 (Sozialversicherung laufender Bezug ([EUR 2.500,00 × 18,12 %]) = EUR 3.960,86 × 41 % – EUR 652,86 = **EUR 971,09**

18.4. Urlaubsersatzleistung

Bei Auflösung eines Dienstverhältnisses hat der Dienstnehmer einen Anspruch, den nicht konsumierten Urlaub in Geld, der **Urlaubsersatzleistung**, abgegolten zu erhalten.

Für das **laufende Urlaubsjahr** ist der Urlaub von Beginn des Urlaubsjahres bis zum letzten Tag des Dienstverhältnisses zu berechnen, wobei ein bereits verbrauchter Jahresurlaub auf das aliquote Urlaubsausmaß anzurechnen ist.[430]

Ein nicht verjährter Resturlaub aus den **vorangegangen Urlaubsjahren** ist zur Gänze anzurechnen.

Praxistipp

Der Urlaubsanspruch **verjährt** nach Ablauf von **zwei Jahren** ab dem Ende des Urlaubsjahres, in dem er entstanden ist. Diese Frist verlängert sich bei Inanspruchnahme einer Karenz gemäß dem Väterkarenzgesetz oder Mutterschutzgesetz um den Zeitraum der Karenz.[431] Insgesamt stehen damit **drei Jahre** zum Verbrauch eines jeden Jahresurlaubs zur Verfügung.

Ein über das aliquote Ausmaß hinaus verbrauchter **Jahresurlaub** ist nicht rückzuerstatten, außer bei Beendigung des Arbeitsverhältnisses durch

- unberechtigten vorzeitigen Austritt oder bei
- verschuldeter Entlassung.

Eine **Urlaubsersatzleistung** für das laufende Urlaubsjahr gebührt **nicht**, wenn der Arbeitnehmer **unbegründet** – ohne wichtigen Grund – **vorzeitig austritt**.[432] Ein offener Urlaub aus den Vorjahren ist hingegen auszuzahlen.

18.4.1. Urlaubsanspruch

Das **Urlaubsausmaß** wird in **Werktagen** oder in **Arbeitstagen** gemessen.

Eine Woche hat sechs Werktage, daher umfasst ein Monat 6 (Tage) × 4,33 (Wochen) = 25,98, gerundet 26 (Tage). Der Urlaubsteiler ist 26.

Eine Woche hat fünf Arbeitstage, daher umfasst ein Monat 5 (Tage) × 4,33 (Wochen) = 21,65, gerundet 22 (Tage). Der Urlaubsteiler ist 22.

Arbeitnehmer mit einer Dienstzeit bis zu 25 Jahren steht ein Urlaub von 5 Wochen bei einer **Fünf-Tages-Woche** (5 [Urlaubstage/Woche] × 5 [Wochen] = 25 [Arbeitstage]) zu. Das entspricht 30 Werktagen.

Bei mehr als 25 Jahren Dienstzeit steht ein Urlaub von 6 Wochen bei einer **Fünf-Tages-Woche** (5 [Urlaubstage/Woche] × 6 [Wochen] = 30 [Arbeitstage]) zu. Das entspricht 36 Werktagen.

430 § 10 Abs 1 UrlG.
431 § 4 Abs 5 UrlG.
432 § 10 Abs 2 UrlG.

Beträgt die Arbeitswoche nicht fünf Tage, sondern weniger, verringert sich auch der Urlaubsanspruch bei den Teilzeitbeschäftigten entsprechend wie folgt:

Arbeitszeit	Urlaubsanspruch
Vier-Tages-Woche	20 Arbeitstage (4 [Urlaubstage/Woche] × 5 [Wochen])
Drei-Tages-Woche	15 Arbeitstage (3 [Urlaubstage/Woche] × 5 [Wochen])
Zwei-Tages-Woche	10 Arbeitstage (2 [Urlaubstage/Woche] × 5 [Wochen])
Ein-Tages-Woche	5 Arbeitstage (1 [Urlaubstage/Woche] × 5 [Wochen])

Tab 23: Urlaubsanspruch bei Teilzeitbeschäftigten

Für das **laufende Urlaubsjahr** ist der Urlaub vom Beginn des Urlaubsjahres bis zum letzten Tag des Dienstverhältnisses zu berechnen, wobei ein bereits verbrauchter Jahresurlaub auf das aliquote Urlaubsausmaß anzurechnen ist.[433]

Bei der **Berechnung des aliquoten Urlaubsanspruches** wird nicht gerundet.

Beispiel zur Berechnung des aliquoten Urlaubsanspruchs

Der Beginn des Dienstverhältnisses ist der 1.4.2017, das Ende ist am 31.8.2023. Urlaub wurde 2023 im Umfang von 7 Tagen konsumiert. Aus den Vorjahren ist kein Urlaubsanspruch mehr vorhanden. Der Dienstnehmer hat Anspruch auf 30 Urlaubstage. Wie hoch ist der auszuzahlende anteilige Urlaub?

Lösung

Das Urlaubsjahr beginnt am 1.4.2023 und dauert bis 31.8.2023. Die Kalendertage des Urlaubsjahres sind 153 Tage. Der anteilige Urlaubsanspruch = (Jahresurlaub × Kalendertage des Urlaubsjahr) : 365 (bzw 366 im Schaltjahr). Der anteilsmäßige Urlaubanspruch beträgt bei 30 Werktagen : 365 x 153 = 12,58 Tage abzüglich bereits konsumierten 7 Tagen ergibt einen Urlaubsanspruch im Umfang von 5,58 Tagen.

Der errechnete Urlaubsanspruch in Tagen, der auszuzahlen ist, ist laut OGH weder ab- noch aufzurunden.

18.4.2. Urlaubsersatzleistung pro Urlaubstag

Um auf die Urlaubsersatzleistung pro Tag zu kommen, muss der Monatsbezug durch 22 (Tage) bei der Berechnung nach **Arbeitstagen** bzw durch 26 (Tage) bei der Berechnung nach **Werktagen** dividiert werden.

Der Dienstnehmer hat als Urlaubsersatzleistung jenen Betrag zu erhalten, als wenn er den Urlaub konsumiert hätte. Daher steht ihm anteilig ein **laufender Bezug** und grundsätzlich eine **anteilige Sonderzahlung** zu.

433 § 10 Abs 1 UrlG.

Beispiel der Ersatzleistung nach Arbeitstagen

Der monatliche Bezug des Dienstnehmers beträgt EUR 1.700. Die Kündigung erfolgt am 31.8.2021. Es besteht eine Urlaubsersatzleistung im Umfang von 5,58 Tagen. Der Urlaubsanspruch wird in **Arbeitstagen** abrechnet.

Lösung

Der anteilige laufende Bezug beträgt EUR 1.700 : 22 Arbeitstage × 5,58 Urlaubsanspruch = EUR 431, 18

Die anteilige Sonderzahlung beträgt EUR 431,18 : 12 × 2 = EUR 71,86

Beispiel der Ersatzleistung nach Werktagen

Der monatliche Bezug des Dienstnehmers beträgt EUR 1.700. Die Kündigung erfolgt am 31.8.2021. Es besteht eine Urlaubsersatzleistung im Umfang von 5,58 Tagen. Der Urlaubsanspruch wird in **Werktagen** abrechnet.

Lösung

Der anteilige laufende Bezug beträgt EUR 1.700 : 26 Werktage × 5,58 Urlaubsanspruch = EUR 364,85

Die anteilige Sonderzahlung beträgt EUR 364,85 : 12 × 2 = EUR 60,80

18.4.3. Sozialversicherungspflicht der Urlaubsersatzleistung

Die Urlaubsersatzleistung unterliegt der Beitragspflicht zur Sozialversicherung. Das bedeutet, dass die Pflichtversicherung um die nicht konsumierten Urlaubstage verlängert wird. Dabei sind die Urlaubstage auf die Kalendertage laut Sozialversicherung im Ausmaß von 30 Tagen umzurechnen, wodurch sich die Pflichtversicherung um folgende Tage weiter verlängert:

Arbeitstage pro Woche	Verlängerung der Pflichtversicherung in Tagen
6	1
5	2
4	3
3	4
2	5
1	6

Tab 24: Errechnung der Verlängerungstage bei der Urlaubsersatzleistung

Praxistipp

Bei Berechnung des **Endes der Pflichtversicherung** werden Teile von Tagen vernachlässigt, es ist **immer abzurunden**. Bei der Berechnung der Höhe der Urlaubsersatzleistung hingegen wird nicht abgerundet.

Sozialversicherungsrechtlich fällt der **laufende Teil der Urlaubsersatzleistung** in jenen Zeitraum, um den sich die Pflichtversicherung verlängert.

Der **Sonderzahlungsanteil der Urlaubsersatzleistung** wird sozialversicherungsrechtlich dem Beitragszeitraum zugeordnet, in dem sie arbeitsrechtlich fällig ist. In der Regel wird das der Monat der arbeitsrechtlichen Beendigung sein.

Beispiel Urlaubsersatzleistung

Ein Angestellter, der am 1.5.2017 in das Unternehmen eingetreten ist, kündigt sein Dienstverhältnis mit 31.7.2023. Für den Mitarbeiter gebührt ein Urlaub von 25 Tagen. Er hat bereits 5 Tage konsumiert. Wie hoch sind die Urlaubstage, die bei der Urlaubsersatzleistung abzurechnen sind?

Lösung

Von 1.5. bis 31.7. sind 92 Kalendertage im seinem Urlaubsjahr vergangen.
25 Tage : 365 × 92 = 6,3 Arbeitstage
Für die Verlängerung der Pflichtversicherung werden die 6,3 Tage abzüglich des konsumierten 5 Urlaubstage abgerundet. Für die Berechnung der Urlaubsersatzleistung werden die Tage nicht abgerundet.

Beispiel zur Verlängerung der Pflichtversicherung bei Berechnung nach Arbeitstagen

Ein Dienstnehmer tritt am 31.1. aus dem Unternehmen aus. Die nicht verbrauchten Urlaubstage sind 11 Tage. Um wie viele Tage verlängert sich die Pflichtversicherung bei Berechnung nach **Arbeitstagen**?

Lösung

Für fünf volle Arbeitstage (eine Woche hat fünf Arbeitstage) verlängert sich der Urlaubsanspruch um zwei Tage. Die Pflichtversicherung verlängert sich um vier Tage.

Beispiel zur Verlängerung der Pflichtversicherung bei Berechnung nach Werktagen

Ein Dienstnehmer tritt am 31.1. aus dem Unternehmen aus. Die nicht verbrauchten Urlaubstage sind 11 Tage. Um wie viele Tage verlängert sich die Pflichtversicherung bei Berechnung nach **Werktagen**?

Lösung

Für sechs volle Werktage (eine Woche hat sechs Werktage) verlängert sich der Urlaubsanspruch um einen Tag, daher verlängert sich die Pflichtversicherung um einen Tag.

Praxistipp

Um wie viele Tage sich die Pflichtversicherung durch den Urlaubsanspruch verlängert, hängt davon ab, ob die Berechnung der Urlaubstage in **Arbeitstagen** oder in **Werktagen** erfolgt.
Für fünf volle **Arbeitstage** verlängert sich der Urlaubsanspruch um **zwei Tage**. **Eine Woche hat fünf Arbeitstage, daher** umfasst ein Monat 5 (Tage) × 4,33 (Wochen) = 21,65, gerundet 22 (Tage). Der Urlaubsteiler ist 22.
Für sechs volle **Werktage** verlängert sich der Urlaubsanspruch um einen **Tag**. **Eine Woche hat sechs Werktage, daher** umfasst ein Monat 6 (Tage) × 4,33 (Wochen) = 25,98, gerundet 26 (Tage). Der Urlaubsteiler ist 26.

Das **arbeitsrechtliche Ende** ist der Tag, an dem das Dienstverhältnis endet, das **sozialversicherungsrechtliche Ende** verschiebt sich um die nicht konsumierten Urlaubstage zuzüglich einer eventuellen Verlängerung abhängig von der Berechnung der Urlaubstage in Arbeitstagen oder in Werktagen.

Daher ist auf der Abmeldung bei **„Ende des Beschäftigungsverhältnisses"** das arbeitsrechtliche Ende des Arbeitsverhältnisses und bei **„Ende des Entgeltanspruches"** das sozialversicherungsrechtliche Ende der Pflichtversicherung einzugeben.

18.4.4. Lohnsteuerpflicht der Urlaubsersatzleistung

Für die Berechnung der Lohnsteuer ist bei der **Urlaubsersatzleistung** unabhängig vom Zeitraum, für den die Urlaubsersatzleistung gewährt wird, der monatliche Lohnsteuerzeitraum anzuwenden. Daher ist die Lohnsteuer nach den **Monatslohnsteuertabellen** zu ermitteln.

Urlaubsersatzleistungen sind, soweit sie laufenden Arbeitslohn betreffen, als **laufender Arbeitslohn**, soweit sie sonstige Bezüge betreffen, als sonstiger Bezug (Sonderzahlung) im Kalendermonat der Zahlung zu erfassen.[434]

Bei der Berechnung der Urlaubsersatzleistung sind der Auszahlungsbetrag sowie die **Sozialversicherung** und die **Lohnsteuer** zu ermitteln.

Für die Berechnung der Urlaubsersatzleistung ist bei den Zulagen und Überstunden, die nicht regelmäßig anfallen, der Durchschnitt der letzten 13 Wochen anzusetzen. Steuerfreie Aufwandsentschädigungen wie Taggelder oder Kilometergelder werden nicht berücksichtigt.

Die Urlaubsersatzleistung setzt sich zusammen aus einem **laufenden Teil**, der aus einem Grundbezug, eventuellen Überstunden, Zulagen und anteiliger Sachbezug besteht, sowie aus einem **Sonderzahlungsteil**, der aus dem anteiligen Urlaubs- und Weihnachtsgeld besteht.

Bei der **Berechnung der Lohnsteuer** für den Sonderzahlungsteil der Urlaubsersatzleistung ist wie bei der Versteuerung des Weihnachtsgeldes und des Urlaubsgeldes vorzugehen. Innerhalb des Jahressechstels sind der Freibetrag von EUR 620 sowie die Freigrenze von EUR 2.100 zu berücksichtigen.

Bei der Berechnung der Lohnsteuer für den laufenden Teil der Urlaubsersatzleistung ist zu unterscheiden:

- Die **laufende Urlaubsersatzleistung** wird **gemeinsam** mit dem **Monatsbezug** ausbezahlt: Der laufende Teil der Urlaubsersatzleistung wird nach Abzug der darauf entfallenden Sozialversicherung gemeinsam mit dem Monatsbezug versteuert.

434 § 67 Abs 8 lit d EStG.

- Die **laufende Urlaubsersatzleistung** wird **nicht gemeinsam** mit dem **Monatsbezug** ausbezahlt: Der laufende Teil der Urlaubsersatzleistung wird nach Abzug der darauf entfallenden Sozialversicherung im Verlängerungszeitraum versteuert.
- Das bedeutet, dass die Versteuerung im Kalendermonat der Zahlung erfolgt.

Praxistipp

Steht dem Dienstnehmer sowohl eine **Kündigungsentschädigung** als auch eine **Urlaubsersatzleistung** für Urlaubsentgelt zu, ist für die Ermittlung des Verlängerungszeitraumes zuerst die **Kündigungsentschädigung** und anschließend die **Urlaubsersatzleistung** heranzuziehen.[435]

Die Urlaubsersatzleistung kann neben dem laufenden Bezug (gemeinsam) oder im Folgemonat ohne laufenden Bezug ausbezahlt werden.

Soweit die Urlaubsersatzleistung laufenden Arbeitslohn betrifft, ist sie als laufender Arbeitslohn zu erfassen und zu versteuern.

Soweit der laufende Teil der Urlaubsersatzleistung neben laufendem Arbeitslohn ausbezahlt wird, ist sie gemeinsam mit den laufenden Bezügen nach dem Monatstarif (unter Berücksichtigung eines monatlichen Lohnzahlungszeitraumes) zu versteuern. Die Versteuerung erfolgt im Kalendermonat der Zahlung.

Soweit die Urlaubsersatzleistung sonstige Bezüge betrifft, ist sie als sonstige Bezüge zu versteuern.

18.4.5. Berechnung der Urlaubsersatzleistung

Beispiel 1 zur Berechnung der Urlaubsersatzleistung

Ein Dienstnehmer hat am Tag der Beendigung seines Dienstverhältnisses am **31.1.2023 fünf Urlaubstage** noch nicht verbraucht. Er hat ein Gehalt von EUR 2.280, einen Sachbezug von EUR 230 sowie während der letzten drei Monate durchschnittlich für Überstunden EUR 250 pro Monat erhalten.

Laut Kollektivvertrag sind die Urlaubsbeihilfe und die Weihnachtsremuneration 1/12 des Gehalts, Sachbezugs und der durchschnittlichen Überstunden. Die Urlaubsabrechnung erfolgt nach **Arbeitstagen**. Wie hoch ist die Urlaubsersatzleistung?

Lösung

Die Urlaubsersatzleistung setzt sich zusammen aus einem laufenden Teil, der aus einem Grundbezug, eventuellen Überstunden, Zulagen und anteiliger Sachbezug besteht, sowie aus einem Sonderzahlungsteil, der aus dem anteiligen Urlaubs- und Weihnachtsgeld besteht.

435 § 11 Abs 2 ASVG.

Ermittlung und Abrechnung des laufenden Bezuges von 1. Jänner–31. Jänner

- **Laufender Bezug Jänner (Gehalt, Sachbezug und Überstunden):** EUR 2.280 + EUR 230 + EUR 250 = EUR 2.760
- **Sozialversicherungspflicht laufender Bezug Jänner:** EUR 2.760 × 18,12 % = EUR 500,11

Ermittlung und Abrechnung der Sonderzahlung für den laufenden Bezug von 1. Jänner–31. Jänner

- **Sonderzahlungsteil laufender Bezug Urlaubsgeld:** EUR 2.760 / 12 (Monate) = EUR 230
- **Sonderzahlungsteil laufender Bezug Weihnachtsgeld:** EUR 2.760 / 12 (Monate) = EUR 230
- **Sozialversicherungspflicht der Sonderzahlungsteil für den laufenden Bezug von 1. Jänner–31. Jänner:** EUR 460 (EUR 230 + EUR 230) × 14,12 % = EUR 64,95

Gemeinsam mit dem Sonderzahlungsteil der Urlaubsersatzleistung ist die Bemessungsgrundlage aufgrund der Arbeitslosenversicherungsbeiträge für Niedrigverdiener um 3 % zu reduzieren.

Ermittlung und Abrechnung des laufenden Teils der Urlaubsersatzleistung

Durch den laufenden Teil der Urlaubsersatzleistung wird das Ende der Pflichtversicherung hinausgeschoben. Der Verlängerungszeitraum der Pflichtversicherung berechnet sich, indem bei Abrechnung nach Arbeitstagen mit einer Fünftagewoche zwei Tage dazuzuzählen sind, hingegen bei Abrechnung nach Werktagen (eine Woche hat sechs Werktage) die Pflichtversicherung um einen Tag verlängert wird. Beitragsrechtlich wird dieser Betrag erst im **Folgemonat** erfasst. Erfolgt die Berechnung nach Arbeitstagen, wird der Tageswert errechnet, indem durch 22 (Tage) dividiert wird.

Da die Berechnung nach Arbeitstagen erfolgt, ist der Urlaubsteiler 22. **Eine Woche hat fünf Arbeitstage, daher** umfasst ein Monat 5 (Tage) × 4,33 (Wochen) = 21,65, gerundet 22 (Tage). Die Pflichtversicherung verlängert sich um **zwei Tage**.

Das arbeitsrechtliche Ende ist am 31.1., das sozialversicherungsrechtliche Ende am 7.2.

- **laufender Teil der Urlaubsersatzleistung:** EUR 2.760 / 22 (Tage) × 5 (Tage) = EUR 627,27
- **Sozialversicherungspflicht des laufenden Teils der Urlaubsersatzleistung:** EUR 627,27 × 15,12 % = EUR 94,84

Ermittlung und Abrechnung der Sonderzahlung der Urlaubsersatzleistung

Der Sonderzahlungsteil der Urlaubsersatzleistung wird dem Beitragszeitraum zugeordnet, in den das arbeitsrechtliche Ende, in diesem Beispiel Jänner, fällt.

- **anteiliger Sonderzahlungsteil Urlaubsersatzleistung Urlaubsgeld:** EUR 627,27 / 12 (Monate) = EUR 52,27
- **anteiliger Sonderzahlungsteil Urlaubsersatzleistung Weihnachtsgeld:** EUR 627,27 / 12 (Monate) = EUR 52,27
- **Sozialversicherungspflicht der Sonderzahlung der Urlaubsersatz:** EUR 104,54 (EUR 52,27 + EUR 52,27) × 14,12 % (Arbeitslosenversicherungsbeiträge für Niedrigverdiener reduzieren sich um 3 %) = EUR 14,76

Gemeinsam mit dem Sonderzahlungsteil der Urlaubsersatzleistung ist die Bemessungsgrundlage aufgrund der Arbeitslosenversicherungsbeiträge für Niedrigverdiener um 3 % zu reduzieren.

Berechnung der Lohnsteuer für den laufenden Bezug und Urlaubsersatzleistung laufender Bezug

Der **laufende Monatsbezug** wird gemeinsam mit der laufenden **Urlaubsersatzleistung** besteuert.

- **laufender Bezug**: EUR 2.760
- **Sozialversicherung für den laufenden Bezug**: EUR 500,11
- **Urlaubsersatzleistung laufender Bezug**: EUR 627,27
- **Sozialversicherung für die Urlaubsersatzleistung laufender Bezug:** EUR 94,84

Soweit der laufende Teil der Urlaubsersatzleistung neben laufendem Arbeitslohn ausbezahlt wird, ist sie gemeinsam mit den laufenden Bezügen nach dem Monatstarif (unter Berücksichtigung eines monatlichen Lohnzahlungszeitraumes) zu versteuern.

- **Bemessungsgrundlage für die Lohnsteuer**: EUR 2.792,32
- **Lohnsteuer**: EUR 2.792,32 × 41 % – EUR 652,86 = EUR 492,00

Berechnung der Lohnsteuer für die Sonderzahlung des laufenden Bezugs und Sonderzahlung Urlaubsersatzleistung

- **anteilige Sonderzahlung für den laufenden Bezug:** EUR 460
- **Sozialversicherung für den laufenden Bezug:** EUR 64,95
- **anteilige Sonderzahlungen für die Urlaubsersatzleistung:** EUR 104,54

Sozialversicherung für die Sonderzahlung der Urlaubsersatzleistung EUR 104,54 × 14,12% = EUR 14,76

- **Bemessungsgrundlage für die Lohnsteuer**: EUR 484,83

Bei den **Sonderzahlungsteilen** (laufender Bezug und Urlaubsersatzleistung) wird die Freigrenze von EUR 2.100 nicht überschritten, daher sind die Sonderzahlungen nicht zu besteuern.

Beispiel 2 zur Berechnung der Urlaubsersatzleistung

Ein Dienstnehmer hat am 31.1.2023 das Dienstverhältnis beendet. Das Gehalt beträgt pro Monat EUR 1.899. Fünf Urlaubstage wurden nicht verbraucht. Die Urlaubsabrechnung erfolgt nach Arbeitstagen. Die Urlaubsersatzleistung wird gemeinsam mit dem Gehalt ausbezahlt. Bitte führen Sie die gesamte Abrechnung für den Jänner durch.

Lösung

Anlässlich des Austritts ist folgende Abrechnung vorzunehmen bzw erhält der Dienstnehmer folgende Beträge:

Die Urlaubsersatzleistung setzt sich zusammen aus einem laufenden Teil, der aus einem Grundbezug, eventuellen Überstunden, Zulagen und anteiligem Sachbezug besteht, sowie aus einem Sonderzahlungsteil, der aus dem anteiligen Urlaubs- und Weihnachtsgeld besteht.

Ermittlung und Abrechnung des laufenden Bezuges von 1. Jänner–31. Jänner

- **laufender Bezug Jänner:** EUR 1.899
- **Sozialversicherungspflicht laufender Bezug von 1. Jänner–31. Jänner:** EUR 1.899 × 16,12 % = EUR 306,12

Ermittlung und Abrechnung der Sonderzahlung des laufenden Bezuges

- **Sonderzahlungsteil laufender Bezug Urlaubsgeld:** EUR 1.899 / 12 (Monate) = EUR 158,25
- **Sonderzahlungsteil laufender Bezug Weihnachtsgeld:** EUR 1.899 / 12 (Monate) = EUR 158,25

- **Sozialversicherungspflicht der Sonderzahlungsteile für den laufenden Bezug von 1. Jänner–31. Jänner:** EUR 316,50 × 14,12 % = EUR 44,69

Die Sonderzahlung des laufenden Bezuges wird im Jänner abgerechnet

Ermittlung und Abrechnung des laufenden Bezuges der Urlaubsersatzleistung

Durch den laufenden Teil der Urlaubsersatzleistung wird das Ende der Pflichtversicherung hinausgeschoben. Der Verlängerungszeitraum der Pflichtversicherung berechnet sich, indem bei Abrechnung nach Arbeitstagen mit einer Fünftagewoche zwei Tage dazuzählen sind, hingegen bei Abrechnung nach Werktagen (eine Woche hat sechs Werktage) die Pflichtversicherung um einen Tag verlängert wird. Beitragsrechtlich wird dieser Betrag erst im **Folgemonat** erfasst. Erfolgt die Berechnung nach Arbeitstagen, wird der Tageswert errechnet, indem durch 22 (Tage) dividiert wird.

- **Laufender Teil der Urlaubsersatzleistung** Eine Woche hat fünf Arbeitstage, daher umfasst ein Monat 5 (Tage) × 4,33 (Wochen) = 21,65, gerundet 22 (Tage):
  EUR 1.899 : 22 (Tage) × 5 (Tage) = EUR 431,59
- **Sozialversicherungspflicht des laufenden Teils der Urlaubsersatzleistung:** wird im Februar beitragsrechtlich erfasst: EUR 431,59 × 15,12 % = EUR 65,25

Ermittlung und Abrechnung der Sonderzahlung der Urlaubsersatzleistung

Der Sonderzahlungsteil der Urlaubsersatzleistung wird dem Beitragszeitraum zugeordnet, in den das arbeitsrechtliche Ende, in diesem Beispiel Jänner, fällt.

- **anteiliger Sonderzahlungsteil Urlaubsersatzleistung Urlaubsgeld:** EUR 431,59 : 12 (Monate) = EUR 35,97
- **anteiliger Sonderzahlungsteil Urlaubsersatzleistung Weihnachtsgeld:** EUR 431,59 : 12 (Monate) = EUR 35,97
- **Sozialversicherungspflicht der Sonderzahlung der Urlaubsersatzleistung:** wird dem Beitragszeitraum zugeordnet, in den das arbeitsrechtliche Ende fällt (Jänner):
  EUR 71,94 × 14,12 % = EUR 10,16

Berechnung der Lohnsteuer für den laufenden Bezug und die laufende Urlaubsersatzleistung

Da der **laufende Monatsbezug** gemeinsam mit der **laufenden Urlaubsersatzleistung** besteuert wird, erfolgt lohnsteuerlich eine gemeinsame Berechnung der Lohnsteuer.

Soweit der laufende Teil der Urlaubsersatzleistung neben laufendem Arbeitslohn ausbezahlt wird, ist sie gemeinsam mit den laufenden Bezügen nach dem Monatstarif (unter Berücksichtigung eines monatlichen Lohnzahlungszeitraumes) zu versteuern.

- **laufender Bezug:** EUR 1.899
- **Sozialversicherung für den laufenden Bezug:** EUR 1.899 × 16,12% = EUR 306,12
- **Urlaubsersatzleistung laufender Bezug:** EUR 431,59
- **Sozialversicherung für die Urlaubsersatzleistung laufender Bezug:** EUR 431,59 × 15,12 = EUR 65,25
- **Bemessungsgrundlage für die Lohnsteuer:** EUR 1.959,22
- **Lohnsteuer:** EUR 1.959,22 × 30% – 357,63 = EUR 230,14

Berechnung der Lohnsteuer für Sonderzahlung des laufenden Bezuges und der Sonderzahlung der Urlaubsersatzleistung

- **anteilige Sonderzahlung für den laufenden Bezug:** EUR 316,50
- **Sozialversicherung für den laufenden Bezug:** EUR 44,69
- **anteilige Sonderzahlungen für die Urlaubsersatzleistung:** EUR 71,94
- **Sozialversicherung für die Sonderzahlung der Urlaubsersatzleistung:** EUR 10,16
- **Bemessungsgrundlage für die Lohnsteuer**: EUR 333,59

Bei den **Sonderzahlungsteilen** (laufender Bezug und Urlaubsersatzleistung) wird die Freigrenze von EUR 2.100 nicht erreicht, daher sind die Sonderzahlungen nicht zu besteuern.

Beispiel 3 zur Berechnung der Urlaubsersatzleistung

Ein Dienstnehmer ist am 1.2.2003 in ein Unternehmen eingetreten. Er tritt am 30.6.2023 aus dem Unternehmen aus. Von dem ihm zustehenden Urlaub im Umfang von 25 Arbeitstagen hat er bereits **3 Arbeitstage** verbraucht. Die Urlaubsabrechnung erfolgt nach Arbeitstagen.

Er erhält ein Monatsgehalt von EUR 2.500, Urlaubszuschuss und Weihnachtsremuneration betragen je ein Monatsgehalt. Die Urlaubsersatzleistung wird gemeinsam mit dem Gehalt ausbezahlt.

Lösung

Ermittlung und Abrechnung des laufenden Bezuges von 1. Juni–30. Juni

- **laufender Bezug Juni:** EUR 2.500
- **Sozialversicherungspflicht laufender Bezug 1. Juni–30. Juni:** EUR 2.500 × 18,12 % = EUR 453

Ermittlung und Abrechnung der Sonderzahlung des laufenden Bezuges

Da der Dienstnehmer noch kein Urlaubs- und Weihnachtsgeld erhalten hat, bekommt er bei seinem Austritt anteilig Urlaubs- und Weihnachtsgeld.

- **anteiliger Sonderzahlungsteil Urlaubsgeld:** EUR 2.500 / 12 (Monate) × 6 (Monate) = EUR 1.250
- **anteiliger Sonderzahlungsteil Weihnachtsgeld:** EUR 2.500 / 12 (Monate) × 6 (Monate) = EUR 1.250
- **Sozialversicherungspflicht des Sonderzahlungsteils für den laufenden Bezug Juni**: EUR 2.500 (EUR 1.250 + EUR 1.250) × 17,12 % = EUR 428

Berechnung der abzugeltenden Urlaubstage

- **Berechnung der abzugeltenden Urlaubstage:** 25 (Tage) : 365 (Tage) × 150 (Tage von 1.2. bis 30.6.) = 10,27 (Tage) – 3 (Tage bereits verbrauchter Urlaub) = 7,27 Tage
- **Ende der Pflichtversicherung:** Durch die Urlaubsersatzleistung wird das Ende der Pflichtversicherung hinausgeschoben. Da die Berechnung nach Arbeitstagen erfolgt, verlängert sich die Pflichtversicherung um 2 Tage auf 9 Tage. Beitragsrechtlich wird dieser Betrag erst im **Folgemonat** erfasst. Beim Ende der Pflichtversicherung werden Teile von Tagen vernachlässigt, es ist immer abzurunden.
- **Berechnung der Urlaubsersatzleistung:** Die Arbeitstage werden für die Berechnung der Urlaubsersatzleistung nicht gerundet. Daher steht dem Arbeiter eine Urlaubsersatzleistung für 7,27 Tage zu.

Ermittlung und Abrechnung des laufenden Bezuges der Urlaubsersatzleistung

- **laufender Teil der Urlaubsersatzleistung:** Erfolgt die Berechnung nach Arbeitstagen, wird der Tageswert errechnet, indem durch 22 (Tage) dividiert wird. Eine Woche hat fünf Arbeitstage, daher umfasst ein Monat 5 (Tage) × 4,33 (Wochen) = 21,65, gerundet 22 (Tage): EUR 2.500 : 22 (Tage) × 7,27 (Tage) = EUR 826,14
- **Sozialversicherungspflicht des laufenden Teils der Urlaubsersatzleistung:** EUR 826,15 × 15,12 % = EUR 124,91

Ermittlung und Abrechnung der Sonderzahlung der Urlaubsersatzleistung

- **anteiliger Urlaubsgeld der Urlaubsersatzleistung:** wird dem Beitragszeitraum zugeordnet, in den das arbeitsrechtliche Ende (Juni) fällt: EUR 826,14 : 12 (Monate) = EUR 68,84

- **anteiliger Weihnachtsgeld der Urlaubsersatzleistung:** wird dem Beitragszeitraum zugeordnet, in den das arbeitsrechtliche Ende (Juni) fällt: EUR 826,14 : 12 (Monate) = EUR 68,84
- **Sozialversicherungspflicht der Sonderzahlung der Urlaubsersatzleistung:** EUR 137,68 (EUR 68,84 + EUR 68,84) × 17,12 % = EUR 23,57

Der **Sonderzahlungsteil der Urlaubsersatzleistung** wird dem Beitragszeitraum zugeordnet, in den das arbeitsrechtliche Ende fällt, daher erfolgt keine Reduktion des Prozentsatzes durch die Arbeitslosenversicherung:

Berechnung der Lohnsteuer für den laufenden Bezug und die laufende Urlaubsersatzleistung

Der **laufende Monatsbezug** wird gemeinsam mit der **laufenden Urlaubsersatzleistung** besteuert.

- **laufender Bezug:** EUR 2.500
- **Sozialversicherung für den laufenden Bezug:** EUR 453
- **Urlaubsersatzleistung laufender Bezug:** EUR 826,15
- **Sozialversicherung für den laufender Teil der Urlaubsersatzleistung:** EUR 124,91
- **Bemessungsgrundlage für die Lohnsteuer:** EUR 2.748,24
- **Lohnsteuer:** EUR 2.748,24 × 41 % – 625,86 = 500,92

Berechnung der Lohnsteuer für die Sonderzahlung

- **anteilige Sonderzahlung für den laufenden Bezug:** EUR 2.500
- **Sozialversicherung für den laufenden Bezug:** EUR 2.500 × 17,12 % =EUR 428
- **anteilige Sonderzahlungen für die Urlaubsersatzleistung:** EUR 826,15 : 6 = 137,68
- **Sozialversicherung für die Sonderzahlung der Urlaubsersatzleistung:** EUR137,68 × 17,12 % = EUR 23,57
- **Bemessungsgrundlage für die Lohnsteuer:** EUR 2.186,11
- **Lohnsteuer**: Bei den **Sonderzahlungsteilen** (laufender Bezug und Urlaubsersatzleistung) wird die Freigrenze von EUR 2.100 erreicht, daher sind die Sonderzahlungen zu besteuern.
- **Lohnsteuer für die Sonderzahlung:** Bei den Sonderzahlungsteilen sind die Freigrenze von EUR 2.100 und der Freibetrag von EUR 620 zu berücksichtigen.
- Danach ist der Sonderzahlungsteil mit 6 % zu versteuern: EUR 2.500 – EUR 428 + EUR 137,68 – EUR 23,57 = EUR 2.186,11. Da die Freigrenze von EUR 2.100 überschritten wurde, kommt der Freibetrag von EUR 620 zur Anwendung: EUR 1.566,11 × 6 % = EUR 93,97

18.5. Auflösungsabgabe

Die Auflösungsabgabe wurde mit 1.Jänner 2020 aufgehoben.

19. Urlaub

19.1. Urlaubsanspruch

Dem Arbeitnehmer gebührt für jedes Arbeitsjahr ein ununterbrochener bezahlter Urlaub. Der Anspruch auf Urlaub entsteht im ersten Arbeitsjahr **bis zum sechsten Monat** im aliquoten Ausmaß. **Nach sechs Monaten** entsteht der Anspruch auf den gesamten Urlaub.

Das Urlaubsjahr ist ident mit dem Arbeitsjahr und beginnt mit dem Dienstantritt. Unter gewissen Umständen kann das Arbeitsjahr auf das Kalenderjahr umgestellt werden. Eine Umstellung ist durch Kollektivvertrag, Betriebsvereinbarung oder Einzelvereinbarung zulässig.

Der **Urlaubsantritt** hat grundsätzlich im Einvernehmen zwischen dem Arbeitgeber und dem Arbeitnehmer zu erfolgen. Dabei sollte sowohl auf die Erfordernisse des Unternehmens als auch die Erholungsmöglichkeiten des Arbeitnehmers Rücksicht genommen werden. Die Urlaubsvereinbarung ist an keine besonderen Formvorschriften gebunden. Es empfiehlt sich aber, diese schriftlich zu dokumentieren.

19.2. Urlaubsausmaß

Das Urlaubsausmaß wird in Werktagen geregelt. **Werktage** sind alle Kalendertage mit Ausnahme der Sonntage und der gesetzlichen Feiertage.

Arbeitnehmer mit einer Dienstzeit bis zu 25 Jahren steht ein Urlaub von 5 Wochen bei einer **Fünf-Tages-Woche** (5 [Urlaubstage/Woche] × 5 [Wochen] = 25 [Arbeitstage]) zu. Das entspricht 30 Werktagen.

Bei mehr als 25 Jahren Dienstzeit steht ein Urlaub von 6 Wochen bei einer **Fünf-Tages-Woche** (5 [Urlaubstage/Woche] × 6 [Wochen] = 30 [Arbeitstage]) zu. Das entspricht 36 Werktagen.

Beträgt die Arbeitswoche nicht fünf Tage, sondern weniger, verringert sich auch der Urlaubsanspruch bei den Teilzeitbeschäftigten entsprechend wie folgt:

Arbeitszeit	Urlaubsanspruch
Vier-Tages-Woche	20 Arbeitstage (4 [Urlaubstage/Woche] × 5 [Wochen])
Drei-Tages-Woche	15 Arbeitstage (3 [Urlaubstage/Woche] × 5 [Wochen])
Zwei-Tages-Woche	10 Arbeitstage (2 [Urlaubstage/Woche] × 5 [Wochen])
Ein-Tages-Woche	5 Arbeitstage (1 [Urlaubstage/Woche] × 5 [Wochen])

Tab 25: Urlaubsanspruch bei Teilzeitbeschäftigten

19.3. Urlaubsentgelt

Der Arbeitnehmer darf während des Urlaubs **finanziell nicht schlechter** gestellt werden, als wenn er arbeiten würde. Wenn der monatliche Bezug stark schwankend ist (zB durch Leistungsprämien und Überstunden), ist der Durchschnitt der letzten voll gearbeiteten 13 Wochen zu berücksichtigen, außer andere Berechnungsverfahren werden durch Kollektivvertrag festgelegt.

19.4. Verjährung des Urlaubsanspruchs

Verjährung bedeutet, dass mit Ablauf einer bestimmten Frist das Klagerecht erlischt. Ein verjährter Anspruch kann nicht mehr gerichtlich geltend gemacht werden, bleibt aber als sog Naturalobligation bestehen.

Die allgemeine Verjährungsfrist für Ansprüche aus dem Arbeitsverhältnis, bspw Lohn- und Gehaltsforderungen oder Zulagen, beträgt drei Jahre ab Fälligkeit des Anspruchs.

Ein Urlaubsanspruch verjährt nach Ablauf von **zwei Jahren** nach Ende des Urlaubsjahres, in dem er entstanden ist. Somit sind jeweils der Urlaub des laufenden Jahres und die Urlaube der beiden vorangegangenen Urlaubsjahre noch nicht verjährt. Bei jeder Urlaubskonsumation wird zunächst immer der **älteste noch offene Urlaub** verbraucht.

Beispiel zum Urlaub

Ein Angestellter ist am 1.1.2020 eingetreten. In den Jahren 2020, 2021 und 2022 verbraucht er keinen Urlaub.

Lösung

Nicht konsumierte Urlaubstage aus 2020 sind mit 1.1.2023 verjährt.

19.5. Unbezahlter Urlaub

19.5.1. Unbezahlter Urlaub bis zu einem Monat

Wird ein Urlaub bis zu einem Monat vereinbart, besteht die **Pflichtversicherung weiter**. Der **Dienstnehmer** trägt während dieser Zeit den gesamten Kranken-, Pensions-, Unfall- und Arbeitslosenversicherungsbeitrag sowie gegebenenfalls den Schlechtwetterentschädigungsbeitrag.

Der **Dienstgeber** hat den Zuschlag nach dem IESG und gegebenenfalls den Nachtschwerarbeitsbeitrag weiter zu zahlen.

Der **Wohnbauförderungsbeitrag**, die **Arbeiterkammerumlage** und die **Landarbeiterkammerumlage entfallen**. Eine Ausnahme besteht für Steiermark und Kärnten, wo die Landarbeiterkammerumlage weiter zu entrichten ist.

Für die Zeit der Arbeitsunterbrechung fallen keine Beiträge zur Betrieblichen Vorsorge an. Die Betriebliche-Vorsorge-Zeit wird **nicht** unterbrochen.

Die Beitragsgrundlage für einen unbezahlten Urlaub, der bis zu einem Monat dauert, ist der Betrag, der auf jenen Zeitabschnitt entfällt, der **unmittelbar vor dem Urlaub liegt** und in **seiner Länge der Urlaubsdauer** entspricht.

Befindet sich ein Arbeitnehmer im unbezahlten Urlaub, liegen trotzdem 30 Lohnsteuertage vor. Es erfolgt keine Kürzung von Lohnsteuertagen, diese erfolgen nur bei einem Eintritt oder Austritt.[436]

Beispiel zum unbezahlten Urlaub

Ein Angestellter vereinbart mit dem Arbeitgeber für die Zeit von 1.10. bis 17.10. einen unbezahlten Urlaub. Im September betrug das Bruttoentgelt EUR 2.700. Von 18.10. bis 31.10. hat der Angestellte EUR 1.300 als Bruttoentgelt verdient.

Lösung

Die unmittelbar vor dem Urlaub liegende Zeit war vom 14.9. bis zum 30.9. (17 Tage).

Abrechnung der Sozialversicherung

Die **Beitragsgrundlage** ist EUR 2.700 : 30 (Tage) × 17 (Tage) = EUR 1.530. Für die Zeit des **unbezahlten Urlaubs** sind vom Angestellten die gesamten Kranken-, Pensions-, Unfall- und Arbeitslosenversicherungsbeiträge in Höhe von 37,75 % zu zahlen: EUR 1.530 × 37,75 % = EUR 577,58

- Für das vom 18.10. bis zum 31.10. erzielte Entgelt ist beim Angestellten nur der Dienstnehmerbeitrag abzuführen: EUR 1.300 × 18,12 % = EUR 235,56.
- Auf Grund der Höhe der monatlichen Betragsgrundlage kommt es zu keiner Reduktion der Arbeitslosenversicherungsbeiträge.
- Die vom Dienstnehmer **zu zahlende Sozialversicherung** beträgt EUR 577,58 + EUR 235,56 = EUR 813,14.

Abrechnung der Lohnsteuer

- Die **Bemessungsgrundlage für die Lohnsteuer** wird vom tatsächlichen Entgelt abzüglich Sozialversicherung berechnet: EUR 1.300 – EUR 813,14 = EUR 486,86.

Es ist keine Lohnsteuer zu bezahlen.

Während eines unbezahlten Urlaubes entfallen (unabhängig von dessen Dauer)

- die Arbeiterkammerumlage (AK),
- der Wohnbauförderungsbeitrag (WF),
- die Landarbeiterkammerumlage (LK; Ausnahme: in der Steiermark und in Kärnten ist jedoch die LK vom Dienstnehmer zu leisten),
- der Beitrag zur Betrieblichen Vorsorge (BV-Beitrag),
- der Dienstgeberbeitrag (DB),
- der Zuschlag zum Dienstgeberbeitrag (DZ) und
- die Kommunalsteuer (KommSt).

436 § 77 Abs 1 EStG.

19.5.2. Unbezahlter Urlaub länger als ein Monat

Wird der Urlaub für länger als einen Monat vereinbart, **endet** die Pflichtversicherung **mit dem Tag vor Beginn des vereinbarten Karenzurlaubes**.

Die Abmeldung erfolgt innerhalb von **sieben Tagen** nach Ende der Pflichtversicherung. Die Wiederanmeldung erfolgt vor Arbeitsantritt.

Der **Abmeldegrund** ist „Länger als ein Monat währender unbezahlter Urlaub".

Für die Zeit der Arbeitsunterbrechung fallen keine Beiträge zur Betrieblichen Vorsorge an. Die Betriebliche-Vorsorge-Zeit **wird unterbrochen**.

Während eines unbezahlten Urlaubes entfallen (unabhängig von dessen Dauer)

- die Arbeiterkammerumlage (AK),
- der Wohnbauförderungsbeitrag (WF),
- die Landarbeiterkammerumlage (LK; Ausnahme: in der Steiermark und in Kärnten ist jedoch die LK vom Dienstnehmer zu leisten),
- der Beitrag zur Betrieblichen Vorsorge (BV-Beitrag),
- der Dienstgeberbeitrag (DB),
- der Zuschlag zum Dienstgeberbeitrag (DZ) und
- die Kommunalsteuer (KommSt).

20. Krankenstand

Auch bei verminderter Arbeitsleistung wie bspw bei Krankheit und bei Unfällen hat der Arbeitgeber dem Arbeitnehmer für eine bestimmte Zeit das Entgelt fortzuzahlen, obwohl der Arbeitnehmer keine Arbeitsleistung erbringt.

Der Arbeitnehmer ist verpflichtet, jede Arbeitsverhinderung unverzüglich und unaufgefordert dem Arbeitgeber bekanntzugeben und auf Verlangen des Arbeitgebers eine **Krankenstandsbestätigung** vorzulegen. Die Nichterfüllung dieser Mitteilungs- und Nachweispflicht führt zum Verlust des Entgelts für die Zeit der Säumnis, berechtigt aber nur in Ausnahmefällen zur Entlassung. Wird der Arbeitnehmer jedoch schriftlich vom Arbeitgeber aufgefordert, sich zu melden, widrigenfalls ein vorzeitiger Austritt angenommen werden kann, hat er auf dieses Schreiben zu reagieren.

Das **Krankenentgelt** ist die Leistung, die der Arbeitnehmer bei Erkrankung vom Arbeitgeber erhält.

Die **Höhe** des **Krankenentgelts** bemisst sich nach der Höhe des regelmäßigen Arbeitsentgelts, das der Arbeitnehmer verdient hätte, wäre er nicht krank geworden.

Das Krankenentgelt für den ersten bis dritten Tag des Krankenstandes ist auf jeden Fall in der Sozialversicherung beitragspflichtig. Danach ist das **Krankenentgelt** in der Sozialversicherung nur beitragspflichtig, wenn das Krankenentgelt mindestens 50 % der vollen Geld- und Sachbezüge vor der Erkrankung beträgt. Krankenentgeltzahlungen sind steuerpflichtiger Arbeitslohn.

Die Länge der Entgeltfortzahlung hängt im Wesentlichen davon ab, ob ein **Krankheits- und Unglücksfall** einerseits oder **Arbeitsunfälle und Berufskrankheiten** andererseits vorliegen. Auch die Dauer des Dienstverhältnisses hat Einfluss auf die Länge der Entgeltfortzahlung.

Unter **Unglücksfall** versteht man Unfälle in der Freizeit oder im privaten Leben wie Sportunfälle. Diese sind von **Arbeitsunfällen** und **Berufskrankheiten** zu unterscheiden, da für **Arbeitsunfälle** und **Berufskrankheiten** ein eigenes Kontingent für die Entgeltfortzahlung besteht.

20.1. Krankenstand im Urlaub

Erkrankt oder verunglückt ein Arbeitnehmer während des Urlaubs, dann werden die Krankenstandstage unter folgenden Voraussetzungen nicht als Urlaubstage verrechnet:

- die Erkrankung dauert länger als drei Kalendertage,
- die Erkrankung wurde nicht vorsätzlich oder groß fahrlässig herbeigeführt,

- der Arbeitnehmer meldet dem Arbeitgeber nach drei Tagen unverzüglich die Erkrankung bzw den Unglücksfall,
- bei Wiedereintritt weist der Arbeitnehmer den Krankenstand durch ein ärztliches Zeugnis nach.

Bei Erkrankung während eines Urlaubs im Ausland hat der Arbeitnehmer neben dem ärztlichen Zeugnis eine Bestätigung beizulegen, dass das Attest von einer Person ausgestellt wurde, die zum Arztberuf zugelassen ist.

Die krankheitsbedingte Unterbrechung verlängert den Urlaub nicht. Sobald der vereinbarte Urlaub zu Ende ist oder der Arbeitnehmer wieder gesund ist, muss er wieder arbeiten gehen.

20.2. Krankenstand am Feiertag

Das Feiertagsentgelt nach dem Arbeitsruhegesetz hat auf Grund der ständigen Rechtsprechung **Vorrang** vor dem bei Arbeitsunfähigkeit zu leistenden Krankenentgelt. Dadurch verlängert sich grundsätzlich die Dauer des Entgeltfortzahlungsanspruches.

Besteht am Feiertag **keine Arbeitsverpflichtung**, gebührt Feiertagsentgelt. Die Arbeit fällt in erster Linie wegen des Feiertags und nicht wegen des Krankenstands aus, so die Rechtsprechung.[437]

Nach Ansicht der Sozialversicherungsträger ist Feiertagsentgelt zu zahlen, solange noch Krankenentgelt zusteht. In Zeiten, in denen gegen den Dienstgeber kein Entgeltfortzahlungsanspruch besteht, weil dieser bereits ausgeschöpft ist, stehe kein Feiertagsentgelt zu.[438]

Besteht **eine Arbeitsverpflichtung**, fällt die Arbeitsleistung wegen des Krankenstands aus und es ist Krankenentgelt zu zahlen.

20.3. Krankenentgelt

Nach den Bestimmungen des **EFZG** hat ein **Arbeiter**, der infolge Krankheit, Unglücksfall, Arbeitsunfall oder Berufskrankheit an der Arbeitsleistung gehindert ist, Anspruch auf Entgeltfortzahlung. Er verliert diesen Anspruch nur, wenn er die Verhinderung vorsätzlich oder zumindest grob fahrlässig herbeigeführt hat.

Ein **Angestellter**, der infolge Krankheit an der Arbeitsleistung verhindert ist, hat Anspruch auf Entgeltfortzahlung. Er verliert diesen Anspruch nur, wenn er die Krankheit vorsätzlich oder zumindest grob fahrlässig herbeigeführt hat.[439]

437 OGH 21.3.2018, 9 ObA 13/18d.
438 DGService September 2019, Auswirkungen von Feiertagen auf die Entgeltfortzahlung, 12 ff.
439 Nach den Bestimmungen des AngG.

Die Dauer der Entgeltfortzahlung hängt von der im Betrieb zurückgelegten Dienstzeit ab.

Bei neuerlicher Erkrankung innerhalb eines Arbeitsjahres besteht ein Anspruch auf Entgeltfortzahlung nur so weit, als der Anspruch noch nicht voll ausgeschöpft wurde. Mit Beginn eines neuen Arbeitsjahres entsteht ein voller Entgeltfortzahlungsanspruch.

Praxistipp

Freie Dienstnehmer haben keinen Anspruch auf Entgeltfortzahlung durch den Arbeitgeber. Sie erhalten ab dem 4. Tag der Arbeitsunfähigkeit das Krankengeld vom Krankenversicherungsträger. Auch Arbeitslose erhalten ab dem 4. Tag der Arbeitsunfähigkeit Krankengeld von der Gesundheitskasse, und zwar in Höhe der AMS-Leistung.

20.3.1. Krankenentgelt bei Krankheit und Unglücksfällen (zB Freizeitunfällen)

Die **Dauer der Entgeltfortzahlung** ist abhängig von der Dauer des Dienstverhältnisses und hat sich bei **Krankheit (einschließlich Kuraufenthalten)** und **Freizeitunfällen für Arbeitsjahre**, die nach dem 30. Juni 2018 beginnen, folgendermaßen geändert:

Dienstzeit	volles Entgelt	halbes Entgelt
bis zu 1 Jahren	6 Wochen	4 Wochen
bis zum 15. Jahr	8 Wochen	4 Wochen
vom 16. bis zum 25. Jahr	10 Wochen	4 Wochen
ab dem 26. Jahr	12 Wochen	4 Wochen

Tab 26: Entgeltfortzahlung bei Krankheit und Unglücksfall

Der Wochenanspruch wird in **Arbeitstagen** angegeben. Eine Woche entspricht fünf Arbeitstagen. Feiertage zählen nicht zu den Arbeitstagen, außer der Kollektivvertrag sieht etwas anderes vor (zB Gastgewerbe).

Beispiel 1 zum Krankenstand

Ein Arbeitnehmer hat einen Krankenstand, der durch einen **Freizeitunfall** im siebenten Anspruchsjahr bedingt ist. Das Arbeitsjahr beginnt am 1.6. Der Krankenstand dauert zwei Wochen.

Lösung

Der Anspruch auf **volle Entgeltfortzahlung** beträgt im siebenten Anspruchsjahr 8 Wochen, auf **halbe Entgeltfortzahlung** 4 Wochen.

Beispiel 2 zum Krankenstand

Ein Arbeiter hat 2020 verschiedene Krankenstände im 7. Anspruchsjahr. Der erste Krankenstand dauert 7 Wochen, der zweite Krankenstand 5 Wochen.

Lösung

Für den **ersten Krankenstand** erhält er 7 Wochen hindurch volles Entgelt. Für den **zweiten Krankenstand** hat er für 1 Woche volles Entgelt und für 4 Wochen das halbe Entgelt vom Arbeitgeber zu erhalten.

20.3.2. Krankenentgelt für Arbeiter bei Arbeitsunfällen und Berufskrankheiten

Arbeitsunfälle sind Unfälle, die sich am Arbeitsplatz oder auf dem Weg zum oder vom Arbeitsplatz ereignen. Dauert durch einen Arbeitsunfall die Arbeitsunfähigkeit länger als drei Tage, muss der Arbeitgeber diesen Unfall innerhalb von fünf Tagen der Allgemeinen Unfallversicherungsanstalt melden.

Die Krankenentgeltsansprüche für Arbeiter sind **nicht pro Arbeitsjahr zeitlich begrenzt**, sondern stehen dem Arbeiter für jeden **Arbeitsunfall** im vollen Ausmaß zu.

Die **Dauer der Entgeltfortzahlung** ist abhängig von der Dauer des Dienstverhältnisses und beträgt bei **Arbeitsunfällen** und **Berufskrankheiten**:

Dienstzeit	volles Entgelt
bis zu 15 Jahren	8 Wochen
vom 16. bis zum 25. Jahr	10 Wochen
ab dem 26. Jahr	10 Wochen

Tab 27: Entgeltfortzahlung bei Arbeitsunfällen und Berufskrankheiten

Beispiel 1 zum Krankenentgelt für Arbeiter bei Krankheit und Freizeitunfall

Ein Arbeitnehmer mit einer Dienstzeit von 4 Jahren hat einen Krankenstand, der durch einen Freizeitunfall passiert. Der daraus resultierende Krankenstand dauert 12 Wochen. Zusätzlich hat er in diesem Jahr einen Arbeitsunfall, der daraus resultierende Krankenstand dauert 9 Wochen.

Lösung

Der Arbeitsunfall wird gesondert vom Freizeitunfall (Unglücksfall) abgerechnet. Sowohl für den Freizeitunfall als auch für den Arbeitsunfall steht die volle Entgeltfortzahlung zu.

Für den **Freizeitunfall** besteht eine Entgeltfortzahlung von 6 Wochen mit vollem Entgelt und 4 Wochen mit halbem Entgelt.

Für den **Arbeitsunfall** steht dem Arbeiter eine Entgeltfortzahlung von 8 Wochen mit vollem Entgelt zu. Ein weiteres Entgelt, auch nicht ein halbes Entgelt, kommt für den Arbeiter nicht zur Auszahlung.

Beispiel 2 zum Krankenentgelt für Arbeiter bei Krankheit und Freizeitunfall

Ein Arbeitnehmer hat innerhalb eines Arbeitsjahres den **ersten Krankenstand**, der durch einen Freizeitunfall verursacht wurde und 7 Wochen dauert. Weiters hat er einen **zweiten Krankenstand**, der durch einen Arbeitsunfall verursacht wurde und 11 Wochen dauert.

Lösung

Der Arbeitsunfall wird gesondert vom Freizeitunfall (Unglücksfall) abgerechnet. Sowohl für den Freizeitunfall als auch für den Arbeitsunfall steht die **volle Entgeltfortzahlung** zu.

Für den **Freizeitunfall** besteht eine Entgeltfortzahlung von 6 Wochen mit vollem Entgelt und 1 Woche mit halbem Entgelt.

Für den **Arbeitsunfall** steht dem Arbeiter eine Entgeltfortzahlung von 8 Wochen mit vollem Entgelt zu. Bei einem Arbeitsunfall kommt die halbe Entgeltfortzahlung nicht zur Anwendung. Jedoch bei einem weiteren Arbeitsunfall oder bei Berufskrankheit steht dem Arbeitnehmer 8 Wochen der volle Anspruch zu.

20.4. Krankengeld

Krankengeld ist eine Leistung, die der Arbeitnehmer von der Krankenkassa erhält. Sie gebührt erst ab dem Zeitpunkt, ab dem der Entgeltanspruch gegenüber dem Arbeitgeber auf die Hälfte oder weniger gesunken ist.

Hingegen ist das Krankenentgelt die Leistung des Arbeitgebers im Krankheitsfall des Arbeitnehmers.

Sinkt der Anspruch auf die Hälfte des Entgelts, steht dem Arbeitnehmer die **Hälfte des Krankengeldes** zu. Sinkt der Anspruch unter die Hälfte des Entgelts, gibt es **volles Krankengeld**.

Das Krankengeld ist bei der Krankenkasse zu beantragen und dafür eine **Arbeits- und Entgeltbestätigung** vorzulegen.

Die Vorlage einer **Arbeits- und Entgeltsbestätigung** für Krankengeld ersetzt die Abmeldung zur Pflichtversicherung. Endet der Krankengeldanspruch, lebt die Pflichtversicherung wieder auf, eine gesonderte Anmeldung ist nicht notwendig. Nur wenn die Höchstdauer des Krankengeldanspruches durch den Versicherten ausgeschöpft ist, ist eine Abmeldung mit „Ende Entgelt“ sowie gegebenenfalls „Betriebliche Vorsorge Ende“ nachzuholen.

Das von der Krankenkasse ausbezahlte Krankengeld ist sozialversicherungsrechtlich **beitragsfrei**. Das Krankengeld ist bis zu EUR 30 täglich lohnsteuerfrei. Vom übersteigenden Betrag wird 25 % Lohnsteuer abgezogen. Dies führt meist dazu, dass der Arbeitnehmer sich zur Steuer veranlagen und eine Steuer nachzahlen muss. Ein Siebentel des ausbezahlten Krankengeldes wird jedoch als Sonderzahlung behandelt.

Das Krankengeld wird auf Grundlage des **beitragspflichtigen Entgelts des letzten Kalendermonats** vor Ende der vollen Entgeltfortzahlung berechnet. Das tägliche Krankengeld beträgt vom 4. Tag bis zum 42. Tag der Arbeitsunfähigkeit **50 %** der Beitragsgrundlage, ab dem 43. Tag der Arbeitsunfähigkeit **60 %** der Beitragsgrundlage. Da das Krankengeld auch anteilige Sonderzahlungen beinhaltet, wird es um 17 % erhöht.

Krankengeld bekommen der Dienstnehmer grundsätzlich 26 Wochen lang. War der Dienstnehmer in den letzten 12 Monaten vor dem Krankenstand zumindest 6 Monate lang krankenversichert, erhöht sich der Anspruch auf Krankengeld auf 52 Wochen. Bis zu 78 Wochen kann der Anspruch dann betragen, wenn dies in der Satzung des Krankenversicherungsträgers vorgesehen ist

Hat die Krankenkasse das Krankengeld bis zur maximalen Dauer bezahlt, entsteht ein neuer Anspruch auf Krankengeld aus demselben Versicherungsfall, wenn man mindestens 3 Monate lang wieder sozialversicherungspflichtig – also über der Geringfügigkeitsgrenze – beschäftigt war.[440]

Beispiel zu Krankengeld

Ein Angestellter hat sich bei einem Skiunfall schwer verletzt. Deshalb befindet er sich sehr lange im Krankenstand.

Lösung

Bis zu 6 Wochen (42 Tage) hat der Angestellte gegenüber seiner Firma Anspruch auf volle Entgeltfortzahlung. Das Krankengeld von seiner Sozialversicherung ruht.

Nach den 6 Wochen hat er weitere 4 Wochen Anspruch auf Entgeltfortzahlung, allerdings nur noch in halber Höhe. Das Krankengeld ruht zur Hälfte. Das heißt, er bekommt in diesen 4 Wochen das halbe Entgelt von seiner Firma und 30 % der Bemessungsgrundlage als halbes Krankengeld von ihrer Sozialversicherung. Leider dauert der Krankenstand des Angestelletn über diese 4 Wochen hinaus. Er hat keinen Anspruch mehr auf Entgeltfortzahlung durch seinen Betrieb. Nun bekommt er das volle Krankengeld der Krankenkasse in Höhe von 60 % der Bemessungsgrundlage.

Beispiel zum Krankenentgelt und Krankengeld

Ein Angestellter ist im vierten Dienstjahr und erhält wegen langer Krankheit (Annahme: der Angestellte befindet sich nach dem 43. Tag der Arbeitsunfähigkeit) bis 15.3. das volle **Krankenentgelt**. Ab 16.3. erhält er vom Arbeitgeber das halbe **Krankenentgelt** für vier Wochen. Ab 16.3. erhält der Arbeitnehmer daher die Hälfte des **Krankengelds**. Ab diesem Zeitpunkt erhält er daher zusätzlich Krankengeld von der Krankenkasse. Sein Bruttomonatsbezug beträgt EUR 3.300. Wie hoch ist der Nettobezug für März?

Lösung

Berechnung des Krankenentgelts

- **Entgelt pro Kalendertag:** EUR 3.300 : 30 (Tage) = EUR 110
- **volles Entgelt von 1.3. bis 15.3.:** EUR 110 × 15 (Tage) = EUR 1.650
- **halbes Entgelt von 16.3. bis 30.3.:** EUR 55 × 15 (Tage) = EUR 825

440 Krankenentgelt_2019akt.pdf (arbeiterkammer.at).

- **Sozialversicherungspflichtig ist das gesamte Krankenentgelt:** EUR 2.475 × 18,12 % = EUR 448,47
- **Lohnsteuerpflichtig ist das Krankenentgelt abzüglich Sozialversicherung:** EUR 2.475 – EUR 448,47 = EUR 2.026,53
- Das Krankengeld ist bis zu EUR 30 täglich lohnsteuerfrei. Vom übersteigenden Betrag wird 25 % Lohnsteuer abgezogen. Dies führt meist dazu, dass der Arbeitnehmer sich zur Steuer veranlagen und eine Steuer nachzahlen muss. Ein Siebentel des ausbezahlten Krankengeldes wird jedoch als Sonderzahlung behandelt.

Berechnung des Krankengelds

- **Tagesbezug vor Entgeltfortzahlung:** EUR 3.300 : 30 (Tage) = EUR 110
- **Krankengeld:** EUR 110 × 1,17 (Erhöhungsfaktor) × 15 (Tage) × 60 % (Annahme: ab dem 43. Tag der Arbeitsunfähigkeit) × 50 % (es wird die Hälfte des Entgelts vom Arbeitgeber aufgrund der Entgeltfortzahlung bezahlt, daher zahlt die Krankenkassa die Hälfte) = EUR 579,15

20.5. Zuschuss zur Entgeltfortzahlung

Betriebe, die im Jahresdurchschnitt nicht mehr als 50 Dienstnehmer beschäftigen, können Zuschüsse oder den vollen Ersatz für das wegen Krankheit oder Unfällen (Arbeits- und Freizeitunfällen) fortgezahlte Entgelt von der Allgemeinen Unfallversicherungsanstalt erhalten.

Die **Zuschussleistung** beginnt bei Arbeitsverhinderung durch Unfall mit dem 1. Tag, bei Arbeitsverhinderung durch Krankheit mit dem 11. Tag der Entgeltfortzahlung. Der Zuschuss endet nach sechs Wochen pro Arbeitsverhältnis und Arbeitsjahr.

Der Zuschuss beträgt 50 % des fortgezahlten Entgelts zuzüglich eines Zuschlages von Sonderzahlungen in Höhe von 8,34 %. Für die Ermittlung der Höhe des Zuschusses ist das tatsächlich bezahlte Entgelt, höchstens jedoch das 1,5-Fache der **täglichen Höchstbeitragsgrundlage** von EUR 292,50 (Wert für 2023) maßgeblich.

Das 1,5-Fache der täglichen Höchstbeitragsgrundlage ist 292,50 (Wert für 2023) davon 50 % und zuzüglich 8,34 % ergibt EUR 158,45.[441]

Bei einem Unfall im Rahmen eines Katastropheneinsatzes oder Katastrophenschutzes gebührt dem Arbeitgeber der volle Ersatz der Entgeltfortzahlung. Diese volle Erstattung gilt jedoch nur für Unternehmen, die im Durchschnitt mehr als 50 Dienstnehmer beschäftigen, und auch nur für die Dauer von höchstens sechs Wochen.

Mit 1.7.2018 trat eine neue Regelung in Kraft, die Kleinunternehmer besonders unterstützen soll. Unternehmen mit nicht mehr als 10 Dienstnehmern erhalten für Unfälle oder Krankheiten, die nach dem 30.6.2018 eingetreten sind, einen Zu-

441 § 4 Abs 1 Entgeltfortzahlungs-Zuschuss- und Differenzvergütungs-Verordnung.

schuss von 75 % zuzüglich eines pauschalen Zuschlages für Sonderzahlungen in der Höhe von 12,51 % des tatsächlich fortgezahlten Entgelts. Die Höhe des Zuschusses ist mit dem 1,5-fachen der ASVG-Höchstbeitragsgrundlage begrenzt (EUR 8.775,00 Wert für 2023).

Stichwortverzeichnis